高等教育"十三五"规划教材

建筑工程经济

——项目化教材

主　编　张洪忠

副主编　窦如令　郭　烽

编　者　刘宗亮　宗炳辰　刘士良　顾长青
于永超　任晓辉　贾汇松　石　芳
徐田娟　季善利　曹晓璐　刘　欢
李　欣

东南大学出版社
SOUTHEAST UNIVERSITY PRESS
·南京·

内容提要

《建筑工程经济》突出职业教育特点，吸收工程经济研究领域的最新成果，体例新颖，案例丰富。本书采用目前高职教学中最为流行的项目化教学的形式编撰教材，真正做到了理实一体化。同时，力求用案例说明知识点的应用，注重经济知识及其分析方法在建筑工程中的运用，内容精练、重点突出、文字叙述通俗易懂。本书共分13个项目，分别是绪论、资金等值计算、工程经济效果评价的方法、资本成本、工程项目不确定性分析、工程项目可行性研究、工程项目财务评价、工程项目成本管理、设备方案的更新与选择、价值工程、工程项目后评价、投资风险与投资环境分析、工程项目国民经济评价等内容，力求实用、够用。

本书可作为高等院校建筑工程技术、工程造价、建筑工程管理、工程监理、基础工程、地下工程等专业的教材，也可供土木工程类各专业大中专院校学生及各类职业学校学生学习参考和土木工程设计、施工技术人员使用。

图书在版编目（CIP）数据

建筑工程经济：项目化教材 / 张洪忠主编. —南京：东南大学出版社，2018.1（2024.6重印）

ISBN 978-7-5641-7617-4

Ⅰ. ①建… Ⅱ. ①张… Ⅲ. ①建筑经济学-工程经济学-高等职业教育-教材 Ⅳ. ①F407.9

中国版本图书馆CIP数据核字(2018)第006163号

建筑工程经济——项目化教材

出版发行 东南大学出版社
出 版 人 江建中
责任编辑 马 伟
社 址 南京市四牌楼2号
邮 编 210096
经 销 全国各地新华书店
印 刷 广东虎彩云印刷有限公司
开 本 787 mm×1092 mm 1/16
印 张 16.25
字 数 406千字
版 次 2018年1月第1版
印 次 2024年6月第3次印刷
书 号 ISBN 978-7-5641-7617-4
定 价 42.00元

前　言

20世纪60年代末至70年代末，我国国民经济发展缓慢，很多建设项目违背了经济规律，否定工程经济分析的必要性，从而使我国的工程经济学发展陷入停滞状态。从80年代开始，我国工程经济迅速发展，工程经济学的应用和研究又重新受到国家重视。1983年，原国家计委要求重视投资前期工作，明确规定把项目可行性研究纳入基本建设程序，1985年我国政府决定对项目实行“先评估、后决策”制度，规定建设项目，特别是大中型重点建设项目和限额以上的技术改造项目，都必须经过有资质的咨询公司的评估。90年代以来，随着建立社会主义市场经济体制目标的逐步确立，我国建筑经济研究吸收了国外先进的工程项目管理经验，又结合我国工程管理的实际，逐步形成了一套完整的工程经济理论体系和方法。

建筑工程经济是集工程技术与经济管理等多学科门类于一体，就是把科学研究、生产实践、经验累积中所得到的科学知识有选择地、创造性地应用到最有效的利用自然资源、人力资源和其他资源的经济活动和社会活动中，以满足人们需求。

本教材由临沂职业学院张洪忠老师担任主编，临沂职业学院窦如令、郭烽老师担任副主编，部分内容也得到了其他院校老师和同行的热情参与及鼎力支持，同时，在编写过程中，还参考和引用了书后所列参考文献中的部分内容，在此一并向原书作者表示衷心的感谢！

由于编者水平有限，书中难免存在缺点与错误之处，恳请专家、同仁和广大读者批评指正，并将意见及时反馈给我们，以便修订时完善，编者邮箱：zhang8790315@126. com。

编　者

2017年11月

目　录

项目一　绪　论

学习要求

(1) 了解工程经济专业人员必备的素质。
(2) 熟悉并掌握工程、技术、经济等基本概念。

学习目的

对工程经济学科有一定的认识。

任务　工程经济学的概念及相关内容

任务描述

工程经济学就是介于自然科学和社会科学之间的边缘科学，它是根据现代科学技术和社会经济发展的需要，在自然科学和社会科学的发展过程中，互相渗透，互相促进，逐渐形成和发展起来的，是技术学和经济学的交叉学科。在这门学科中，经济处于支配地位，因此，它属于应用经济学的一个分支。

知识准备

一、工程

工程是指土木建筑或其他生产、制造部门用比较大而复杂的设备来进行的工作，如土木工程、机械工程、交通工程、化学工程、采矿工程、水利工程等。一项工程能被人们所接受必须做到有效，即必须具备两个条件：一是技术上的可行性；二是经济上的合理性。为了保证工程技术更好地服务于经济，最大限度地满足社会需要，就必须研究、寻找技术与经济的最佳结合点，在具体目标和条件下，获得投入产出的最大效益。

二、技术

技术，就是把科学研究、生产实践、经验积累中所获得的科学知识应用在最有效的自然资源利用方式中，以形成能满足人们需要的运动系统。技术的应用性是十分明显的。科学家的作用是发现宇宙间各种现象的规律来丰富人类的知识宝库，而工程师的作用是把这些知识用于特定的系统中，为社会提供商品和劳务。

对于工程师来说，掌握知识本身并不是目的，知识只是构建各种运动系统时所需的原材料当中的一种。因此，技术作为一个系统，既不是知识、能力或物质手段三者中任何一个孤立的部分，也不是三者简单的机械组合，而是在解决特定问题中体现的有机整体。从表现形态上看，技术可体现为机器、设备、基础设施等生产条件和工作条件的物质技术（硬技术），也可体现为工艺、方法、程序、信息、经验、技巧、技能和管理能力的非物质技术（软技术）。不论是物质技术还是非物质技术，它们都是以科学知识为基础形成的，并且遵循一定的科学规律，互相结合，在生产活动中共同发挥作用。

在不同的历史阶段，对技术的含义有着不同的认识。当今社会，技术对社会经济发展和人类文明进步有极大的促进作用；反过来，人们物质文化生活水平的改善又对技术提出了更高的要求，同时又推动技术水平不断提高。

三、经济

“经济”是一个多义词，工程经济学中所说的“经济”，应当属于经济学的范畴，可以理解为社会生产与再生产过程以及与之相关的政策、制度等方面的总和。通常有 4 个方面的含义：

①经济是指生产关系。经济是人类社会发展到一定阶段的社会经济制度，是生产关系的总和，是政治和思想意识等上层建筑赖以建立起来的基础。

②经济是指一国国民经济的总称，或指国民经济的各部门，如工业经济、农业经济、运输经济等。

③经济是指社会生产和再生产，即指物质资料的生产、交换、分配、消费的现象和过程。

④经济是指节约或节省。

四、技术和经济的关系

技术实践活动常常要面临两个彼此相关且至关重要的环境，一个是技术环境，另一个是经济环境。技术环境是社会生产活动的基础，经济环境是物质环境的服务对象。在技术环境中，只有遵循自然科学的规律，才能保证生产出高质量的产品和提供满意的服务。

经济环境和技术环境是密不可分的，连接两者的纽带就是技术实践活动。

技术环境、技术实践活动以及经济环境三者之间的关系为：

①技术进步是经济发展的重要条件和手段。

②经济环境是技术进步的物质基础。

实践业已雄辩地证明，一个国家、一个行业、一个企业的技术选择和技术发展，在很大程度上将受其经济实力的制约。

③经济的发展为技术的进步提出了新的要求和发展方向。

④技术和经济协调发展。

取得最大经济效益的途径，只能是技术和经济的协调发展。脱离了技术进步的经济发展不可能长久，技术进步必须以经济效益为最终目标。在技术环境中，往往问题的边界容易确定，工程技术人员可以根据严密的数学公式表达的自然科学规律进行推理，找到问题的精确解释。在经济环境中，能对人的行为动机和资源优化配置进行合理解释的是各种经济规律。

一、工程经济学的概念

工程经济学是工程与经济的交叉学科，是研究如何有效利用资源，提高经济效益的学科。有关工程经济学的定义有很多种，归纳起来主要有以下几种观点：

①工程经济学是研究技术方案、技术政策、技术规划、技术措施等经济效果的学科，通过经济效益的计算以求找到最佳的技术方案。

②工程经济学是研究技术与经济的关系，以期达到技术与经济最佳结合的学科。

③工程经济学是研究生产、建设中各种工程经济问题的学科。

④工程经济学是研究技术因素与经济因素最佳结合的学科。

工程经济学是利用经济学的理论和分析方法，研究经济规律在工程问题中的应用，是分析工程项目方案、技术方案和技术政策等经济效果的一类应用经济学的分支。

二、工程经济学的研究对象和内容

（一）工程经济学的研究对象

工程经济学的研究对象可以概括为：根据技术与经济对立统一的关系，从理论和方法上研究如何将技术与经济最佳地结合起来，从而达到技术先进、经济合理的目的。具体来说，工程经济学的具体对象可以认为是技术方案、技术规划和技术政策等技术实践活动中的经济效果问题。

经济效果是人们在使用技术的社会实践中所得与所费的比较。人们的社会实践是多方面的,它可以是技术政策的制定,也可以是技术规划的制定;可以是生产实践活动,还可以是非生产实践活动。在特定环境下以货币计量的一定资源消耗和社会有用成果的对比分析,就是经济效果评价。

经济效果可用效率型指标表示,如下式:

$$经济效果=\frac{收益}{费用}$$

或用价值型指标表示:

$$经济效果=收益-费用$$

经济效果和技术效果是密不可分的,经济效果包含技术效果。当经济利润为正时,生产效率越高,经济效果就越好;在技术效果一定的情况下,产品或服务带给人们的边际效用越大,经济效果就越好。

所谓可行性研究,就是在市场调查的基础上,准确地估计项目的所得与所费,科学地计算项目的收益和费用,通过财务分析和国民经济分析,对各种建设项目的技术可行性和经济合理性进行综合评价。可行性研究的引入,使技术实践的经济效果提高到了一个新的水平。

工程经济学还要研究如何用最低的寿命周期成本实现产品、作业或服务的必要功能,通过对物质环境的功能分析、功能评价和功能创新,寻求提高经济效果的途径与方法。

(二)工程经济学研究的主要内容

工程经济学的研究内容相当广泛,概括起来可以包括如下4个部分:

①研究技术创新的规律及其与经济发展的关系,探求如何建立和健全技术创新的机制,为制定有关的经济政策和技术政策提供理论依据。

②宏观、中观工程经济规划的论证。

③各级各类建设项目论证。

④各种技术开发、产品开发与设计、工艺选择、设备更新等技术方案、技术措施的工程经济论证等。

一、工程经济分析的基本步骤

技术实践活动的目的就是要运用科学知识、技术能力和物质手段形成能满足人们需要的经济系统。

通常,一个完整的技术实践活动可分成以下几个阶段:

(1)确定目标

技术实践活动的第一个阶段就是通过调查研究,寻找经济环境中存在和潜在的需求,确立工作目标。只有通过市场调查，明确目标，才能谈得上经济可行性和技术合理性的问题。

(2) 寻找关键要素

关键要素也就是实现目标的制约因素，确定关键要素是技术实践活动的重要一环。只有找出了主要矛盾，确定了系统的各种关键要素，才能集中力量，采取最有效的措施，为目标的实现扫清道路。

寻找关键要素，实际上是一个系统的分析过程和方案的制订过程，因此，需要树立系统的思想方法，综合地运用各种相关学科的知识和技能。

(3) 穷举方案

关键要素找到后，紧接着要做的工作就是制定各种备选方案。很显然，一个问题可采用多种方法来解决，因而可以制定出许多不同的方案。

穷举方案就是要尽可能多地提出潜在方案。

使用穷举方案时，通常有一种方案是什么都不做的方案，也就是维持现状的方案，这个方案也是要考虑的方案之一。

(4) 评价方案

评价方案是工程经济分析中最常用的方法。

评价方案，首先必须将参与分析的各种因素定量化，一般将方案的投入和产出转化为用货币表示的收益和费用，即确定各对比方案的现金流量，并估计现金流量发生的时点，然后运用数学手段进行综合运算、分析对比，从中选出最优的方案。

(5) 决策

决策就是从若干行动方案中选择实施方案，它对技术实践活动的效果有决定性的影响。

在决策时，工程技术人员应特别注重与决策人员的信息交流，使决策人员充分了解各方案的工程经济特点和各方面的效果，这些效果既包括货币效果，也应包括非货币效果，使决策最大限度地建立在科学研究的基础之上。

二、方案经济效果评价的基本原则

(一) 方案经济效果评价的原则

方案比较法是工程经济分析中最常用的方法，也是一项综合性很强的工作，必须用系统分析的观点正确处理各方面的矛盾关系，以下原则应贯穿在技术方案经济效果评价的始终。

(1) 主动分析与被动分析相结合，以主动分析为主

工程经济效果评价，就是要通过事前、事中和事后的分析，把系统的运行控制在最满意的状态。

近年来，人们将系统论和控制论的研究思想引入工程经济分析，将“控制”立足于事先主动地采取措施，以尽可能地减少甚至避免目标值与实际值的偏离，这是主动的、积极的控制方法，也是工程经济效果分析应采取的主要思想方法。

(2) 满意度分析与最优化分析相结合,以满意度分析为主

传统决策理论是建立在绝对逻辑基础上的一种封闭式决策模型,它把人看作具有绝对理性的“理性人”或“经济人”,在决策时,会本能地遵循最优化原则(即取影响目标的各种因素的最有利的值)来选择实施方案。

而以美国经济学家西蒙(Simon)首创的现代决策理论的核心则是“令人满意”准则。对决策人来说,最优化决策几乎是不可能的。

西蒙提出了用“令人满意”准则来代替“最优化”准则,他认为决策人在决策时,可先对各种客观因素、执行人据以采取的可能行动,以及这些行动的可能后果加以综合研究,并确定一套切合实际的衡量标准。

如果某一可行方案符合这种衡量标准,并能达到预期的目标,则这一方案便是满意的方案,可以采纳;否则,应对原衡量标准做适当的修改,进行下一轮方案选择。

(3) 差异分析与总体分析相结合,以差异分析为主

进行经济效果分析,一般只考虑各技术方案的差异部分,不考虑方案的相同部分,因而可把方案之间的共同点省略,这样既可以减少工作量,又使各对比方案之间的差别一目了然。但在省略时,一定要保证舍弃的确实是方案之间的相同部分,因为哪怕是微小的差异也会使分析结果产生变化。

(4) 动态分析与静态分析相结合,以动态分析为主

传统的评价方法是以静态分析为主,不考虑投入产出资金的时间价值,其评价指标很难反映未来时期的变动情况。

应该强调,考虑资金时间因素,进行动态的价值判断,即将项目建设和生产不同时间段上资金的流入、流出折算成同一时点的价值,变成可加性函数,从而为不同项目或方案的比较提供同等的基础,这对于提高决策的科学性和准确性有重要的作用。

(5) 定量分析与定性分析相结合,以定量分析为主

技术方案的经济分析,是通过项目建设和生产过程中的费用效益计算,给出明确的数量概念,进行事实判断。过去,由于缺乏必要的定量分析计算手段,对一些本应定量的因素,往往只能笼统地定性描述。应该强调,凡可量化的经济要素都应做出量的表述,这就是说,一切技术方案都应尽可能通过计算定量指标将隐含的经济价值揭示出来。

(6) 价值量分析与实物量分析相结合,以价值量分析为主

不论是财务评价还是国民经济评价,都要设立若干实物指标和价值指标。在计划经济条件下,我国往往侧重考虑生产能力、实物消耗、产品产量等指标。在目前的市场经济条件下,应把投资、劳动力、信息、资源和时间等因素都量化为用货币表示的价值因素,对任何项目或方案都用具备可比性的价值量去分析,以便于项目或方案的取舍和判别。

(7) 全过程效益分析与阶段效益分析相结合,以全过程效益分析为主

技术实践活动的经济效果,是在目标确定、方案提出、方案选优、方案实施以及生产经营活动的全过程中体现出来的,忽视哪一个环节都会前功尽弃。在全过程效益分析中,还必须重点突出。

要有效地提高技术活动的经济效果,就应把工作重点转到建设前期阶段上来,未雨绸

缪,以取得事半功倍的效果。

(8) 宏观效益分析与微观效益分析相结合,以宏观效益分析为主

对技术方案进行经济评价,不仅要看其本身获利多少,有无财务生存能力,还要考虑其需要国民经济付出多大代价及其对国家的贡献。如果项目自身的效益是以牺牲其他企业的利益为前提,或使整个国民经济付出了更大的代价,那么对全社会来说,这样的项目就是得不偿失的。我国现行经济效果评价方法规定,项目评价分为财务评价与国民经济评价两个层次,当两个层次的评价结论发生矛盾时,一般情况下,应以国民经济评价的结论为主来考虑项目或方案的取舍。

(9) 预测分析与统计分析相结合,以预测分析为主

对技术方案进行分析,既要以现有状况为基础,又要做有根据的预测。在预测时,往往要以统计资料为依据,除了对现金流入与流出量进行常规预测外,还应对某些不确定性因素和风险做出估算,包括敏感性分析、盈亏平衡分析和概率分析。

(二) 技术方案经济效果评价的可比条件

为了在各项技术方案评价和选优时全面、正确地反映实际情况,必须使各方案的条件等同化,这就是所谓的“可比性问题”。

一般要求在各方案之间达到以下 4 个可比性要求:

(1) 使用价值的可比

使用价值的主要内容有数量、质量、品种等。两个方案,如果使用价值不同,是不能相比的。

(2) 相关费用的可比

所谓相关费用,就是如何确定合理计算方案费用的范围。两个方案,如果计算费用的范围不合理,也没有可比性。

(3) 时间因素的可比

技术方案的经济效果,除了数量的概念以外,还具有时间的概念。

(4) 价格的可比

几乎绝大部分效益和费用都是在价格的基础上计算出来的。因此,价格体系是否合理是方案比较中必须考虑的问题。

在方案比较中,对产出物和投入物的价格应尽量采用可比价格。

可比性所涉及的问题远不止上述 4 种,还有定额标准、安全系数等。分析人员认为必要时,可自行斟酌决定。总之,满足可比条件是方案比较的前提,必须遵守。

三、工程经济分析人员应具备的主要能力

工程经济学具有很强的综合性、系统性和应用性。为有效地对技术实践活动进行经济分析,工程经济分析人员应具备以下主要能力:

(1) 了解经济环境中人的行为和动机

了解经济环境中人的行为和动机是工程经济分析人员应具备的主要能力之一。

(2) 会做市场调查

如果想在竞争日益激烈的市场经济中取胜,必须了解国内外市场供需情况,了解国内现有企业的生产能力及现有企业技术改造后可能挖掘的潜力,进行销售价格预测,了解原材料来源和供应的可能性等。

(3) 会做预测工作

所谓预测,就是对与决策问题有关的各种内外部情况所进行的科学的估计和推测,它是决策科学化的重要工具,也是决策分析的重要组成部分。

(4) 坚持客观公正的原则

工程经济分析应实事求是,坚持真理,做到不唯上、不唯书,只唯实、只唯真,保证评价结果的可信度。

(5) 依法办事

市场经济是法制经济,在经济分析中,必须保证各对比方案及计算结果符合国家的有关法令和规范的要求,因为法令和规范是根据社会发展情况和政治经济形势等方面的实际情况,经过分析和论证制定出来的,它们既体现公众的最高利益,又对实际工作有重要的指导作用。

(6) 了解国家的经济、技术发展战略和有关政策

在市场失灵情况下,政府的干预往往是十分必要的,这主要体现在国家的发展战略和长远规划的制定中。

只有全面了解国家的发展战略和有关政策,才能为技术实践活动创造较好的外部环境,才能保证整个技术实践活动的顺利进行,同时,才能保证整个国民经济的健康发展。

项目小结

工程经济中所说的"经济",属于经济学的范畴,可以理解为社会生产与再生产过程以及与之相关的政策、制度等方面的总和。工程经济学,就是以工程项目为主体,以技术经济系统为核心,研究如何有效利用资源,提高经济效益的科学。

工程经济学的研究对象是工程项目技术经济分析的最一般方法。其分析方法必须遵循主动分析与被动分析相结合、满意度分析与最优化分析相结合、差异分析与总体分析相结合、动态分析与静态分析相结合、定量分析与定性分析相结合、价值量分析与实物量分析相结合、全过程效益分析与阶段效益分析相结合、宏观效益分析与微观效益分析相结合、预测分析与统计分析相结合的原则。

工程经济分析的基本步骤是确定目标→寻找关键要素→穷举方案→评价方案→决策。

工程经济效果评价的一般要求是在各方案之间所有条件具有可比性,即使用价值可比,相关费用可比,时间因素可比,价格可比;此外,还有定额标准、安全系数等。

思考与练习

1. 简述工程经济学的概念。
2. 简述技术和经济的关系。
3. 工程经济学的研究对象是什么?
4. 简述工程经济分析的基本步骤。
5. 简述方案经济效果评价的基本原则。
6. 技术方案经济效果评价的可比条件有哪些?

项目二　资金等值计算

学习要求

(1) 了解资金时间价值的概念。
(2) 熟悉等值计算的基本公式。
(3) 熟悉名义利率、实际利率的含义。
(4) 掌握等值计算的基本方法。

学习目的

具备资金时间价值的思想，熟练利用公式进行等值计算。

任务　资金等值计算

任务描述

“等值”是指在时间因素的作用下，在不同的时间点上绝对值不等的资金而具有相同的价值。在工程经济分析中，等值是一个很重要的概念，它是评价、比较不同时期资金使用效果的重要依据。

利用等值的概念，可以把在一个(或一系列)时间点发生的资金金额换算成另一个(或一系列)时间点的等值的资金金额，这样的一个转换过程就称为资金的等值计算。

一、资金时间价值的含义及意义

（一）资金时间价值的含义

货币如果作为储藏手段保存起来，不论经过多长时间仍为同等数量的货币，而不会发生数值的变化。货币的作用体现在流通中，货币作为社会生产资金参与再生产的过程中即会得到增值、带来利润。

我们常说的“时间就是金钱”，是指资金在生产经营及其循环、周转过程中，随着时间的变化而产生的增值。

资金的时间价值，是指资金在生产和流通过程中随着时间推移而产生的增值。

资金的时间价值是商品经济中的普遍现象，资金之所以具有时间价值，概括地讲，是基于以下两个原因：

从社会再生产的过程来讲，对于投资者或生产者，其当前拥有的资金能够立即用于投资并在将来获取利润，而将来才可能取得的资金则无法用于当前的投资，因此，也就无法得到相应的收益。正是由于资金作为生产的基本要素，进入生产和流通领域所产生的利润，使得资金具有时间价值。

从流通的角度来讲，对于消费者或出资者，其拥有的资金一旦用于投资，就不能再用于消费。消费的推迟是一种福利损失，资金的时间价值体现了对牺牲现期消费的损失所应做出的必要补偿。

由于资金存在时间价值，今天的一笔钱存入银行，随着时间的推移可获得利息，由此它就比明年的今天所拥有的同样的一笔钱更值钱；今天可以用来投资的一笔资金，随着时间的推移可获得利润，因此，即使不考虑通货膨胀的影响，也比将来任何时期所获得的同样数量的资金更具有价值。

（二）研究资金时间价值的意义

资金时间价值是市场经济条件下的一个经济范畴。无论社会是何种体制，只要存在商品生产和商品交换，就必然存在资金的时间价值，而且随时在发生作用。因此必须对它进行研究。我国在过去很长时间内，对此忽视了理论上的研究和实践中的应用，出现了争建设项目、争基建投资的现象，因此造成严重浪费和资金积压，大大降低了资金的经济效益。

重视资金时间价值可以促使建设资金合理利用，使有限的资金发挥更大的作用。在基本建设投资活动中，必须充分考虑资金的时间价值，千方百计缩短建设周期，加速资金周转，提高建设资金的使用效益。

随着我国加入世界贸易组织（WTO），市场将进一步开放，我国企业也要参与国际竞争，要用国际通行的项目管理模式与国际资本打交道。只有考虑资金的时间价值，才能平等地参与国内与国际的市场竞争。

总之，无论进行什么样的经济活动，都必须认真考虑资金时间价值，千方百计缩短建设周期，加速资金周转，节省资金占用数量和时间，提高资金的经济效益。

（三）衡量资金时间价值的尺度

衡量资金时间价值的尺度有两种：其一为绝对尺度，即利息、盈利或收益；其二为相对尺度，即利率、盈利率或收益率。

资金的利息和资金的利润可以说是具体体现资金时间价值的两个方面，是衡量资金时间价值的绝对尺度。但在实际中，由于习惯使用相对数字来表示资金时间价值，而利率和利润率恰恰又都是表示原投资所能增加的百分数，因此往往用这两个量来作为衡量资金时间价值的相对尺度，并且经常两者不加区分，统称为利率。

(1) 利息

在借贷过程中，债务人支付给债权人超过原借贷款金额（原借贷款金额常称作本金）的部分，就是利息。其计算公式为：

$$\text{利息}=\text{目前应付(应收)的总金额}-\text{本金} \tag{2.1}$$

从本质上看，利息是由贷款产生的利润的一种再分配。在工程经济研究中，利息常被看做是资金的一种机会成本，这是因为如果放弃资金的使用权力，相当于失去了获取收益的机会，也就相当于付出了一定的代价。所以，利息就成了投资分析平衡现在与未来的杠杆，投资这个概念本身就包含着现在和未来两方面的含义。

在工程经济学中，利息是指占用资金所付出的代价或者是放弃现期消费所得的补偿。

贷款要计算利息，固定资金和流动资金的使用也采取有偿和付息的方法，其目的都是为了鼓励企业改善经营管理，鼓励节约资金，提高投资的经济效果。

(2) 利率

利率就是单位时间内（如年、半年、季、月、周、日等）所得利息额与本金之比，通常用百分数表示。即：

$$\text{利率}=\frac{\text{单位时间内所得的利息额}}{\text{本金}}\times 100\% \tag{2.2}$$

式(2.2)中用于表示计算利息的单位时间称为计息周期，计息周期通常为年、半年、季、月、周或日。

【例 2.1】某人现借得本金 2 000 元，1 年后付息 180 元，则年利率是多少？

【解】根据公式(2.2)

$$\text{年利率}=\frac{180}{2\,000}\times 100\%=9\%$$

利率是各国发展国民经济的杠杆之一，利率的高低由如下因素决定：

①利率的高低首先取决于社会平均利润率的高低，并随之变动。

②在平均利润率不变的情况下，利率高低取决于金融市场上的借款资本的供求情况。

③借出资本要承担一定的风险，而风险的大小也影响利率的高低。

④通货膨胀对利率的波动有直接影响。

⑤借出资本的期限长短对利率也有重大影响。

(3) 利息和利率在技术经济活动中的作用

利率作为一种经济杠杆，在经济活动中起着十分重要的作用。在市场经济条件下，利率的作用表现在以下几个方面：

①影响社会投资的多少。

利润是企业的经营目标，利息是影响投资的重要因素。

②影响社会资金的供给量。

一国投资利率的提高会增加居民的储蓄倾向，也会吸引国际的投资进入该国市场，因而能增加该国社会资金供给量。

③利率是调节经济政策的工具。

正因为利率可以影响投资的多少和社会资金的供给，各国都制定了相应的政策利用利率来调节宏观经济。

在市场经济中，利率对经济有较大的调节作用。

二、现金流量图

(一) 现金流量

在技术经济分析中，我们把项目视为一个系统，投入的资金、花费的成本、获得的收益等都是发生在一定的时间点上，这种以货币的计算方式发生的资金流出或流入就是现金流量。

现金流量，是指拟建项目在整个项目计算期内各个时点上实际发生的现金流入、现金流出，以及现金流入与现金流出的差额(又称为净现金流量)。现金流量一般以计息期(年、季、月等)为时间量的单位，用现金流量图或现金流量表来表示。

资金流出系统称现金流出，资金流入系统称现金流入，现金流入与现金流出之差称净现金流量。技术经济分析的目的就是要根据特定系统所要达到的目标和所拥有的资源条件，考察系统在从事某项经济活动过程中的现金流出与现金流入，选择合适的技术方案，以获取最好的经济效果。

对于一个建设项目来说，投资、折旧、经营成本、销售收入、税金和利润等经济量是构成经济系统现金流量的基本要素，也是进行技术经济分析最重要的基础数据。

(二) 现金流量的分类

现金流量按技术经济分析的范围和经济评价方法的不同分为两类：

(1) 财务现金流量

财务现金流量主要包括项目财务现金流量、资本金财务现金流量、投资各方财务现金流量。财务现金流量主要用于工程项目财务评价。

(2) 国民经济效益费用流量

国民经济效益费用流量主要包括项目国民经济效益费用流量、国内投资国民经济效益费用流量、经济外汇流量。国民经济效益费用流量主要用于工程项目国民经济评价。

（三）现金流量图

现金流量图，就是一种描述现金流量作为时间函数的图形，即把项目经济系统的资金流量绘入一时间坐标图中，表示出各项资金流入、流出与相应的对应关系，它能表示资金在不同时间点上流入与流出的情况。

现金流量图包括三大要素：大小、流向、时间点。其中，大小表示资金数额，流向指项目的现金流入或流出，时间点指现金流入或流出所发生的时间。

现金流量图的一般表现形式如图 2.1 所示。

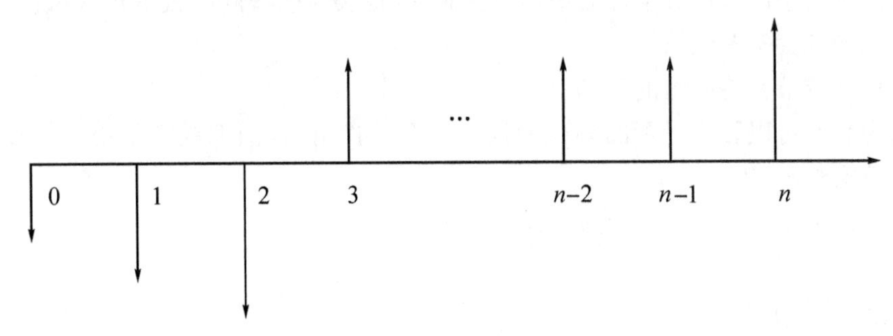

图 2.1　现金流量图

在图 2.1 中：

(1) 横轴称为时间轴，表示一个从 0 开始到 n 的时间序列，每一个刻度表示一个计息周期，比如说按年计息，则时间轴上的刻度单位就为年。在时间轴上，0 代表时间序列的起始点(表示投资起始点或评价时刻点)，从 1 到 n 分别代表各计息期的终点(结束)。除 0 和 n 以外，每个数字都有两个含义。如 2，它既代表第二个计息期的终点(结束)，又代表第三个计息期的始点(开始)。

(2) 相对于时间轴的纵坐标用来描述现金流量。箭头向上表示现金流入，即有资金流入，此时现金流量为正值；箭头向下表示现金流出，即有资金流出，此时现金流量为负值；箭线的长度与流入或流出的金额成正比，金额越大，其相应的箭线的长度就越长。箭线长短应适当体现各时点现金流量数值的差异，并在各箭线上方(或下方)注明该现金流量的数值。

(3) 现金流量的性质(流入与流出)是对特定的主体而言的。现金流量图因借贷双方"立脚点"不同，理解也不同。贷款人的现金流入就是借款人的现金流出或归还借款，反之亦然。通常，现金流量的性质是从资金使用者的角度来确定的。

(4) 如果没有特别说明现金的支付发生在每期的期初，一般假定现金的支付都发生在每期的期末，每期的期末不一定都是年末。比如，某项目 2017 年 7 月 1 日开始投资，则期末可定在以后各年的 7 月 1 日。

现金流量图是经济分析的有效工具，其重要性如同力学计算中的结构受力图，是正确进行经济分析计算的基础。

三、单利与复利的计算

利息和利率是衡量资金时间价值的尺度，故计算资金的时间价值即为计算利息的方法。

利息计算有单利和复利之分。当计息周期在一个以上时，就需要考虑“单利”与“复利”的问题。

复利是相对单利而言的，是以单利为基础进行计算的。所以，要了解复利的计算，必须先了解单利的计算。

（一）单利计算

单利计算，是只对本金计算利息，而对每期的利息不再计息，从而每期的利息是固定不变的一种计算方法，即通常所说的“利不生利”的计息方法。其利息计算公式如下：

$$I_n = P \cdot i \cdot n \tag{2.3}$$

式中，I_n——n 个计息期末的利息总额；

P——本金；

i——计息期单利利率；

n——计息期。

而 n 期末的单利本利和 F 等于本金加上利息，即：

$$F = P(1 + i \cdot n) \tag{2.4}$$

式中，F——第 n 期期末的本利和。

在计算本利和 F 时，要注意式中 n 和 i 反映的时期要一致。如 i 为年利率，则 n 应为计息年数；若 i 为月利率，则 n 应为计息的月数。

【实训 2.1】如图 2-2 所示，有一笔 50 000 元的借款，借期 3 年，按每年 8%的单利率计息，试求到期时应归还的本利和。

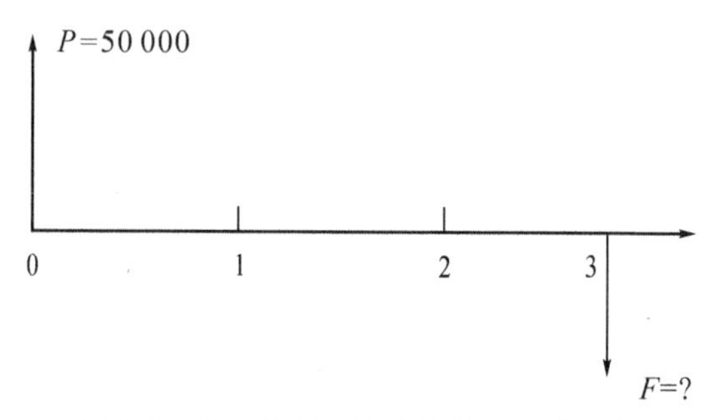

图 2.2　采用单利法计算本利和(单位：元)

单利法虽然考虑了资金的时间价值，但仅是对本金而言，并没有考虑每期所得利息进入社会再生产过程从而实现增值的可能性，这是不符合资金运动的实际情况的，没有反映资金随时都在“增值”的概念。因此，由于单利法未能完全反映资金的时间价值，在应用上有局限性，通常仅适用于短期投资及期限不超过一年的借款项目。

（二）复利计算

复利法是在单利法的基础上发展起来的，它克服了单利法存在的缺点，其基本思路是：将前一期的本金与利息之和（本利和）作为下一期的本金来计算下一期的利息，也即通常所说的“利上加利”“利生利”“利滚利”的方法。其利息计算公式如下：

$$I_n = i \cdot F_{n-1} \tag{2.5}$$

式中，i——复利利率；

F_{n-1}——第$(n-1)$期期末的复利本利和。

第 n 期期末复利本利和 F_n 的计算公式为：

$$F_n = P(1+i)^n \tag{2.6}$$

公式(2.6)的推导过程如表 2.1 所示。

表 2.1 采用复利法计算本利和的推导过程

计息期数	期初本金	期末利息	期末本利和
1	P	$P \cdot i$	$F_1=P+P \cdot i=P(1+i)$
2	$P(1+i)$	$P(1+i) \cdot i$	$F_2=P(1+i)+P(1+i) \cdot i=P(1+i)^2$
3	$P(1+i)^2$	$P(1+i)^2 \cdot i$	$F_3=P(1+i)^2+P(1+i)^2 \cdot i=P(1+i)^3$
…	…	…	…
$n-1$	$P(1+i)^{n-2}$	$P(1+i)^{n-2} \cdot i$	$F_{n-1}=P(1+i)^{n-2}+P(1+i)^{n-2} \cdot i=P(1+i)^{n-1}$
n	$P(1+i)^{n-1}$	$P(1+i)^{n-1} \cdot i$	$F_n=P(1+i)^{n-1}+P(1+i)^{n-1} \cdot i=P(1+i)^n$

【实训 2.2】在实训 2.1 中，若年利率仍为 8%，但按复利计算，则到期应归还的本利和是多少？

复利法的思想符合社会再生产过程中资金运动的实际情况，完全体现了资金的时间价值，这是国外普遍采用的计息方法，也是我国现行信贷制度正在推行的方法。因此，在工程经济分析中，一般都是采用复利法。

四、名义利率与实际利率

（一）名义利率

名义利率，是指按年计息的利率，即计息周期为一年的利率。它是以一年为计息基础，等于每一计息期的利率与每年的计息期数的乘积。

（二）实际利率

实际利率又称有效利率，是把各种不同计息的利率换算成以年为计息期的利率。

需要注意的是，资金的等值计算公式中所使用的利率都是指实际利率。当然，如果计息期为一年，则名义利率就是实际年利率，因此，可以说两者之间的差异主要取决于实际计息期与名义计息期的差异。

（三）名义利率与实际利率的应用

名义利率为 r，一年中计息期数为 m，则每一个计息期的利率为 r/m。若年初借款 P 元，一年后本利和为：

$$F = P(1 + r/m)^m$$

其中，本金 P 的年利息 I 为

$$I = F - P = P(1 + r/m)^m - P$$

根据利率定义可知，利率等于利息与本金之比。当名义利率为 r 时，实际利率为：

$$i = \frac{I}{P} = \frac{F - P}{P} = \frac{P(1 + r/m)^m - P}{P}$$

所以

$$i = \left(1 + \frac{r}{m}\right)^m - 1 \tag{2.7}$$

式中，i——实际利率；

r——名义利率；

m——名义利率所标明的计息周期内实际上复利计息的次数。

由式(2.7)可知，当 $m=1$ 时，实际利率 i 等于名义利率 r；当 $m>1$ 时，实际利率 i 大于名义利率 r，且 m 越大，两者的差异越大。

在复利计算中，对于名义利率有两种处理方法：

一是将名义利率换算成实际利率，再计算复利。

二是将周期利率代入复利公式，复利次数变为 $m \cdot n$。

【实训 2.3】某厂向外商订购设备，有两家银行可以提供贷款，甲银行年利率为 8%，按月计息；乙银行年利率为 9%，按半年计息，均为复利计算。试比较哪家银行贷款条件优越。

实训可以得出，名义利率与实际利率存在下列关系：

①当实际计息周期为 1 年时，名义利率与实际利率相等；实际计息周期短于 1 年时，实际利率大于名义利率。

②名义利率不能完全反映资金的时间价值，实际利率才真实地反映了资金的时间价值。

③实际计息周期相对越短，实际利率与名义利率的差值就越大。

一、资金等值的概念

“等值”是指在时间因素的作用下，在不同的时间点上绝对值不等的资金而具有相同

的价值。在工程经济分析中，等值是一个很重要的概念，它是评价、比较不同时期资金使用效果的重要依据。

利用等值的概念，可以把在一个(或一系列)时间点发生的资金金额换算成另一个(或一系列)时间点的等值的资金金额，这样的一个转换过程就称为资金的等值计算。

资金等值的特点是，在利率大于零的条件下，资金的数额相等，发生的时间不同，其价值肯定不等；资金的数额不等，发生的时间也不同，其价值却可能相等。

决定资金等值的因素是：

①资金数额。

②金额发生的时间。

③利率。

在考察资金等值的问题时，通常都以同一利率作为比较计算的依据。

把将来某一时点的资金金额换算成现在时点的等值金额称为“折现”或“贴现”。将来时点上的资金折现后的资金金额称“现值”。与现值等价的将来某时点的资金金额称为“终值”或“将来值”。

需要说明的是，“现值”并非专指一笔资金“现在”的价值，它是一个相对的概念。一般地说，将 $t+k$ 个时点上发生的资金折现到第 t 个时点，所得的等值金额就是第 $t+k$ 个时点上资金金额在第 t 个时点上的现值。

进行资金等值计算时使用的反映资金时间价值的参数称为折现率或贴现率。

二、计算资金时间价值的几个基本概念

(1) 利率(折现率)i

在工程经济分析中，把根据未来的现金流量求现在的现金流量时所使用的利率称为折现率。本书中利率和折现率一般不加以区分，均用 i 来表示，并且 i 一般指年利率(年折现率)。

(2) 计息次数 n

计息次数是指投资项目从开始投入资金(开始建设)到项目的寿命周期终结为止的整个期限，计算利息的次数，通常以“年”为单位。

(3) 现值 P

现值表示资金发生在某一特定时间序列始点上的价值。在工程经济分析中，现值表示在现金流量图中 0 点的投资数额或投资项目的现金流量折算到 0 点时的价值。折现计算法是评价投资项目经济效果时经常采用的一种基本方法。

(4) 终值 F

终值表示资金发生在某一特定时间序列终点上的价值。其含义是指期初投入或产出的资金转换为计算期末的期终值，即期末本利和的价值。

(5) 年金 A

年金是指各年等额收入或支付的金额，通常以等额序列表示，即在某一特定时间序列期内，每隔相同时间收支的等额款项。

（6）等值

等值是指在特定利率条件下，在不同时点的两笔绝对值不相等的资金具有相同的价值。

三、资金等值计算的基本公式

根据支付方式和等值换算点的不同，资金等值计算公式可分为两类。

（一）一次支付类型

一次支付又称整付，是指所分析系统的现金流量，无论是流入还是流出均在某一个时点上一次发生。

它包括两个计算公式：

（1）一次支付终值复利公式

如果有一笔资金，按年利率 i 进行投资，n 年后本利和应该是多少？也就是已知 P，i，n，求终值 F。

解决此类问题的公式称为一次支付终值复利公式，其计算公式为：

$$F = P(1+i)^n \tag{2.8}$$

公式(2.8)表示在利率为 i，计息期数为 n 条件下，终值 F 和现值 P 之间的等值关系。

一次支付终值复利公式的现金流量图如图 2.3 所示。

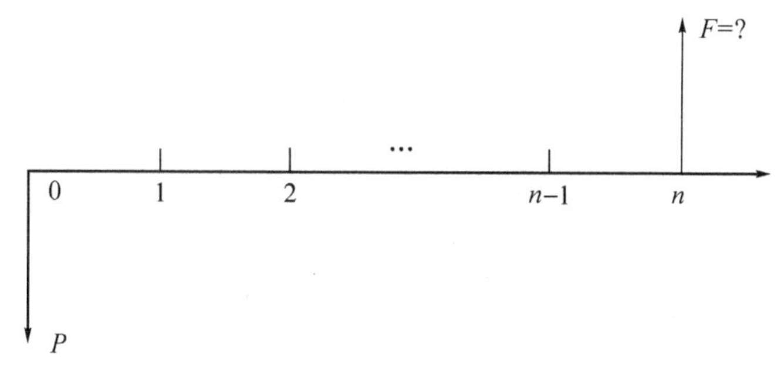

图 2.3　一次支付终值复利公式的现金流量图

在公式(2.8)中，$(1+i)^n$ 又称为终值系数，记为$(F/P,i,n)$。

这样，公式(2.8)又可写为：

$$F = P(F/P,i,n) \tag{2.9}$$

在实际应用中，为了计算方便，我们按照不同的利率 i 和计息期 n，分别计算出$(1+i)^n$ 的值，排列成一个表，称为终值系数表。在计算时，根据 i 和 n 的值，查表得出终值系数，然后与 P 相乘即可求出 F 的值。

【实训 2.4】如图 2.4 所示，现在把 500 元存入银行，银行年利率为 4%，计算 3 年后该笔资金的实际价值。

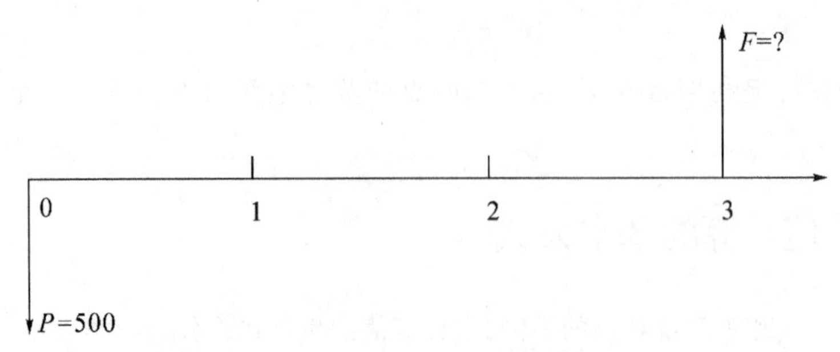

图 2.4　一次支付求终值现金流量图(单位:元)

(2) 一次支付现值复利公式

如果我们希望在 n 年后得到一笔资金 F,在年利率为 i 的情况下,现在应该投资多少?即是已知 F,i,n,求现值 P。解决此类问题用到的公式称为一次支付现值复利公式,其计算公式为:

$$P = F(1+i)^{-n} \tag{2.10}$$

其现金流量图如图 2.5 所示。

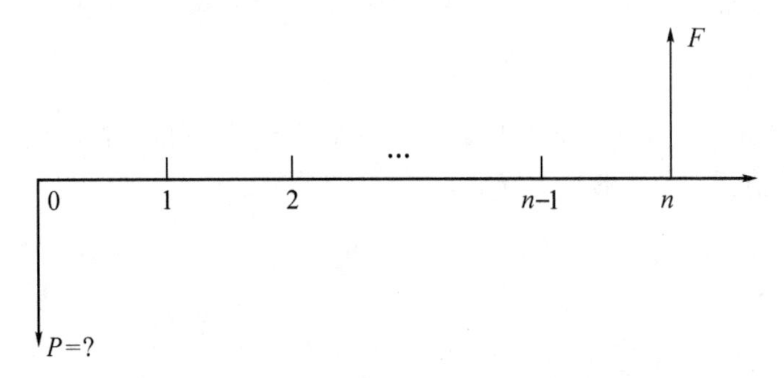

图 2.5　一次支付现值复利公式的现金流量图

在公式(2.10)中,$(1+i)^{-n}$又称为现值系数,记为$(P/F,i,n)$,它与终值系数$(F/P,i,n)$互为倒数,可通过查表求得。因此,公式(2.10)又可写为:

$$P = F(P/F,i,n) \tag{2.11}$$

【实训 2.5】如图 2.6 所示,某企业 6 年后需要一笔 500 万元的资金,以作为某项固定资产的更新款项,若已知年利率为 8%,问现在应存入银行多少钱?

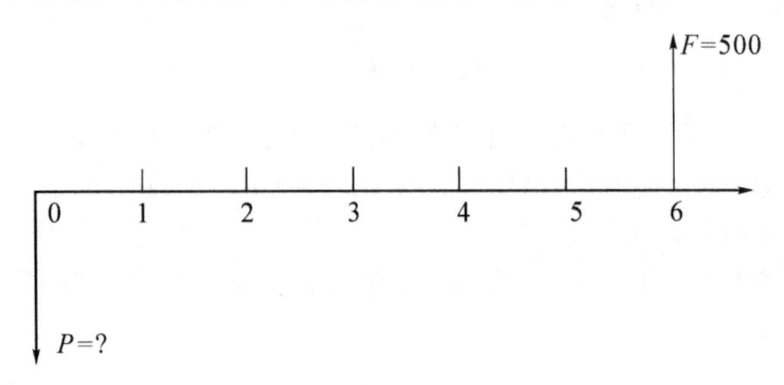

图 2.6　一次支付求现值现金流量图(单位:万元)

（二）等额支付类型

等额支付是指所分析的系统中现金流入与现金流出可在多个时间点上发生，而不是集中在某一个时间点，即形成一个序列现金流量，并且这个序列现金流量额的大小是相等的。

它包括4个基本公式：

(1) 等额支付序列年金终值复利公式

其含义是：在一个时间序列中，在利率为 i 的情况下连续在每个计息期的期末支付一笔等额的资金 A，求 n 年后由各年的本利和累计而成的终值 F。也即已知 A,i,n，求 F。类似于我们平常储蓄中的零存整取。其现金流量图如图2.7所示。

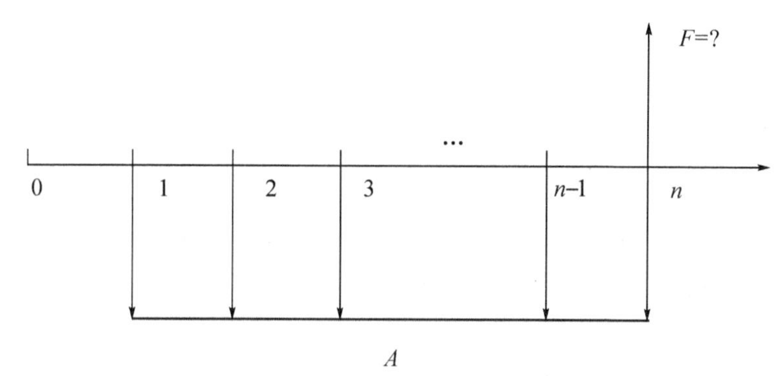

图2.7　年金终值公式现金流量图

各期期末年金 A 相对于第 n 期期末的本利和可用表2.2表示。

表2.2　普通年金复利终值计算表

期数	1	2	3	…	$n-1$	n
每期末年金	A	A	A	…	A	A
n 期末年金终值	$A(1+i)^{n-1}$	$A(1+i)^{n-2}$	$A(1+i)^{n-3}$	…	$A(1+i)$	A

$$F = A(1+i)^{n-1} + A(1+i)^{n-2} + A(1+i)^{n-3} + \cdots + A(1+i) + A$$

上式两边同时乘以$(1+i)$则有：

$$F(1+i) = A(1+i)^{n} + A(1+i)^{n-1} + A(1+i)^{n-2} + A(1+i)^{n-3} + \cdots + A(1+i)$$

后式减前式得：

$$F(1+i) - F = A(1+i)^{n} - A$$

即：

$$F = A\frac{(1+i)^{n} - 1}{i} \tag{2.12}$$

公式(2.12)即为复利年金终值(未来值)公式。

式中，$\frac{(1+i)^n-1}{i}$称为年金终值系数，记为$(F/A,i,n)$，因此公式(2.12)也可以表示为：

$$F = A(F/A,i,n) \tag{2.13}$$

【实训 2.6】如图 2.8 所示，某大型工程项目总投资 10 亿元，5 年建成，每年末投资 2 亿元，年利率为 7%，求 5 年末的实际累计总投资额。

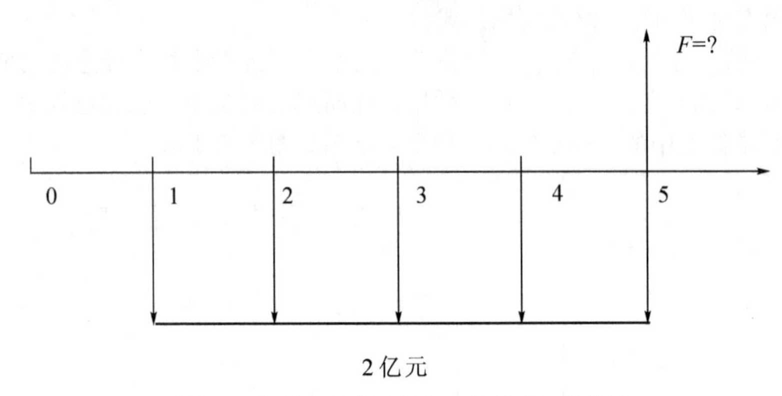

图 2.8　等额支付序列年金求终值现金流量图

(2) 偿债基金公式

其含义是：为了筹集未来 n 年后需要的一笔偿债资金，在利率为 i 的情况下，求每个计息期末应等额存储的金额。也即已知 F,i,n，求 A。类似于我们日常商业活动中的分期付款业务。其现金流量图如图 2.9 所示。

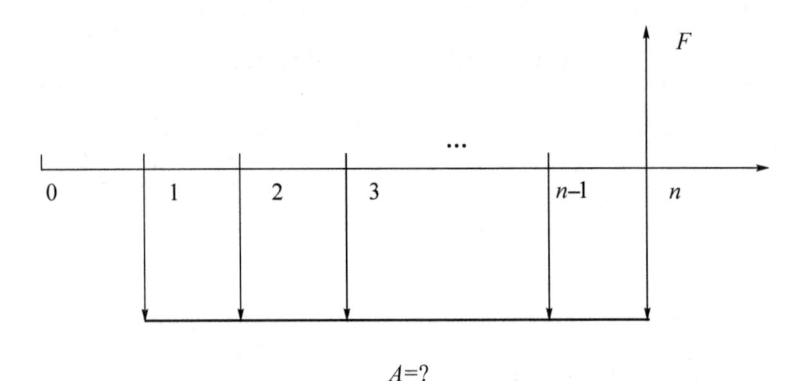

图 2.9　偿债基金公式现金流量图

其计算公式可根据公式(2.12)推导得出：

$$A = F\frac{i}{(1+i)^n-1} \tag{2.14}$$

公式(2.14)中，$\frac{i}{(1+i)^n-1}$称为偿债基金系数，记为$(A/F,i,n)$，它与年金终值系数$(F/A,i,n)$互为倒数。公式(2.14)又可写为：

$$A = F(A/F,i,n) \tag{2.15}$$

【实训 2.7】如图 2.10 所示，某企业 5 年后需要一笔 50 万元的资金用于固定资产的更新改造，如果年利率为 5%，问从现在开始该企业每年应存入银行多少钱？

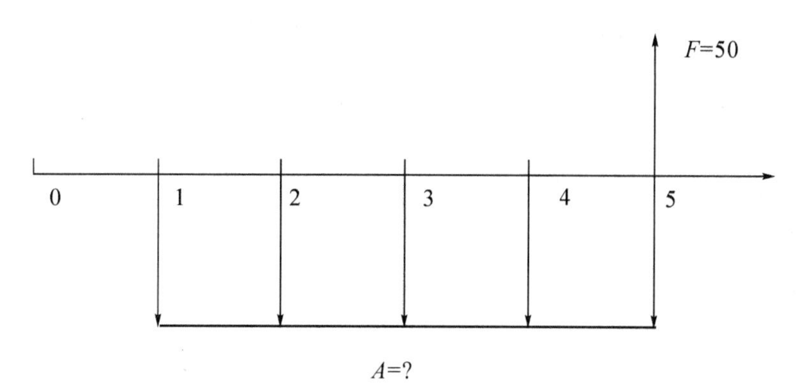

图 2.10　已知终值求年金现金流量图(单位：万元)

一、资金回收公式

其含义是：期初一次投资数额为 P，欲在 n 年内将投资全部收回，在利率为 i 的情况下，求每年应等额回收的资金。也即已知 P,i,n，求 A。其现金流量图如图 2.11 所示。

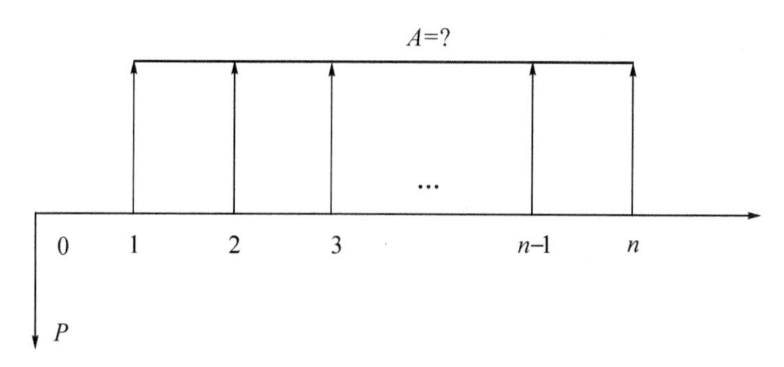

图 2.11　资金回收公式现金流量图

资金回收公式可根据偿债基金公式和一次支付终值公式来推导，即：

$$A = F\frac{i}{(1+i)^n - 1} = P\frac{i(1+i)^n}{(1+i)^n - 1} \quad (2.16)$$

公式(2.16)中，$\frac{i(1+i)^n}{(1+i)^n-1}$称为资金回收系数，记为$(A/P,i,n)$。因此，资金回收公式(2.16)又可写为：

$$A = P(A/P,i,n) \quad (2.17)$$

注意:资金回收系数是一个重要的系数,它的含义是对应于工程项目的单位初始投资,在项目寿命周期内每年至少应该回收的金额。在工程项目经济分析中,如果对应于单位初始投资,每年的实际回收金额小于应达到的资金回收金额,就表示在给定利率 i 的条件下,在项目的寿命周期内不可能将全部投资收回。

【实训 2.8】 如图 2.12 所示,某项目投资 100 万元,计划在 8 年内全部收回投资,若已知年利率为 8%,问该项目每年平均净收益至少应达到多少?

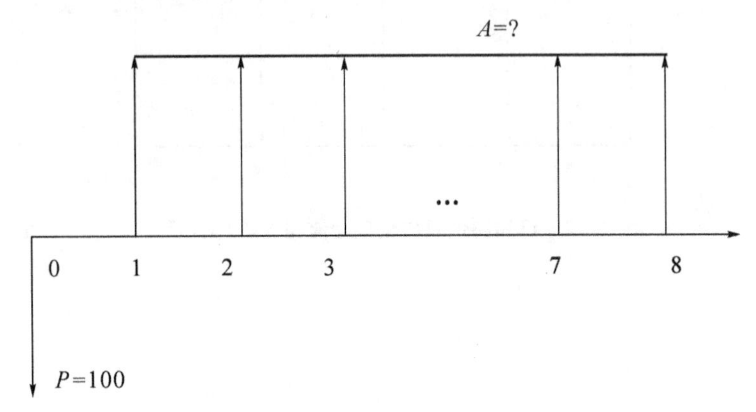

图 2.12 资金回收现金流量图(单位:万元)

二、年金现值公式

其含义是:在 n 年内每年等额收支一笔资金 A,在利率为 i 的情况下,求此等额年金收支的现值总额。也即已知 A,i,n,求 P。

其现金流量图如图 2.13 所示。其计算公式可表示为:

$$P = A\frac{(1+i)^n - 1}{i(1+i)^n} \tag{2.18}$$

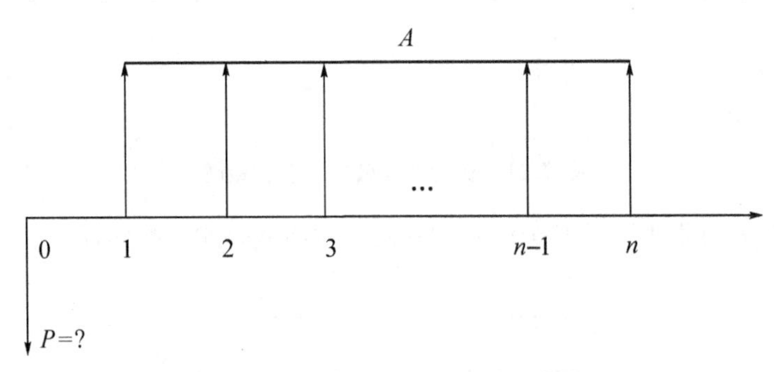

图 2.13 年金现值公式现金流量图

公式(2.18)中,$\frac{(1+i)^n-1}{i(1+i)^n}$称为年金现值系数,它是资金回收系数的倒数,记为$(P/A,i,n)$。因此,公式(2.18)又可写为:

$$P = A(P/A, i, n) \tag{2.19}$$

【实训 2.9】如图 2.14 所示,设立一项基金,计划从现在开始的 10 年内,每年年末从基金中提取 50 万元,若已知年利率为 10%,问现在应存入基金多少钱?

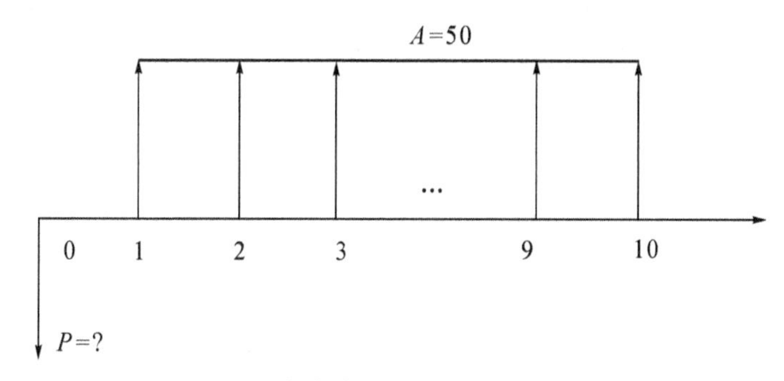

图 2.14　已知年金求现值现金流量图(单位:万元)

以上介绍的六个基本资金等值公式在工程经济分析中经常用到,其中以复利终值(或现值)公式为最基本的公式,其他公式都是在此基础上经初等数学运算得到的。为便于理解和查阅,将这六个公式列于表 2.3 中。公式中的六个系数,可根据不同的 i 值和 n 值进行计算,也可以直接查表得到。

表 2.3　六个基本资金等值计算公式

公式名称	已知项	欲求项	系数符号	公　式
一次支付终值	P	F	$(F/P,i,n)$	$F=P(1+i)^n$
一次支付现值	F	P	$(P/F,i,n)$	$P=F(1+i)^{-n}$
等额支付序列年金终值	A	F	$(F/A,i,n)$	$F=A\frac{(1+i)^n-1}{i}$
偿债基金	F	A	$(A/F,i,n)$	$A=F\frac{i}{(1+i)^n-1}$
资金回收	P	A	$(A/P,i,n)$	$A=P\frac{i(1+i)^n}{(1+i)^n-1}$
年金现值	A	P	$(P/A,i,n)$	$P=A\frac{(1+i)^n-1}{i(1+i)^n}$

项目小结

资本只有在运动中才能增值。利润和利息是衡量资本增值的尺度。资金时间价值分析的根本目的是促进资金使用价值的提高。

利率是单位时间内(如年、半年、季、月、周、日等)所得利息额与本金之比。利率分为单利率和复利率、名义利率和实际利率。

拟建项目在整个项目计算期内各个时点上实际发生的现金流入、现金流出叫做现金流量,包括现金流入量、现金流出量和净现金流量。现金流量可用现金流量图加以表示。

资金等值是工程经济分析中非常重要的概念。它是指在考虑资金时间价值的前提下，将不同时间点上发生的数值相等或不等的现金流量换算为同一时间点上的等价的现金流量，从而满足资金收支在时间上的可比要求。

决定资金等值的因素是：资金数额、金额发生的时间和利率。进行资金等值计算时使用的反映资金时间价值的参数叫做折现率或贴现率。资金等值的计算主要有一次支付类型和等额支付类型。

1. 阐述资金时间价值的含义。
2. 利率的概念及计算公式是什么？
3. 简述利息和利率在技术经济活动中的作用。
4. 资金等值的特点是什么？
5. 什么是国民经济效益费用流量？
6. 阐述单利与复利的计算之区别。
7. 简述名义利率与实际利率的概念。
8. 如图 2.15 所示，某项目采用分期付款的方式，连续 5 年每年末偿还银行借款 150 万元，如果银行借款年利率为 8%，按季计息，问截至第 5 年末，该项目累计还款的本利和是多少？

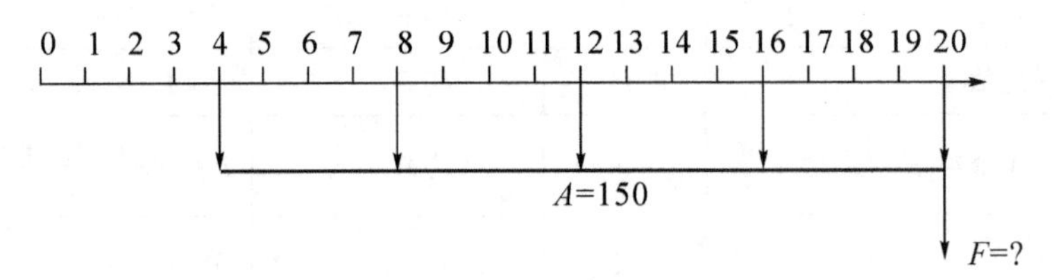

图 2.15　思考与练习题 8 图(单位：万元)

项目三　工程经济效果评价的方法

学习要求

(1) 了解经济评价指标体系。
(2) 熟悉经济评价的静态指标、动态指标、方案的类型等相关内容。
(3) 掌握方案评价的基本方法。

学习目的

对经济方案的可行性进行判断,对互斥型、独立型、相关型多方案进行选优。

任务　经济效果评价指标及多方案评价方法

任务描述

评价指标是投资项目经济效益或投资效果的定量化及其直观的表现形式,它通常是通过对投资项目所涉及的费用和效益的量化和比较来确定的。只有正确地理解和适当地应用各个评价指标的含义及其评价准则,才能对投资项目进行有效的经济分析,才能做出正确的投资决策。

知识准备

一、概述

(一) 经济评价指标

由于经济效益是一个综合性的指标,一个评价指标仅能反映某一个方面,所以,为了系统、全面地评价技术方案的经济效益，需要采用多个评价指标，从多个方面进行分析考察。根据经济评价指标所考虑的因素及使用方法的不同，可进行不同的分类。其中，最常用的分类方法之一是按照是否考虑所量化的费用和效益的时间因素，即是否考虑资金的时间价值，将评价指标分为静态评价指标和动态评价指标两类。

（二）方案计算期的确定

方案计算期，也称为方案的经济寿命周期，是指对拟建方案进行现金流量分析时应确定的项目服务年限。对建设项目来说，项目计算期分为项目建设期和项目生产期两个阶段。

(1) 项目建设期，是指从开始施工至全部建成投产所需的时间。项目建设期的长短与投资规模、行业性质及建设方式有关，应根据实际情况加以确定。项目建设期内只有投资，很少有产出。

(2) 项目生产期，是指项目从建成投产到主要固定资产报废为止所经历的时间，它包括投产期(投产后未达到100%设计能力)和达产期。项目生产期不能等同于项目投资后的服务期(物理寿命周期)，应根据项目的性质、技术水平、技术进步及实际服务期的长短合理确定。

在计算经济评价指标过程中，如计算内部收益率时，一般取项目主体工程的寿命期。当配套工程和辅助设施项目的经济寿命期大于项目经济寿命期时，可在计算期末计入残值；当配套项目经济寿命期结束时，分别计入残值和更新费用。如果建设项目的主体工程寿命期很长时，计算期可按建设项目预估的内部收益率高低而适当缩短；当内部收益率较高时，计算期可适当缩短，反之则可延长。

（三）基准收益率

基准投资收益率，又称标准折现率、基准收益率、基准贴现率、目标收益率、最低期望收益率，是决策者对技术方案资金的时间价值估算的依据。影响基准收益率的主要因素有资金的财务费用率、资金的机会成本、风险贴现率水平和通货膨胀率等。

基准收益率是方案经济评价中的主要经济参数。

确定技术方案财务评价中的基准收益率，可以简单选择方案投资所在行业或主管部门的平均收益率，若没有相应行业或主管部门的基准收益率，也可以选择社会折现率。行业或主管部门的基准收益率是国家公布的重要经济参数。

基准折现率定得太高，可能会使许多经济效益好的方案被拒绝；如果定得过低，则可能会使一些经济效益不好的方案被采纳。基准收益率可以在本部门或行业范围内控制资金投向经济效益更好的项目。

基准折现率不同于贷款利率，通常要求基准折现率要高于贷款利率。这是因为投资方案大多带有一定风险和不确定性因素，若基准折现率低于贷款利率，就不值得投资。

项目计算期确定得是否合理，对方案经济分析有较大影响。对于不同的投资项目，其现金流量的分布、资金的回收时间安排往往会有差异。

项目寿命期的确定，主要考虑主体结构的经济性、维护的可行性、关联设施的实用性、经济计划管理的适应性及预测精度等方面。

二、静态评价指标

在工程经济分析中，把不考虑资金时间价值的经济效益评价指标称为静态评价指标。此类指标的特点是简单易算，主要包括静态投资回收期和投资收益率。

采用静态评价指标对投资方案进行评价时，由于没有考虑资金的时间价值，因此它主要适用于对方案的粗略评价，如应用于投资方案的机会鉴别和初步可行性研究阶段，以及用于某些时间较短、投资规模与收益规模均比较小的投资项目的经济评价等。

（一）静态投资回收期 P_t

静态投资回收期是指不考虑资金时间价值的情况下，以项目每年的净收益回收项目全部投资所需要的时间，是考察项目财务上投资回收能力的重要指标。这里所说的全部投资既包括固定资产投资，也包括流动资金投资。

静态投资回收期的公式如下：

$$\sum_{t=0}^{P_t}(CI-CO)_t=0 \tag{3.1}$$

式中，P_t——静态投资回收期；

CI——现金流入量；

CO——现金流出量；

$(CI-CO)_t$——第 t 年的净现金流量。

静态投资回收期一般以“年”为单位，自项目建设开始年计算。当然，也可以计算自项目建成投产年算起的静态投资回收期，但对于这种情况，需要加以说明，以防止两种情况的混淆。

公式(3.1)是一个通用计算公式，在具体计算静态投资回收期时有以下两种方法：

(1) 直接计算法

如果项目建成后各年的净收益，也即净现金流量均相等，则静态投资回收期的计算公式如下：

$$P_t=\frac{K}{R} \tag{3.2}$$

式中，R——每年的净收益；

K——全部投资。

【实训 3.1】某投资方案一次性投资 500 万元，估计投产后各年的平均净收益为 80 万元，求该方案的静态投资回收期。

(2) 累计法

累计法是根据方案的净现金流量，从投资开始时刻(零时点)依次求出以后各年的净现金流量之和(也称累计净现金流量)，直至累计净现金流量等于零的年份为止。对应于净现金流量等于零的年份数，即为该方案从投资开始年算起的静态投资回收期。

其计算公式为：

$$P_t = (\text{累计净现金流量开始出现正值的年份数} - 1) + \frac{\text{上一年累计净现金流量绝对值}}{\text{当年净现金流量}} \tag{3.3}$$

累计法常用表格形式进行计算。

【实训 3.2】某投资方案的净现金流量如图 3.1 所示，试计算其静态投资回收期。

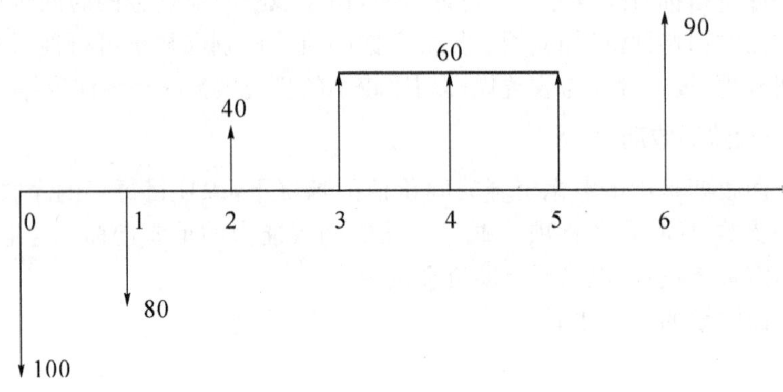

图 3.1 净现金流量图(单位:万元)

静态投资回收期一般从建设开始年算起。采用静态投资回收期对投资方案进行评价时，其基本做法如下：

①确定行业的基准投资回收期 P_c。

②计算项目的静态投资回收期 P_t。

③比较 P_t 和 P_c：

若 $P_t \leqslant P_c$，则项目可以考虑接受；

若 $P_t > P_c$，则项目是不可行的。

(3) 静态投资回收期指标的优点与不足

静态投资回收期指标的优点：经济意义明确、直观，计算简便；在一定程度上反映了投资效果的优劣。

静态投资回收期指标的不足：只考虑投资回收之前的效果，不能反映回收投资之后的情况，即无法准确衡量项目投资收益的大小；没有考虑资金的时间价值，因此无法正确地辨识项目的优劣。故一般认为，静态投资回收期只能作为一种辅助指标，而不能单独使用。

(二) 投资收益率

投资收益率，又叫投资效果系数，是指在项目达到设计能力后，其每年的净收益与项目全部投资的比率，是考察项目单位投资盈利能力的指数。其计算公式为：

$$\text{投资收益率} = \frac{\text{年净收益}}{\text{项目全部投资}} \times 100\% \tag{3.4}$$

当项目在正常生产年份内各年的收益情况变化幅度较大时，也可以采用下列公式进行计算：

$$投资收益率 = \frac{年平均净收益}{项目全部投资} \times 100\% \tag{3.5}$$

投资收益率是一个综合性指标，在进行项目经济评价时，根据分析目的的不同，投资收益率又可具体分为投资利润率、投资利税率、资本金利润率等，其中最常用的是投资利润率。

投资利润率是指项目在正常生产年份内所获得的年利润总额或年平均利润总额与项目全部投资的比率，其计算公式为：

$$投资利润率 = \frac{年利润总额或年平均利润总额}{项目全部投资} \times 100\% \tag{3.6}$$

【实训 3.3】某投资项目的投资与收益情况如表 3.1 所示，试计算其投资利润率。

表 3.1　某项目投资收益情况表　　单位：万元

年序	0	1	2	3	4	5	6
投资	100						
利润		10	12	12	12	12	14

投资收益率指标的优点：计算简便，能够直观地衡量项目的经营成果；可适用于各种投资规模。

投资收益率指标的不足：没有考虑投资收益的时间因素，忽视了资金具有时间价值的重要性；该指标的计算主观随意性太大，计算中对于应该如何计算投资资金占用，如何确定利润，都有一定的不确定性和人为因素，因此以投资收益率指标作为主要的决策依据不太可靠。

三、动态评价指标

一般地，将考虑了资金时间价值的经济效益评价指标称为动态评价指标。

与静态评价指标相比，动态评价指标考虑了在方案经济寿命期限内投资、成本和收益随时间而发展变化的真实情况，能够体现真实可靠的技术经济评价。动态评价指标注重考察在项目计算期内各年现金流量的具体情况，因而也就能够更加直观地反映项目的盈利能力，所以它的应用比静态评价指标更加广泛。

在项目的可行性研究阶段，进行项目经济评价时一般是以动态评价指标作为主要指标，以静态评价指标作为辅助指标。

常用的动态评价指标有净现值（率）、净年值、内部收益率、动态投资回收期等。

（一）净现值 *NPV* 与净现值率 *NPVR*

（1）净现值的含义及计算

净现值是指把项目计算期内各年的净现金流量，按照一个给定的标准折现率（基准收益率）折算到建设期初（项目计算期第一年年初）的现值之和。

净现值是考察项目在计算期内盈利能力的主要动态指标。其计算公式为：

$$NPV=\sum_{t=0}^{n}(CI-CO)_t(1+i_C)^{-t} \quad (3.7)$$

式中，NPV——项目的净现值；

$(CI-CO)_t$——第 t 年的净现金流量；

n——项目计算期；

i_C——标准折现率。

净现值的经济含义可以直观地解释为：假如有一个小型投资项目，初始投资为 10 000 元，项目寿命期为 1 年，到期可获得净收益 12 000 元。如果设定基准收益率为 8%，根据净现值的计算公式，可以求出该项目的净现值为 1 111 元[$12\ 000\times(1+8\%)^{-1}-10\ 000$]，这就是说，只要投资者能在资本市场或从银行以 8%的利率筹措到资金，那么该项目即使再增加 1 111元的投资，在经济上还是可以做到不盈不亏。换一个角度讲，如果投资者能够以 8%的利率筹措到 10 000 元的资金，一年后投资者将会获得 1 200 元[$12\ 000-10\ 000\times(1+8\%)$]的利润。这 1 200 元的利润的现值恰好是 1 111 元[$1\ 200\times(1+8\%)^{-1}$]，即净现值刚好等于项目在生产经营期内所获得的净收益的现值。

(2) 净现值的判别准则

根据公式(3.7)计算出 NPV 后，其结果有以下三种情况：即 $NPV>0$，$NPV=0$，$NPV<0$。

在用于投资方案的经济评价时其判别准则如下：

若 $NPV>0$，说明方案可行。

若 $NPV=0$，说明方案可考虑接受。

若 $NPV<0$，说明方案不可行。

【实训 3.4】某项目的各年现金流量如表 3.2 所示，试用净现值指标判断项目的经济性($i_C=15\%$)。

表 3.2　某项目的现金流量表 单位：万元

年序	0	1	2	3	4～19	20
投资支出	40	10				
经营成本			17	17	17	17
收入			25	25	30	50
净现金流量	−40	−10	8	8	13	33

(3) 净现值与折现率的关系

从计算公式(3.7)可以看出，对于具有常规现金流量(在计算期内，方案的净现金流量序列的符号只改变一次的现金流量)的投资方案，其净现值的大小与折现率的高低有直接的关系。

比如说，如果已知某投资方案各年的净现金流量，则该方案的净现值就完全取决于所选用的折现率，折现率越大，净现值就越小；折现率越小，净现值就越大。随着折现率的逐渐增大，净现值将由大变小，由正变负。NPV 与 i 之间的关系如图 3.2 所示。

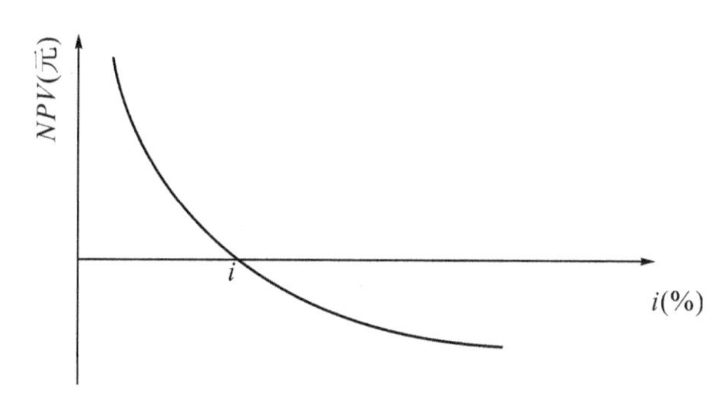

图 3.2　净现值与折现率的关系

(4) 净现值指标的优点与不足

净现值指标的优点：

①考虑了资金的时间价值及项目在整个寿命期内的经济状况。

②经济意义明确、直观，能够直接以货币额表示项目的净收益。

③能直接说明项目投资额与资金成本之间的关系。

净现值指标的不足：

①必须首先确定一个符合经济现实的基准收益率，而基准收益率的确定往往是比较困难的。

②不能直接说明项目运营期间各年的经营成果。

③不能真正反映项目投资中单位投资的使用效率。

(5) 净现值率

净现值率是指项目的净现值与投资总额现值的比值，其经济含义是单位投资现值所能带来的净现值，是一个考察项目单位投资的盈利能力的指标。其计算公式为：

$$NPVR = \frac{NPV}{K_P} \tag{3.8}$$

式中，$NPVR$——净现值率；

K_P——全部投资的现值之和。

【实训 3.5】如图 3.5 所示，某企业拟购买一台设备，其购置费用为 35 000 元，使用寿命为四年，第 4 年末的残值为 3 000 元；在使用期内，每年的收入为 19 000 元，经营成本为 6 500 元，若给出标准折现率为 10%，试计算该设备购置方案的净现值率。

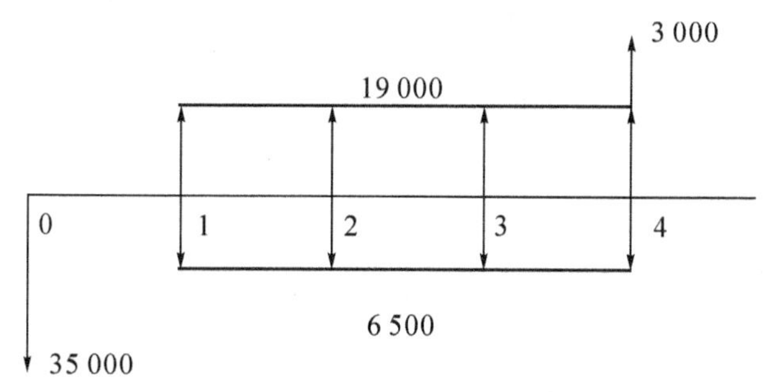

图 3.3　设备购置方案的现金流量图(单位：元)

净现值率主要用于进行多个独立方案备选时的优劣排序。

（二）净年值 *NAV*

(1) 净年值的含义与计算

净年值是指通过资金时间价值的计算，将项目的净现值换算为项目计算期内各年的等额年金，是考察项目投资盈利能力的指标。其计算公式为：

$$NAV = NPV(A/P,i,n) \tag{3.9}$$

式中，$(A/P,i,n)$——资本回收系数。

其现金流量图如图 3.4 所示。

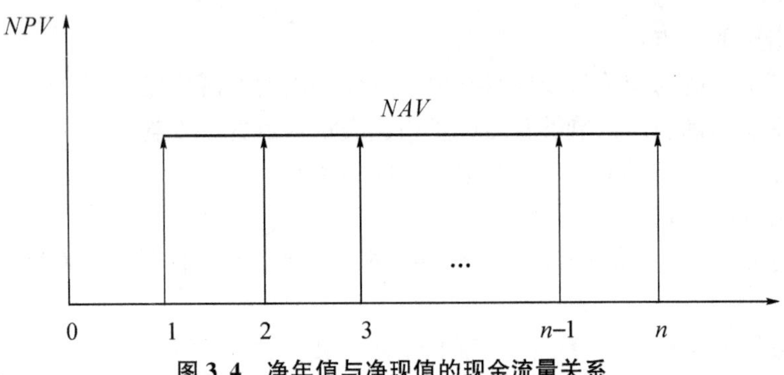

图 3.4　净年值与净现值的现金流量关系

(2) 净年值的判别准则

由 NAV 的计算公式可以看出，NAV 实际上是 NPV 的等价指标，也即对于单个投资方案来讲，用净年值进行评价和用净现值进行评价其结论是一样的，其评价准则是：

若 $NAV \geqslant 0$，则方案可以考虑接受；

若 $NAV < 0$，则方案不可行。

【实训 3.6】根据实训 3.5 中的数据用净年值指标分析投资的可行性。

(3) 净年值的运用范围

净年值指标主要用于寿命期不同的多方案评价与比较，特别是寿命周期相差较大或寿命周期的最小公倍数较大时的多方案评价与比较，这一点在后面任务中详细介绍。

（三）内部收益率 *IRR*

将净现值等于 0 时的折现率称为内部收益率，这是一个重要的经济评价指标，它同净现值 NPV 一样，在经济评价中被广泛使用。

(1) 内部收益率的概念及判别准则

内部收益率是指项目在整个计算期内各年净现金流量的现值之和等于 0 时的折现率，也就是项目的净现值等于 0 时的折现率。

由于它反映的是方案所能达到的收益率水平，其大小完全取决于方案本身，因此称作内部收益率。其计算公式为：

$$\sum_{t=0}^{n}(CI-CO)_t(1+IRR)^{-t}=0 \tag{3.10}$$

式中，IRR——内部收益率，其余符号意义同前。

根据净现值与折现率的关系，以及净现值指标在方案评价时的判别准则，可以导出用内部收益率指标评价投资方案的判别准则，即：

若 $IRR > i_C$，则 $NPV > 0$，方案可以考虑接受；

若 $IRR = i_C$，则 $NPV = 0$，方案可以考虑接受；

若 $IRR < i_C$，则 $NPV < 0$，方案不可行。

(2) 内部收益率的计算

由计算公式(3.10)可以看出，内部收益率的计算是求解一个一元多次方程的过程，要想精确地求出方程的解，即内部收益率，是一件非常困难的事情，因此在实际应用中，一般采用一种称为线性插值试算法的近似方法来求得内部收益率的近似解。

它的基本步骤如下：

①根据经验，选定一个适当的折现率 i_0。

②根据投资方案的现金流量情况，利用选定的折现率 i_0，求出方案的净现值 NPV。

③若 $NPV > 0$，则适当使 i_0 增大；若 $NPV < 0$，则适当使 i_0 减小。

④重复步骤③，直至找到这样的两个折现率 i_1 和 i_2，其所对应的净现值，$NPV_1 > 0$，$NPV_2 < 0$，其中 $2\% < |i_1 - i_2| < 5\%$。

⑤采用线性插值公式求出内部收益率的近似解，其公式为：

$$IRR = i_1 + \frac{NPV_1}{NPV_1 + |NPV_2|}(i_2 - i_1) \tag{3.11}$$

公式(3.11)可结合图3.5推导如下：

由图3.5可以看出，在 i_1 和 i_2 之间，净现值与折现率的关系如弧线段 AD 所表示，它在 F 处与横轴相交，从而内部收益率为 IRR。我们用直线段 AD 近似替代弧线段 AD(在 $i_2 - i_1$ 很小时这样做误差不大)，然后用几何方法求出 AD 与横轴交点 E 处的折现率 IRR'，用 IRR' 作为 IRR 的近似值。

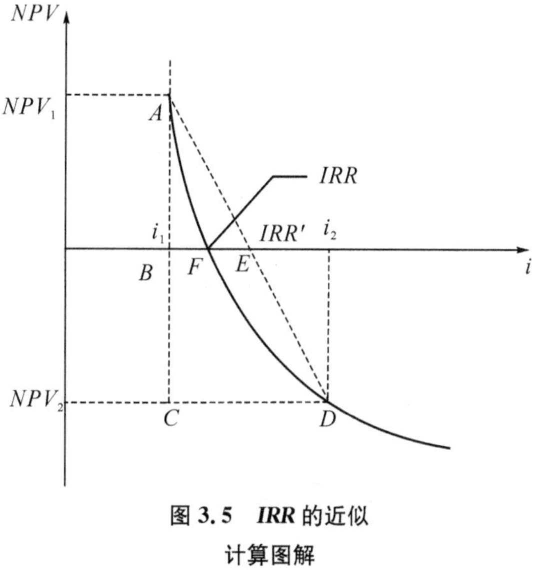

图 3.5　*IRR* 的近似计算图解

求 IRR' 方法如下：

根据几何原理：

因为 $\triangle ABE \backsim \triangle ACD$

所以 $AB/AC = BE/CD$

也即：$NPV_1/(NPV_1 + |NPV_2|) = (IRR' - i_1)/(i_2 - i_1)$

从而：$IRR' = i_1 + \dfrac{NPV_1}{NPV_1 + |NPV_2|}(i_2 - i_1)$

也即公式(3.11)。

【实训 3.7】某项目净现金流量如表 3.3 所示。当基准收益率 $i_C=12\%$时，试用内部收益率指标判断该项目的经济性。

表 3.3 某项目现金流量表 单位：万元

年序	0	1	2	3	4	5
净现金流量	−100	20	30	20	40	40

关于内部收益率的计算，还应注意以下两点：

①采用线性插值计算法计算内部收益率，只适用于具有常规现金流量的投资方案，即在计算期内各年净现金流量在开始一年或数年为负值，在以后各年为正值的项目；对于具有非常规现金流量的方案，即在计算期内各年净现金流量正负号变化超过一次的项目，其内部收益率可能不是唯一的，也可能不存在，这种方法就不适用。

②计算中所得内部收益率的精度与(i_2-i_1)的大小有关。i_2 与 i_1 之间的差距越小，计算结果就越精确；反之，结果误差就越大。

(3) 内部收益率的经济含义

内部收益率反映的是项目全部投资所能获得的实际最大收益率，是项目借入资金利率的临界值。假设一个项目的全部投资均来自借入资金，从理论上讲，若借入资金的利率 $i<IRR$，则项目会有盈利；若 $i>IRR$，则项目就会亏损；若 $i=IRR$，则由项目全部投资所得的净收益刚好用于偿还借入资金的本金和利息。这样一个偿还的过程只与项目的某些内部因素，如借入资金额、各年的净收益及由于存在资金的时间价值而产生的资金的增值率有关，反映的是发生在项目内部的资金的盈利情况，与项目的外界因素无关。

(4) 内部收益率指标的优点与不足

内部收益率指标的优点：

①考虑了资金的时间价值及项目在整个寿命期内的经济状况。

②能够直接衡量项目的真正投资收益率。

③不需要事先确定一个基准收益率，只需要知道基准收益率的大致范围即可。

内部收益率指标的不足：

①由于 *IRR* 指标是根据方案本身数据计算得出，而不是专门给定，所以不能直接反映资金价值的大小。

②需要大量与投资项目有关的数据，计算比较麻烦。

③对于具有非常规现金流量的项目，其内部收益率往往不是唯一的，在某些情况下甚至不存在。

(四) 动态投资回收期 P_t'

动态投资回收期是指在考虑了资金时间价值的情况下，以项目每年的净收益回收项目全部投资所需要的时间。这个指标的提出主要是为了克服静态投资回收期指标没有考虑资金的时间价值，因而不适用于计算期较长的项目经济评价的弊端。

动态投资回收期的计算公式如下：

$$\sum_{t=0}^{P'_t}(CI-CO)_t(1+i_C)^{-t}=0 \tag{3.12}$$

式中，P'_t——动态投资回收期。其他符号意义同前。

采用公式(3.12)计算 P'_t 比较繁琐，实际应用中往往是根据项目的现金流量表，用下列近似公式计算：

$$P'_t=\text{累计净现金流量现值开始出现正值的年份数}-1+\frac{\text{上一年累计净现金流量现值的绝对值}}{\text{当年净现金流量现值}} \tag{3.13}$$

【实训 3.8】某项目有关数据见表 3.4 所示，试计算该项目的动态投资回收期。设 $i_C=10\%$。

表 3.4　某项目有关数据表　　单位：万元

年序	0	1	2	3	4	5	6	7
投资	20	500	100					
经营成本				300	450	450	450	450
销售收入				450	700	700	700	700
净现金流量	−20	−500	−100	150	250	250	250	250
净现金流量现值	−20	−454.6	−82.6	112.7	170.8	155.2	141.1	128.3
累计净现金流量现值	−20	−474.6	−557.2	−444.5	−273.7	−118.5	22.6	150.9

动态投资回收期用于投资方案评价的判别准则可根据净现值的判别准则推出。根据净现值的计算公式(3.7)和动态投资回收期的计算公式(3.12)可以看到：

当 $NPV=0$ 时，有 $P'_t=P_c$(基准投资回收期)，因此 P'_t 的判别准则是：

若 $P'_t\leqslant P_c$，则 $NPV\geqslant 0$，方案可以考虑接受；

若 $P'_t>P_c$，则 $NPV<0$，方案不可行。

动态投资回收期是考察项目财务上投资实际回收能力的动态指标，反映了等值回收，而不是等额回收项目全部投资所需要的时间，因而更具有实际意义。

一、多方案评价方法

(一) 项目评价概述

投资方案经济效益评价可分为两个基本内容：单方案检验与多方案比选。

单方案检验是指对某个已选定的投资方案，根据项目收益与费用的情况，通过计算其经济评价指标，确定项目的可行性。

单方案检验的方法比较简单，其主要步骤如下：

①确定项目的现金流量情况，编制项目现金流量表或绘制现金流量图。

②根据公式计算项目的经济评价指标，如净现值、内部收益率、动态投资回收期等。

③根据计算出的指标值及相应的判别准则，确定项目的可行性。

与单方案检验相比，多方案的比选要复杂得多，所涉及的影响因素、评价方法以及要考虑的问题主要有以下四个方面：

①备选方案的筛选。

②进行方案比选时所考虑的因素。

③各个方案的结构类型。考察结构类型所涉及的因素有：方案的计算期是否相同，方案所需的资金来源是否有限制，方案的投资额是否相差过大等。

④备选方案之间的关系。备选方案之间的关系，决定了所采用的评价方法。一般来讲，方案之间存在着互斥关系、独立关系和相关关系等。

需要注意的是，多方案比选是一个复杂的系统工程，涉及许多因素，这些因素不仅包括经济因素，而且还包括诸如项目本身以及项目内外部的其他相关因素，如产品质量、市场营销、企业形象、环境保护、外部竞争、市场风险等，只有对这些因素进行全面的调查研究与深入分析，再结合项目经济效益分析的情况，才能比选出最佳的方案，才能做出科学的投资决策。

（二）多方案之间的关系类型

根据这些方案之间是否存在资源约束，多方案可分为有资源限制的结构类型和无资源限制的结构类型。

有资源限制的结构类型，是指多方案之间存在资金、劳动力、材料、设备或其他资源量的限制，工程经济分析中最常见的是投资资金的约束；无资源限制的结构类型，是指多方案之间不存在上述的资源限制问题，当然这并不是指资源是无限的，而是指有能力得到足够的资源。

决策是工程和管理过程的核心。

合理的决策过程包括两个阶段：一是探寻备选方案，这是一项创新活动；二是对不同备选方案进行经济衡量和比较，称之为经济决策。经济效果是评价和选择的主要依据，所以决策过程的核心就是对不同备选方案经济效果的衡量和比较。

备选方案是由各级组织的操作人员、管理人员及研究开发人员制订的，对备选方案经济差别的认识，可加强探求备选方案的能力。工程或管理人员在观察某项工程或业务时，必定会不断地练习观察其中的一些经济差别，有计划地寻求备选方案。

多方案比选的方法，与备选方案之间的类型有关。通常，按多方案之间的经济关系，一组多方案又可划分为互斥型多方案、独立型多方案、相关型多方案和混合型多方案。

（1）互斥型多方案

在没有资源约束的条件下，一组方案中选择其中的一个方案则排除了接受其他任何一个方案的可能性，则这一组方案称为互斥型多方案，简称互斥多方案或互斥方案。这类多方案，在实际工程中是最常见到的。

（2）独立型多方案

在没有资源约束的条件下，一组方案中选择其中的一个方案并不排斥接受其他的方案，即一个方案是否采用与其他方案是否采用无关，则这一组方案称为独立型多方案，简称独立多方案或独立方案。

(3) 相关型多方案

在一组方案中，方案之间不完全是排斥关系，也不完全是独立关系，但一方案的取舍会导致其他方案现金流量的变化，则这一组方案称为相关型多方案。

(4) 混合型多方案

在一组方案中，方案之间有些具有互斥关系，有些具有独立关系，则这一组方案称为混合方案。混合方案在结构上又有两种形式：

①在一组独立多方案中，每个独立方案下又有若干个互斥方案的形式。

方案的层次结构如图 3.6 所示。

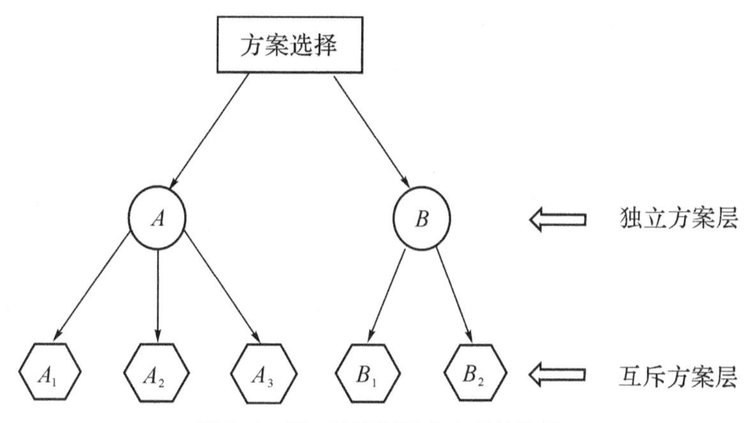

图 3.6　第一种类型混合方案结构图

②在一组互斥多方案中，每个互斥方案下又有若干个独立方案的类型。

方案的层次结构如图 3.7 所示。

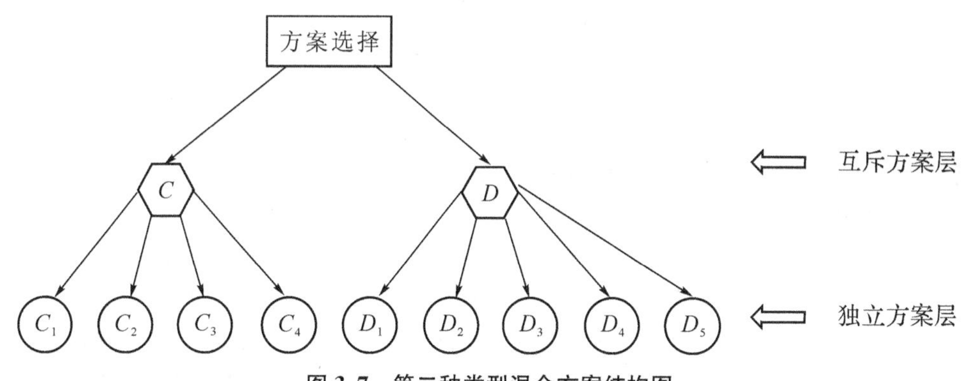

图 3.7　第二种类型混合方案结构图

需要注意的是，一组方案之间的结构类型并不是一成不变的，这是因为方案之间的关系是由内部条件（方案自身特点）和外部条件（环境因素制约）两方面决定的，尽管内部条件一般难以改变，但外部条件的不同，方案之间的关系也会发生变化。当外部条件发生变化时，互斥关系可以转变为独立关系或者独立关系会转变为互斥关系。

（三）多方案之间的可比性

多方案之间的可比性包括以下几个方面：

(1) 资料和数据的可比性

对各方案数据资料的搜集和整理的方法要加以统一，所采用的定额标准、价格水平、计算范围、计算方法等应该一致。经济分析不同于会计核算，会计核算要求全面、精确，是事后核算；经济分析是预测性的计算，费用和收益都是预测值，因而不必要也不可能十分精确，它允许舍弃一些细枝末节，以便把注意力集中在主要的经济要素上。

只要主要要素(包括投入和产出)计算比较准确，就能保证经济分析的质量，得出正确的结论。在实践中，比较方案一般都有具体的费用和收益的数据，如果不具体，特别当替代方案是一个假定方案时，则可采用平均水平数据。

确定分析计算的范围是保证资料数据可比性的一个重要方面。确定计算范围，即规定方案经济效果计算的起讫点。方案的比选必须以相同的经济效果计算范围为基础，才具有可比性。

经济分析同样要考虑不同时期价格的影响，否则分析结论就会有偏差。一般采用某一年的不变价格进行技术经济分析计算，就是为了消除不同时期价格不可比因素的影响。

(2) 同一功能的可比性

任何方案都是为了达到一定的目标而提出的，或者是追求投资利润，或者是为了取得一定数量的产品，或者是为了提高已有产品的质量，或者是为了改善生产劳动条件，或者是为了提供某种形式的服务，总之，任何技术方案都是根据项目预定的目标而制定的。

参与比选的众多方案的共同点就是预期目标的一致性，也就是方案产出功能的一致性。如果不同方案的产出功能不同，或产出虽然相同但规模相差悬殊，或产品质量差别很大的技术方案，都不能直接进行比较。

当然，产品功能绝对相同的方案是很少的，只要基本功能趋于一致，就可以认为它们之间具有可比性。当方案的产出质量相同时，如果只是规模相差较大，可以采取几个规模小的方案合起来，与规模大的方案相比较。当规模相差不大时，也可以用单位产品的投入量或单位投入的产出量指标来衡量其经济效益。

(3) 时间可比性

一般来说，实际工作中所遇到的互斥方案通常具有相同的寿命期，这是两个互斥方案必须具备的基本的可比性条件。但是，也经常遇到寿命不等的方案需要比较的情况，从理论上来说它们是不可比的，因为无法确定短寿命的方案与长寿命的方案在寿命短的那段时间里的现金流量。实际工作中遇到此类情况必须作出选择时，就需要对方案的寿命按一定的方法进行调整，使它们具有可比性。

一、互斥方案的比选

（一）寿命期相同的互斥方案的比选

对于寿命期相同的互斥方案，计算期通常设定为方案的寿命周期，这样就能满足时间上可比的要求。寿命期相同的互斥方案的比选方法有净现值法、净现值率法、差额内部收益率法、最小费用法等。

(1) 净现值法

净现值法就是通过计算各个备选方案的净现值并比较其大小而判断方案的优劣，是寿命期相同的多方案比选时常用的一种方法。

净现值法的基本步骤如下：

①分别计算各个方案的净现值，并用判别准则加以检验，剔除 $NPV<0$ 的方案。

②对所有 $NPV\geqslant 0$ 的方案比较其净现值。

③根据净现值最大原则，选择净现值最大的方案为最佳方案。

【实训 3.9】 现有 A、B、C 三个互斥方案，其寿命期均为 16 年，各方案的净现金流量如表 3.5 所示，试用净现值法选择出最佳方案，已知 $i_C=10\%$。

表 3.5　各方案的净现金流量表　　单位:万元

年份 / 方案	建设期		生产期		
	1	2	3	4～15	16
A	−2 024	−2 800	500	1 100	2 100
B	−2 800	−3 000	570	1 310	2 300
C	−1 500	−2 000	300	700	1 300

净现值法是对寿命期相同的互斥方案进行比选时最常用的方法。有时，采用不同的评价指标对方案进行比选时，会得出不同的结论，这时往往以净现值指标为最后衡量的标准。

(2) 差额内部收益率法

内部收益率是衡量项目综合能力的重要指标，也是项目经济评价时常用到的指标之一。进行互斥方案的比选时，如果直接用各个方案内部收益率的高低作为衡量方案优劣的标准，往往会导致错误的结论。

【实训 3.10】 某建设项目有三个设计方案，其寿命期均为 10 年，各方案的初始投资和年净收益如表 3.6 所示，试选择最佳方案(已知 $i_C=10\%$)。

表 3.6　各方案的净现金流量表　单位:万元

方案＼年份	0	1～10
A	−170	44
B	−260	59
C	−300	68

内部收益率是表明投资方案所能承受的最高利率,或最高的资本成本,即方案的净现金流量所具有的机会成本就是该方案本身所产生的内部收益率,用式子表示就是当选定的 $i_C=IRR$ 时,方案的 $NPV=0$。根据标准折现率的经济含义,它代表的是项目投资的收益期望水平,是项目投资的资金机会成本,因此采用净现值最大准则作为方案比选的决策依据,可以达到总投资的收益最大化,符合方案比选的基本目标,而内部收益率并未考虑真正的资金机会成本,其决策结果与资金机会成本无关,这样就难以保证比选结论的正确性。

互斥方案的比选,实质上是分析投资大的方案所增加的投资能否用其增量收益来补偿,也即对增量的现金流量的经济合理性做出判断。因此,可以通过计算增量净现金流量的内部收益率(差额内部收益率)来比选方案,这样就能够保证方案比选结论的正确性。

差额内部收益率的计算公式为:

$$\sum_{t=0}^{n}[(CI-CO)_2-(CI-CO)_1](1+\Delta IRR)^{-t}=0 \tag{3.14}$$

式中,$(CI-CO)_2$——投资大的方案的年净现金流量;

$(CI-CO)_1$——投资小的方案的年净现金流量;

ΔIRR——差额内部收益率。其他符号含义同前。

差额内部收益率计算与内部收益率的计算相同,也采用线性插值法求得。

采用差额内部收益率指标对互斥方案进行比选的基本步骤如下:

①计算各备选方案的 IRR。

②将 $IRR\geqslant i_C$ 的方案按投资额由小到大依次排列。

③计算排在最前面的两个方案的差额内部收益率 ΔIRR,若 $\Delta IRR\geqslant i_C$,则说明投资大的方案优于投资小的方案,保留投资大的方案;反之,若 $\Delta IRR<i_C$,则保留投资小的方案。

④将保留的较优方案依次与相邻方案逐一比较,直至全部方案比较完毕,则最后保留的方案就是最优方案。

【实训 3.11】根据实训 3.10 的资料,试用差额内部收益率法进行方案比选。

采用差额内部收益率法进行方案比选时要注意,差额内部收益率只能说明增加投资部分的经济合理性,亦即 $\Delta IRR\geqslant i_C$,只能说明增量投资部分是有效的,并不能说明全部投资的效果,因此采用此方法前,应该先对备选方案进行单方案检验,只有可行的方案才能作为比较的对象。

(3) 最小费用法

在工程经济中经常遇到这样一类问题,两个或多个互斥方案产出的效果相同或基本相同,却难以进行具体估算,比如一些环保、国防、教育等项目,其所产生的效益无法或者很难用货币直接计量，由于得不到其现金流量情况，也就无法采用诸如净现值法、差额内部收益率法等对此类项目进行经济评价。在这种情况下，只能假定各方案的收益相等，对各方案的费用进行比较，根据效益极大化目标及费用较小的原则来选择最佳方案，这种方法称为最小费用法。

最小费用法包括以下两种：

①费用现值比较法。

费用现值（PC）比较法实际上是净现值法的一个特例。费用现值是指利用此方法所计算出的净现值只包括费用部分。由于无法估算各个方案的收益情况，只计算各备选方案的费用现值并进行对比，以费用现值较低的方案为最佳。

其计算公式为：

$$PC = \sum_{t=0}^{n} CO_t(1+i_C)^{-t} = \sum_{t=0}^{n} CO_t(P/F, i_C, t) \tag{3.15}$$

式中，符号意义同前。

【实训 3.12】某项目有 A、B 两种不同的工艺设计方案，均能满足同样的生产技术需要，其有关费用支出如表 3.7 所示，试用费用现值比较法选择最佳方案，已知 $i_C=10\%$。

表 3.7　方案 A、B 费用支出表　　单位：万元

项目＼费用	投资（第 1 年末）	年经营成本（第 2～第 10 年末）	寿命期（年）
A	600	280	10
B	785	245	10

②年费用比较法。

年费用（AC）比较法是通过计算各备选方案的等额年费用进行比较，以年费用较低的方案为最佳方案的一种方法。

其计算公式为：

$$AC = \sum_{t=0}^{n} CO_t(P/F, i_C, t)(A/P, i_C, n) \tag{3.16}$$

式中，符号含义同前。

【实训 3.13】根据实训 3.12 的资料，试用年费用比较法选择最佳方案。

采用年费用比较法与费用现值比较法对方案进行比选的结论是一致的。实际上，费用现值 PC 和等额年费用 AC 之间可以很容易进行转换。即：

$$AC = PC(A/P, i, n) \text{ 或 } PC = AC(P/A, i, n)$$

实际应用中，对于效益相同或基本相同但又难以具体估算的互斥方案进行比选时，若方案的寿命期相同，则任意选择其中的一种方法即可；若方案的寿命期不相同，则一般选用年费用比较法。

（二）寿命期不同的互斥方案的比较与选择

对于互斥方案，如果其寿命期不同，就不能直接采用净现值法等对方案进行比选，因为寿命期长的方案的净现值与寿命期短的方案的净现值不具有可比性。

为满足时间可比条件而进行处理的方法很多，常用的有以下 3 种：

(1) 年值法

年值(AW)法是对寿命期不相等的互斥方案进行比选时用到的一种最简明的方法。它是通过分别计算各备选方案净现金流量的等额年值并进行比较，以 $AW \geqslant 0$，且 AW 最大者为最优方案。

其中，年值的计算公式为：

$$\begin{aligned} AW &= \left[\sum_{t=0}^{n}(CI-CO)_t(1+i_C)^{-t}\right](A/P,i_C,n) \\ &= NPV(A/P,i_C,n) \end{aligned} \tag{3.17}$$

式中，符号意义同前。

【实训 3.14】某建设项目有 A、B 两个方案，其净现金流量情况如表 3.8 所示，若 $i_C=10\%$，试用年值法对方案进行比选。

表 3.8　方案 A、B 的净现金流量表　　单位：万元

方案＼年序	1	2～5	6～9	10
A	−300	80	80	100
B	−100	50	—	—

(2) 最小公倍数法

最小公倍数法又称方案重复法，是以各备选方案寿命期的最小公倍数作为方案比选共同的计算期，并假设各方案均在这样一个共同的计算期内重复进行，对各方案计算期内各年的净现金流量进行重复计算，直至与共同的计算期相等。

【实训 3.15】根据实训 3.14 的资料，试用最小公倍数法对方案进行比选。

(3) 研究期法

所谓研究期法，就是针对寿命期不相等的互斥方案，直接选取一个适当的分析期作为各个方案共同的计算期，通过比较各个方案在该计算期内的净现值来对方案进行比选，以净现值最大的方案为最佳方案。

其中，计算期的确定要综合考虑各种因素，在实际应用中，为简便起见，往往直接选取诸方案中最短的计算期为各个方案的共同的计算期，所以研究期法又称最小计算期法。

采用研究期法进行方案比选时，其计算步骤、判别准则均与净现值法完全一致，唯一需要注意的是对于寿命期比共同的计算期长的方案，要对其在计算期以后的现金流量情况进行合理的估算，以免影响结论的合理性。

常用的处理方法有三种：

①完全承认未使用价值，即将方案的未使用价值全部折算到研究期末。

②完全不承认未使用价值，即研究期后的方案未使用价值均忽略不计。

③对研究期末的方案未使用价值进行客观地估计，以估计值计入研究期末。

（三）独立方案的比选

在一组独立方案比较选择的过程中，可决定选择其中任意一个或多个方案，甚至全部方案，也可能一个方案也不选。独立方案这一特点决定了独立方案的现金流量及其效果具有可加性。一般，独立方案选择有下面两种情况：

第一，无资金限制的情况。如果独立方案之间共享的资源（通常为资金）足够多（没有限制），那么其比选的方法与单个项目的检验方法基本一致，即只要项目本身的 $NPV \geqslant 0$ 或 $IRR \geqslant i_C$，则项目就可采纳并实施。

第二，有资金限制的情况。如果独立方案之间共享的资源有限，不能满足所有方案的需要，在不超出资源限额的条件下，独立方案的选择有两种方法：一是方案组合法；二是内部收益率或净现值率排序法。

例如，有 A、B、C 三个方案，其相互间是独立关系。已知三个方案所需要的投资额分别为 300 万元、200 万元、450 万元，且其净现值分别为 150 万元、120 万元、210 万元，如果没有资金的限制，则三个方案均可行，均可付诸实施；但现在有一个资金约束的条件，即可供利用的资金共 550 万元，则三个方案之间的关系就发生了变化。资金的限制使得我们在接受某些方案的同时必须拒绝或者放弃另一些方案，比如说接受方案 A 和方案 B，则必须放弃方案 C，这样方案 A、B 与方案 C 之间就变成了互斥的关系。

对于上面这类问题进行方案的比选时，目标并没有发生变化，仍然是收益最大化，即要取得最佳的经济效果。

在具有资金约束的情况下达到收益最大化，常用的比选方法有两种，即独立方案互斥化法和净现值率排序法。

（1）独立方案互斥化法

独立方案互斥化法是指有资金限制的情况下，将相互独立的方案组合成总投资额不超过投资限额的组合方案，这样各个组合方案之间的关系就变成了互斥的关系，然后利用互斥方案的比选方法，如净现值法等，对方案进行比选，选择出最佳方案。

【实训 3.16】有 A、B、C 三个独立的方案，其净现金流量情况见表 3.9 所示，已知总投资限额为 800 万元，$i_C=10\%$，试做出最佳投资决策。

表 3.9　A、B、C 三方案的净现金流量表　单位：万元

项目＼年序	1	2～10	11
A	-350	62	80
B	-200	39	51
C	-420	76	97

这里，我们采用独立方案互斥化法来进行投资决策，其步骤如下：

首先，列出不超过总投资限额的所有组合投资方案，则这些组合方案之间具有互斥的

关系。

其次，将各组合方案按投资额从小到大依次排列，分别计算各组合方案的净现值，以净现值最大的组合方案为最佳方案。计算过程见表 3.10 所示。

计算结果表明，方案 B 与方案 C 的组合为最佳投资组合方案，即投资决策为投资方案 B 与 C。

表 3.10　用净现值法比选最佳组合方案　单位：万元

序号	组合方案	总投资额	净现值	结论
1	B	200	40.24	
2	A	350	34.46	
3	C	420	50.08	
4	$A+B$	550	74.70	
5	$B+C$	620	90.32	最佳
6	$A+C$	770	84.54	

(2) 净现值率排序法

净现值率排序法，是指将净现值率大于或等于零的各个方案按净现值率的大小依次排序，并依次序选取方案，直至所选取的组合方案的投资总额最大限度地接近或等于投资限额为止。

【实训 3.17】根据实训 3.16 的资料，试利用净现值率排序法选出最佳投资方案。

净现值率排序法的优点是计算简便，选择方法简明扼要；缺点是由于投资方案的不可分性，经常会出现资金没有被充分利用的情况，因而不一定能保证获得最佳组合方案。

独立方案互斥化法的优点是在各种情况下均能保证获得最佳组合方案；缺点是方案数目较多时计算比较繁琐。

在实际运用中，应该综合考虑各种因素，选用适当的方法进行方案比选。

(四) 相关方案的比选

相关方案是指各方案的现金流量之间相互影响，如果接受(或拒绝)某一方案，就会对其他方案的现金流量产生一定的影响，进而会影响到对其他方案的接受(或拒绝)。

进行相关方案比选的方法很多，这里仅介绍一种常用的方法——组合互斥方案法，其基本步骤如下：

①确定方案之间的相关性，对其现金流量之间的相互影响作出准确的估计。

②对现金流量之间具有正的影响的方案，等同于独立方案看待；对相互之间具有负的影响的方案，等同于互斥方案看待。

③根据方案之间的关系，把方案组合成互斥的组合方案，然后按照互斥方案的评价方法进行组合方案比选。

项目小结

工程经济效果评价指标按是否考虑资金的时间价值，可分为静态评价指标和动态评价指标。不考虑资金时间价值的评价指标称为静态评价指标，主要包括静态投资回收期和投资收益率。考虑资金时间价值的评价指标称为动态评价指标，主要包括净现值与净现值率、净年值、内部收益率和动态投资回收期。静态评价指标用于工程经济数据不完备和不准确的项目初选阶段，或对寿命期较短及逐年收益大致相等的项目进行评价；动态评价指标则用于最后决策前的可行性研究阶段，或对寿命期较长及年收益不相等的项目进行评价。

思考与练习

1. 经济评价指标可以分为哪几类？
2. 阐述净现值指标的优点与不足。
3. 阐述静态投资回收期指标的优点与不足。
4. 阐述内部收益率指标的优点与不足。
5. 通常，按多方案之间的经济关系，一组多方案可以划分为哪几种多方案？
6. 寿命期相同的互斥方案的比选方法有哪些？
7. 最小费用法包括哪几种？
8. 在具有资金约束的情况下达到收益最大化，常用的比选方法有哪些？
9. 为了满足运输要求，有关部门分别提出要在某两地之间上一铁路项目或一公路项目。只上一个项目时的净现金流量如表3.11所示。若两个项目都上，由于货运分流的影响，两项目都将减少净收益，其净现金流量如表3.12所示。当 $i_C=10\%$ 时，应如何决策？

表 3.11　只上一个项目的净现金流量

方案 \ 年序	0	1	2	3～32
铁路(*A*)	−200	−200	−200	100
公路(*B*)	−100	−100	−100	60

表 3.12　上两个项目的净现金流量

方案 \ 年序	0	1	2	3～32
铁路(*A*)	−200	−200	−200	80
公路(*B*)	−100	−100	−100	35
两项目合计(*A*+*B*)	−300	−300	−300	115

项目四　资本成本

学习要求

（1）了解资金筹集的基本方式。
（2）熟悉资本成本的概念。
（3）掌握资本成本的确定方法。

学习目的

对资本成本有基本的认识，并能进行简单的应用。

任务　资本成本

任务描述

资本成本是指企业取得和使用资本时所付出的代价。取得资本所付出的代价，主要指发行债券、股票的费用，向非银行金融机构借款的手续费用等；使用资本所付出的代价，如股利、利息等。

知识准备

按照不同投资主体的投资范围和项目的具体情况，可将建设项目分为三类：
①公益性投资项目。主要由政府拨款建设。
②基础性项目。在加强中央政策性投资的同时，加重地方和企业的投资责任。
③竞争性项目。以企业作为基本的投资主体，主要向市场融资。
在资金筹措阶段，建设项目所需的资金总额由自有资金、赠款、借入资金三部分组成。

一、自有资金

企业自有资金是指企业有权支配使用，按规定可用于固定资产投资和流动资金的资金，即在项目资金总额中投资者缴付的出资额，包括资本金和资本公积金。

①资本金是指设立企业时在工商行政管理部门登记的注册资金。根据投资主体的不同，资本金可分为国家资本金、法人资本金、个人资本金及外商资本金等。

②资本公积金是指企业接受捐赠、财产重估差价、资本折算差额和资本溢价等形成的公积金。

接受捐赠资产是指地方政府、社会团体或个人以及外商等赠予企业货币或实物等财产而增加的企业资产。

财产重估差价是指按国家规定对企业固定资产重新估价时，固定资产的重估价值与其账面值之间发生的差额。

资本折算差额是指汇率不同引起的资本折算差价。

资本溢价是指在资金筹集过程中，投资者缴付的出资额超出资本金的差额。最典型的是发行股票的溢价净收入，即股票溢价收入扣除发行费用后的净额。

二、借入资金

借入资金，即企业对外筹措的资金，是指以企业名义从金融机构和资金市场借入，需要偿还的用于固定资产投资的资金。包括国内银行贷款、国际金融机构贷款、外国政府贷款、出口信贷、补偿贸易、发行债券等方式筹集的资金。

（一）财政预算投资

用国家预算安排的，并列入年度基本建设计划的建设项目投资称为财政预算投资，也称国家投资(包括中央财政安排的投资和地方财政安排的投资)。

1. 财政预算投资的融通

国家投资主体筹集资金的主要手段是：财政税收、财政信用及举借外债。

(1) 财政税收

财政税收是历史上出现最早的一个财政范畴，它是随国家的产生而产生的，是国家为了维持自身的存在，用来取得收入的一种手段。财政税收这种筹集资金的形式，同其他财政收入形式相比，具有强制性、无偿性和固定性的特征。

所谓强制性，是指财政税收的征收依靠的是国家的政权强制力，它不以纳税人的意志而转移，纳税人必须根据税法照章纳税，违反者要受到法律的制裁。

无偿性是指国家取得的财政税收收入，既不需要偿还，也不需要对纳税人付出任何代价。

所谓固定性，是指在征税前必须预先规定课税对象和征收税额之间的数量比例。

财政税收在国家财政收入中占有很大比重，它是保证财政收入，为国家重点建设项目筹集资金的重要工具。中央政府和地方政府每年用于固定资产的投资，绝大部分来源于财政税收形式的财政收入。

(2) 财政信用

财政信用是以财政为主体的投资信用，是由财政出面采取信用方式或半信用方式筹集资金的一种制度。财政信用的具体融资工具是各类政府债券，如国库券、国家重点建设债券等。

通过财政信用筹集资金与通过国家税收筹集资金有所不同。税收是由财政采取无偿的方式予以集中，既改变资金的使用权，又改变资金的所有权。财政信用筹集资金，只改变资金的使用权，而不改变资金的所有权；同银行信用一样，既要还本，还要付息。

财政采用信用方式筹集资金时，由于财政本身不具备信用、结算、支付手段，所以无论是资金的筹集还是贷放，都要通过银行来办理。

(3) 举借外债

举借外债是财政筹资的另一手段，是国家信用的一种形式。它由财政部门出面，代表国家从国外借入款项，用于国内的投资建设。

2. 财政预算投资计划编制的原则

财政预算投资计划具体反映国家的方针政策和建设要求，反映各个年度国家对基本建设投资分配的数量与方向，反映根据资源优化配置和宏观经济形势而制定的各种财政政策。

其编制原则是：

①量入为出和量力而行的原则。

②保证重点和统筹兼顾的原则。

③厉行节约和提高投资效益的原则。

3. 公益性项目投资的管理

公益性项目的投资主要由政府财政资金安排。公益性项目主要包括国防、科研、文教卫生、行政事业单位等非营业性的无偿还能力的建设项目，国家支援不发达地区的各种投资基金(如扶贫资金、中央专项补助投资以及以工代赈资金等)项目。公益性项目投资应根据各级政府财政状况量力而行，并建立标准化、规范化的投资管理制度。财政拨款投资由计划部门安排和管理。拨款投资使用单位必须加强管理，明确责任，对资金使用情况和建设进度必须及时向计划部门报告，有关经办银行要加强监督，审计部门要定期检查资金使用情况。

4. 基础性项目投资的管理

基础性项目主要由政府集中必要的财力、物力，通过经济实体进行投资。事关国计民生，跨地区的重大基础设施、重大基础工业项目和重大水利工程项目的建设由中央政府投资主体承担。地方性的交通、邮电通信、能源工业、农林水利设施和城市公用设施等的建设，应按照“谁受益，谁投资”的原则，由所在地政府投资主体承担。对于经济不发达地区，中央政府可以按项目定期定量给予补贴投资。

(二) 企业自有资金的融通

企业自有资金是指企业有权支配使用、不需偿还的资金。

改扩建项目和技术改造项目的企业自有资金主要来源于新产品试制基金、生产发展基金、职工福利基金和基本折旧基金、大修理基金等，以及各种形式的社会集资。新建项目自有资金的筹集可以采取国家投资、各方集资或发行股票等方式。投资者可以用现金、实物和无形资产等进行投资。

企业投资可分为自有资金和负债投资两大类。

发达国家的经验表明，企业投（融）资的重心不应放在外部资金的引入上，而应着重于内部资金的积累与扩大。

目前，我国有关法规已公布了开办企业必须筹集最低资本金数额的规定，如《中华人民共和国企业法人登记管理条例施行细则》规定，生产性公司的注册资金不得少于30万元，咨询服务性公司不得少于10万元，其他企业法人不得少于3万元。

要增加企业自我积累和发展的能力，就必须强化企业自我积累机制，一方面要强化企业加速折旧的重置投资机制，另一方面要强化企业留利转为扩大再生产的新增投资体制。

（三）国内银行贷款

1. 中央银行的主要职能

中央银行，就是银行的银行，发行货币的银行，是办理政府有关业务的银行，是监督和管理整个金融业的银行。

我国的中央银行是中国人民银行。

中国人民银行不直接对工商企业发放政策性贷款。

它的主要职能有三方面：

①发行货币，调节货币流通。

②作为政府金融货币方面的代理人，管理政府资金，对政府提供信用，认购国债，代理国库。

③通过贷款、存款准备金和公开市场业务对其他银行和金融机构进行管理，制定货币政策，调节货币价格与需求，支持经济的稳定增长。

中央银行的金融宏观调控对全国的经济生活十分重要，在我国经济生活中，货币总量（包括现金和支票）是由中央银行调节的，存贷款利率是由中央银行制定的，人民币与外币的汇率受人民币银根松紧和国际收支状况的影响；全国各银行与金融机构的设立、业务范围是由中央银行审批的，这些机构一年的贷款总量也是由中央银行调控的。如果中国人民银行把宏观调控工作做好了，货币币值稳定了，金融秩序就稳定，就为国民经济的快速健康发展创造了一个良好的金融环境。

2. 政策性银行贷款

政策性银行是具有独立法人地位的经济实体，实行独立核算，自主经营，自担风险，责权统一。

政策性银行的主要任务是：建立长期稳定的资金来源，引导社会资金，确保重点建设需要，从资金源头强化对资金总量和结构的调节，提高投资效益，促进国民经济的发展。

目前，我国政策性银行有三家，即国家开发银行、中国农业发展银行、中国进出口信贷银行。

国家开发银行是一家以国家重点建设项目为主要融资对象的政策性投资开发银行。重点建设项目包括：制约经济发展的“瓶颈”项目，直接增强综合国力的支柱产业项目，重大高新技术在经济领域应用的项目，跨地区的重大政策性项目，及其他政策性项目。这些项目自身效益低、贷款期限长、投资风险大，需要在利率上给予优惠。

中国农业发展银行主要承担国家粮棉油储备、农副产品合同收购、农业开发等方面的政策性贷款，代理财政支农资金的拨付及监督使用。

中国进出口信贷银行主要是为大型成套设备进出口提供信贷，为成套机电产品出口信贷提供贴息及出口信用担保。

三家政策性银行的资本金由财政拨入，另外的资金来源是向金融机构发行金融债券。

政策性银行不经营商业性信贷业务，不以盈利为目标，实行保本经营，不与商业银行进行业务竞争。但政策性银行也要讲求资金平衡、贷款有借有还和贷款质量，减少风险。政策性银行的业务要接受中国人民银行的监督。

3. 商业银行贷款

商业银行，就是以经营存、放款为主要业务，并以盈利性、安全性和流动性为主要经营原则的信用机构。在整个金融体系中，它是唯一能够接受活期存款的银行，通过发放贷款，创造存款货币。

在发放银行贷款时，要结合企业的生产经营状况进行严格审查，优先支持那些产品适销对路、企业经营管理水平较高、经济效益好的企业，以提高贷款效益。

我国的商业银行体系中，除国有商业银行如工商银行、建设银行、中国银行、农业银行以外，还有交通银行、中信实业银行、光大银行、华夏银行、招商银行、福建兴业银行、广东发展银行、平安银行、上海浦东发展银行和农村合作银行、城市合作银行等。

（四）利用外资

1. 国外贷款

（1）外国政府贷款

外国政府贷款指外国政府通过财政预算每年拨出一定款项，直接向我国政府提供的贷款。

这种贷款的特点是利率较低（年利率一般为2%～3%），期限较长（平均为20～30年），但数额有限，具有双边经济援助的性质，一般都限定用途，并要从贷款国进口机器设备，所以这种方式的贷款比较适用于建设周期较长、金额较大的低收益项目。

（2）国际金融组织贷款

国际金融组织贷款是指联合国的专门国际金融机构，如国际货币基金组织、世界银行集团（其中包括国际复兴开发银行、国际开发协会和国际金融公司），及其他地区性的国际金融机构，如亚洲开发银行、欧洲开发银行、美洲开发银行、非洲开发银行等，根据其建立的宗旨和任务，贷款使用的性质和目的，按照各项贷款的具体规定，根据成员国的申请，经审查核准后提供的贷款。

（3）国外商业银行贷款

国外商业银行贷款包括国外开发银行、投资银行、长期信用银行以及开发金融公司对我国提供的贷款。这些银行可以单独向我国提供贷款，也可以由几家银行共同向我国提供贷款，即银团贷款。建设项目投资贷款主要向国外银行筹集中长期资金，一般通过中国银行、国际信托投资公司办理。这种贷款的特点是可以筹集大额资金，借得资金可由借款人自由支配，但贷款条件较为苛刻，贷款利率相对高，另外还要收取承诺费、手续费等各种费用。

(4) 在国外金融市场发行债券

债券是一种有价证券，在发行时就规定了利率和还本期限。

在国外发行债券的主要特点是：使用外国货币为面值；偿付期限较长，一般在 2 年以上；发行金额一次可在 1 亿美元左右；筹得的款项可自由使用，且可连续发行。

这种方式筹资比较适用于金额不大、资金运用要求自由的建设项目，特别是在国外银行贷款较多，希望分散债权人的情况下可以采用这种方式筹资。

(5) 利用出口信贷

出口信贷是西方国家政府为了鼓励资本和商品输出而设置的专门信贷。这种贷款的特点是利率较低，期限一般为 10～15 年，借方所借款项只能用于购买出口信贷国设备。

出口信贷可根据贷款的对象不同分为买方信贷和卖方信贷。

买方信贷是指贷放出口信贷的银行将贷款直接贷给国外进口者(即买方)。

卖方信贷是指发放出口信贷的银行将资金贷给本国的出口者(即卖方)，以便卖方将产品赊卖给国外进口者(即买方)，而不致发生资金周转困难。

(6) 混合贷款

这是出口买方信贷的一种发展形式，是外国政府与商业银行联合提供的贷款，用以购买其资本货物和劳务。例如，有的国家提供包括政府贷款、政府赠款和出口信贷、商业信贷混合使用的贷款。因为含有政府贷款部分，所以较一般出口信贷利率低、期限长、费用少。

2. 国外直接投资

吸引国外资本直接投资主要包括与外商合资经营、合作经营、合作开发及外商独资等形式。

国外资本直接投资方式的特点是：不发生债务、债权关系，但要让出一部分管理权，并要支付一部分利润。

(1) 合资经营

合资经营是指某一国(地区)厂商与其他国家(地区)厂商共同投资，联合经营，并按出资比例分配利润和承担风险而建立的企业。由于它是按照投资比例来分取利益，所以也称股权式合营企业。

中外合资企业是我国境内具有独立资格的法人实体，受我国法律管辖和保护。

(2) 合作经营

合作经营指某一国(地区)厂商与其他国家(地区)厂商，根据东道国的有关法律，通过签订合同而建立的企业。由于它是按照合同规定分取收益、承担风险和管理企业，所以也称契约式合营企业。中外合作企业是我国多种经济形式中的一种经济组织，受到我国法律的管辖和保护。

合资企业与合作企业的区别在于：

①合资企业里的投资折算成股份，双方按股权比重分配收益。而合作企业里合作者的投入不折算成股份，不按股份分配收益，而按协议投资方式和规定比例来分取利益。

②由于合作经营不涉及股权，双方的责、权、利只是由双方协商通过合同加以规定，所

以它不是独立的法人，只是一种合伙关系，双方需各自纳税。而合资企业是独立核算的法人组织，照章纳税。

③在组织管理形式上，合资企业设立董事会，合作企业一般只设管理委员会负责管理。

④合资企业一般吸收外资数额较大，经营期限较长且比较固定。合作企业经营期限一般较短，但方式灵活，简便易行，便于双方选择合作领域。

合资企业与合作企业的共同点：一般都是中方提供土地、厂房、劳动力及服务设施等，外方提供资金、设备、工业产权、专利技术等。

(3) 合作开发

与合作经营相类似，主要是对海上石油和其他资源的合作勘探开发。

我国海上石油勘探开发主要采用风险合同的合作方式。一般的做法是：第一阶段，主要进行地球物理勘探，一切费用由外国公司支付，勘探结束后，我国可取得一套完整的地质资料，以了解资源的前景；第二阶段，根据地球物理勘探的结果选出一部分有希望的地区进行招标，签订合同，合作勘探开发，双方按合同规定分享产品(利润)。

(4) 外资独营

外资独营是由外国投资者独自投资和经营的企业形式。按我国规定，外国投资者可以在经济特区、开发区及其他经我国政府批准的地区开办独资企业，企业的产、供、销由外国投资者自行决策。外资独营企业的一切活动应遵守我国的法律、法规和我国政府的有关规定，并照章纳税，纳税后的利润，可通过中国银行按外汇管理条例汇往国外。

3. 国外其他投资

国外其他投资主要指“三来一补”。

“三来一补”是指来件装配、来料加工、来样定制和补偿贸易。

这是我国在20世纪70年代末80年代初改革开放初期提出并实施的一种对外经济技术合作与贸易方式。进入20世纪90年代，“三来一补”作为由沿海向内地推进的开放与贸易模式仍有一定的发展潜力。

(1) 来件装配

来件装配是指我方接受外商提供的元件、零件、部件，按对方要求的规格、款式进行装配，然后交给对方，我方收取工缴费。

来件装配双方的关系是委托与受托的关系，其权利与义务均在双方签订的合同中加以规定，共同遵守。

(2) 来料加工

来料加工是指外商提供全部或部分原料、辅料，由我国工厂按外商要求的质量、规格、款式加工成成品，交给对方负责出口，我方收取加工费。

来料加工实际上是合作经营的一种方式，双方的权利与义务由加工贸易合同加以规定，合同可由国内企业直接与外商签订，或由我国外贸公司与外商签订，然后委托国内企业加工。

(3) 来样定制

来样定制是指国内生产企业按照国外客商提供的产品式样，专门生产加工并出口成品的业务活动。

国外来样形式大致有三种：

①提供实物样品。

②除提供实物样品外，同时提出对产品品质、规格等具体要求。

③除提供实物样品外，还提供关于产品构造、用料、性能和使用方法的说明书及必要的图纸、技术资料等。

成品包装一般采用中性包装或国外客户的定牌商标。样品是交货品质的唯一凭据。来样定制产品通常仅适销于特定区域市场。

(4) 补偿贸易

补偿贸易是指一方利用另一方信贷，向其购进设备、技术，待工程投产后以产品而不以现汇偿付的一种贸易方式。双方有进有出，又称“平行贸易”。

进行偿付的办法：

①直接产品补偿。

②间接产品补偿。

③加工费补偿，供应方除提供设备、技术外，在引进方建成工程后，尚继续供应原材料和回收产品，此时引进方用应得的加工费进行补偿。

“三来一补”大都属于一些劳动密集型行业，对于我国劳动力资源丰富而资本和技术不足的乡镇特别具有吸引力。

(5) 国际租赁

国际租赁是指引进方以租赁方式取得供应方的设备，投产后用产品向供应方偿付租赁费用，期满后对设备作价或无偿归引进方所有。这是融资与融物相结合的一种综合贸易方式。

(五) 利用债券筹集建设资金

债券是借款单位为筹集资金而发行的一种信用凭证，它证明持券人有权按期取得固定利息并到期收回本金。

1. 我国发行的债券种类

(1) 国家债券

国家债券又称公债、国库券，是国家以信用方式从社会上筹集资金的一种重要工具。

20 世纪 80 年代的“国库券”与 20 世纪 50 年代的“公债”主要区别在于，“公债”的对象主要是个人，而“国库券”发行的对象不仅限于个人，还包括国有企业、集体所有制企业、企业主管部门、地方政府和机关团体、部队、事业单位等。“公债”及“国库券”的发行对稳定物价，弥补财政赤字，争取财政收支平衡，筹集资金，保证国家重点建设，以及推动国民经济全面协调发展等发挥了积极的作用。

(2) 地方政府债券

地方政府债券是由地方政府发行的债券，筹措的资金主要用于地方的能源、交通、市政设施等重点工程建设，发行的对象主要是地方政府所辖范围内企事业单位、城乡居民个人。

(3) 企业债券

企业债券又称公司债券，是指由企业发行的债券。根据国务院颁布的《企业债券管理暂行条例》,中国人民银行是企业债券的主管机关,企业发行债券须经中国人民银行批准。

企业发行的债券总金额不得超过企业的自有资产净值。投资项目必须经有关部门审查批准,纳入国家控制的固定资产投资规模。债券的利率不得高于定期存款利率的20%。

(4) 金融债券

金融债券是金融机构为筹措资金而发行的债券。目前,我国发行的金融债券有建设银行债券、工商银行债券、农业银行债券、中国银行债券等,主要向个人发行,分一年、二年、三年期,均为有息债券。

债券的价格包括票面价格、发行价格和市场价格。

票面价格,即指债券券面上所标明的金额;发行价格,即债券的募集价格,是债券发行时投资者对确定票面价格的债券所付的购买金额;市场价格是指债券发行后在证券流通市场上的买卖价格。债券的发行与转让分别通过债券发行市场和债券转让市场进行。

2. 发行债券应注意的事项

发行债券应注意的事项包括:

①对企业未来盈利状况的预测。

②对未来物价水平的预测。

③资本结构。

④在发行债券前,还应考虑债券合约中限制企业营业和决策的各种条款会对企业产生何种影响。

(六) 利用股票筹集建设资金

股票是股份公司发给股东作为已投资入股的证书和索取股息的凭证。它是可作为买卖对象或抵押品的有价证券。

1. 股份有限公司

股份有限公司是按照一定章程和法定程序集资合营的一种企业的组织形式,其成立方式往往是由企业发起者把预定的企业总资本分成若干股份,通过发行股票,把分散的资本集中起来而构成企业的总资本。

股票持有人在名义上都是公司的股东,股东大会是公司的最高权力机关,由它决定企业的重要事宜,并选出董事会来领导企业的活动。股票持有者有权按持有的股票取得利息或分红,但不能退股,只能将股票出售。股份公司的股东,对公司债务所负的清偿责任,以所持股份的金额为限,不以其私人全部财产负责。

股份有限公司的优点是:

①可以广泛筹集社会资金,又可分散投资风险,相应满足投资者的利益,解决了社会化大生产发展需要集中大量资金和资金分属不同所有者之间的矛盾。

②通过大量资本集中,使整个生产规模得以迅速扩大,促进技术进步。

③由于实现了企业所有权与经营权的分离,通过人才的竞争机制,使那些具有管理经验和技能的企业家掌握了企业经营管理权,独立自主地从事生产经营。

④随着生产国际化和资本国际化的发展,购买别国股份公司的股票已成为国际投资的重要形式,股票成为吸引外资的重要渠道。

⑤股份公司产权相对独立,股东可以自由买卖股票,但无权向公司要回股本。公司作

为独立法人拥有直接处置资产的各种权力，这就从财产上保证了企业的生产连续性和稳定性。

2. 股票的种类

按股东承担风险和享有权益的大小，股票可分为优先股和普通股两大类。

(1) 优先股

优先股是指在公司利润分配方面较普通股有优先权的股份。

优先股的股东，按一定的比率取得固定股息；企业倒闭时，能优先得到剩下的可分配给股东的部分财产。

优先股分为积累优先股(在领取股息时，当年股息不足既定比例，翌年补发)、非积累优先股(当年股息不足既定比例，不再补发)、参加优先股(除按规定比率领取股息外，还能同普通股共同参加利润分配)、非参加优先股(不能参加利润分配)。

(2) 普通股

普通股是指在公司利润分配方面享有普通权利的股份。

可分为记名的与不记名的，亦可分为有面值的与无面值的。除能分得股息外，还可在公司盈利较多时再分享红利。所以普通股获利水平与公司盈亏息息相关。股票持有人不仅据此可分摊股息和获得股票涨价时的利益，且有选举该公司董事、监事的机会，参与公司管理的权利，股东大会的选举权根据普通股持有额计票。

(一) 资本成本的概念

利率(或折现率)是一种媒介物，借助它可以判断投资机会或方案的吸引力。

事实上利率是未知的，我们同时面临着两种决策，即筹资决策与投资决策。

投资决策与筹资决策是互相关联的，因为投资方案的取舍取决于筹集方案所需要的资金。筹资是要付出代价的，这个代价就是资金筹集的成本，简称资本成本，通常用百分数表示，即单位时间里每筹集1元资金所付出的代价。显然，评价投资方案所使用的利率或折现率是方案筹资成本的函数。

投资的目标是使项目的未来资本增长到最大限度，也就是使企业的现值达到最大限度。企业最大限度的现值就是参照资本成本确定的利率折现的未来各年的现金流量。

(二) 不同来源资金的资本成本

投资项目所投入的资金有四个基本来源，即债务、债券、股票和保留盈余，但并不是特定投资方案就有一种特定的资本来源与之相对应，一个投资项目资金的来源往往是多渠道的，因此，必须用总的资本成本作为方案的评价标准。

为了计算投资项目的总资本成本，有必要研究从各种渠道取得资金的资本成本。

本任务将研究如何计算各种筹资渠道的资本成本，并且把各种资本成本综合为项目的实际资本成本。

对于更新改造项目，我们总是把注意力放在企业现在和未来的资本成本，而不是放在历史的资本成本上。尽管历史上的资本成本可能影响企业筹集新资金的能力,但我们感兴趣的是公司增加的资本成本。过去的筹资成本除了计算公司总资本成本时可能影响保留盈余的成本外,与决策是无关的。

在计算各种筹资渠道的资本成本时,应以所得税后情况为基础表示所有款项的数量,使求出的总资本成本建立在一个可比较的税后基础上。每种资本的货币支付成本确定之后,再把它们综合成为加权平均资本成本或称总资本成本,用加权平均资本成本作为有吸引力的最低收益率,也就是判断方案可否采纳的临界值。

(三)债务资本成本

债务资本有许多来源,例如以普通借贷方式从银行和保险公司取得短期借款;以出售公债和抵押设备的方式从金融证券公司或社会上取得长期贷款。就资本成本而言,长期借款和短期借款的成本计算方法是相同的。

债务资本成本与其他形式的资本成本之间的主要区别在于:为借款支付的利息可以免征所得税,同时,这种资本成本以税后数据为基础计算。

(四)保留盈余的资本成本

粗看起来似乎保留盈余是不需要支付成本的,然而从以下两个方面看,这个看法是不能成立的。第一,所保留的盈利并不属于公司所有,而是属于股东们所有。第二,存在一个机会成本,这个机会成本就是股东在自己收入之外所放弃的股息。

如果公司制订的方案所提供的报酬达不到标准,而股东在市场上能找到提供这样的报酬或更好报酬的其他公司股票,则公司应该把它现有的盈利分配给股东,而不是把股东的保留盈余投入到报酬较低的方案中去,只有这样才能稳定股票的市场价格。从长远看,有利于降低股本资本成本。

计算保留盈余资本成本的另一种通用方法是外部获利标准。该法的指导思想是:公司应该把外部投资机会作为保留盈余的一种可能利用的机会,同时,把以前放弃的最好外部投资机会提供的盈利作为机会成本。

任务评价

资本成本指企业筹集和使用资本而付出的代价,通常包括筹资费用和用资费用。筹资费用,指企业在筹集资本过程中为取得资金而发生的各项费用,如银行借款的手续费,发行股票、债券等证券的印刷费、评估费、公证费、宣传费及承销费等。用资费用,指在使用所筹资本的过程中向出资者支付的有关报酬,如银行借款和债券的利息、股票的股利等。

资本成本是选择筹资方式、进行资本结构决策和选择追加筹资方案的依据,是评价投资方案、进行投资决策的重要标准,也是评价企业经营业绩的重要依据。

项目小结

在资金筹措阶段，工程项目所需的资金总额由自有资金、赠物、借入资金三部分组成。

工程项目投资资金的筹集渠道很多，包括自筹资金、国内银行贷款、利用外资和利用长期金融市场的资金(利用债券和利用股票筹资)。

资本成本是指企业为筹集和使用资金付出的代价，通常用百分数表示，即单位时间里每筹集 1 元资金付出的代价。

思考与练习

1. 国家投资主体筹集资金的主要手段有哪些?
2. 中国人民银行的主要职能有哪些?
3. 国外其他投资主要指哪些?
4. 我国发行的债券种类有哪些?
5. 发行债券的注意事项有哪些?
6. 股份有限公司的优点是什么?
7. 按股东承担风险和享有权益的大小，股票可分为哪几类?
8. 什么是优先股?

项目五　工程项目不确定性分析

学习要求

(1) 了解不确定性分析的基本概念。
(2) 熟悉敏感性分析的方法。
(3) 掌握盈亏平衡分析、概率分析的思想和方法。

学习目的

具备不确定性分析的思路，并能对三种分析方法进行简单应用。

任务　工程项目不确定性分析

任务描述

工程项目不确定性分析的方法包括盈亏平衡分析、敏感性分析和概率分析。

知识准备

工程项目投资决策面对未来，项目评价所采用的数据大部分来自各方面估算和预测，所以有一定程度的不确定性和风险，为了尽量避免投资决策失误，有必要进行风险和不确定性分析。

工程项目的不确定性分析，就是考察建设投资、经营成本、产品售价、销售量、项目寿命等因素变化时，对项目经济评价指标所产生的影响。这种影响越强烈，表明所评价的项目方案对某个或某些因素越敏感，项目决策者和投资者对于这些敏感因素应予以充分的重视和考虑。

盈亏平衡分析是在完全竞争或垄断竞争的市场条件下，研究工程项目特别是工业项目产品生产成本、产销量与盈利的平衡关系的方法。

对于一个工程项目而言，随着产销量的变化，盈利与亏损之间一般至少有一个转折点，我们称这种转折点为盈亏平衡点。

在盈亏平衡点上，销售收入与成本费用相等，既不亏损也不盈利。盈亏平衡分析就是要找出项目方案的盈亏平衡点。盈亏平衡分析可分为线性平衡分析和非线性平衡分析。

盈亏平衡分析的基本方法是建立成本与产量、销售收入与产量之间的函数关系，通过对这两个函数及其图形的分析，找出盈亏平衡点。盈亏平衡点取决于三个因素：固定成本、可变成本和单位产品价格。

线性平衡分析的基本公式如下：

年销售收入方程：$R=PQ$

年总成本费用方程：$C=F+VQ$

$$\text{年利润方程：}E=R-C=(P-V)Q-F \tag{5.1}$$

在盈亏平衡点处，利润为零，即

$$R=C \quad PQ=F+VQ$$

则盈亏平衡点产量

$$Q^{*}=F/(P-V) \tag{5.2}$$

式中，Q——产量；

R——销售收入；

C——生产成本；

E——企业的利润；

F——固定成本；

V——单位产品可变成本；

P——产品价格；

Q^{*}——企业盈亏平衡时的产量，即保本时的产量。

以上分析如图 5.1 所示。

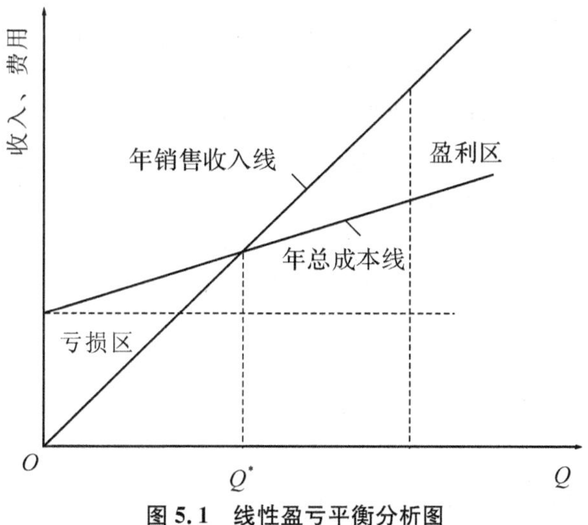

图 5.1　线性盈亏平衡分析图

【实训 5.1】某企业生产某种产品，每件产品的售价为 50 元，单位可变成本为 28 元，年固定成本为 66 000 元，求：

①企业的最低产量。

②企业产品产量为 5 000 件时的利润。

③企业年利润达到 60 000 元时的产量。

敏感性分析是通过分析、预测项目主要因素发生变化时对经济评价指标的影响，从中找出敏感性因素，并确定其影响程度。

在项目计算期内可能发生变化的因素有：

①投资额，包括固定资产投资与流动资金占用。

②项目建设期限、投产期限。

③产品产量及销售量。

④产品价格或主要原材料与劳动力价格。

⑤经营成本，特别是其中的变动成本。

⑥项目寿命期。

⑦项目寿命期末的资产残值。

⑧折现率。

⑨外币汇率。

根据每次变动因素的不同，敏感性分析方法可以分为单因素敏感性分析和多因素敏感性分析。

一、单因素敏感性分析

单因素敏感性分析是每次只变动一个因素，而其他因素保持不变时所进行的敏感性分析。

单因素敏感性分析的基本步骤为：

①确定方案敏感性分析的具体经济效果评价指标，一般可采用净现值、净年值、内部收益率、投资回收期等作为分析评价指标，主要针对项目的具体情况进行选择。

②选择影响方案经济效果评价指标的主要变量因素，并设定这些因素的变动范围。

③计算各变量因素在可能的变动范围内发生不同幅度变动所导致的方案经济效果评价指标的变动结果，建立起一一对应的数量关系，并用图或表的形式表示出来。

④确定敏感性因素，对方案的风险情况作出判断。

【实训 5.2】设某投资方案的初始投资为 3 000 万元，年净收益 480 万元，寿命期 10 年，基准收益率 10%，期末残值 200 万元。试对主要参数初始投资、年净收益、寿命期和基准收益率单独变化时的净现值进行单因素敏感性分析。

二、双因素敏感性分析

双因素敏感性分析是指设方案的其他因素不变，每次仅考虑两个因素同时变化对经济效益的影响。

双因素敏感性分析是通过进行单因素分析确定两个敏感性大的因素，然后通过双因素敏感性分析考察这两个因素同时变化时对项目经济效益的影响。

双因素敏感性分析主要借助作图法和解析法相结合的方法进行，其分析步骤为：

①建立直角坐标系，横轴 x 与纵轴 y 表示两个因素的变化率。

②建立项目经济效果评价指标（NPV，NAV 或 IRR）与两因素变化率 x 和 y 的关系式，令该指标值为临界值（$NPV=0$，$NAV=0$ 或 $IRR=i_0$），即可得到一个关于 x、y 的函数式，称为临界方程。

③在直角坐标系上画出这个临界方程的曲线，它表明两个变化率之间的约束关系。

④该临界线把平面分成两个部分，一部分是方案可行区域，另一部分则是方案的不可行区域，据此可对具体情况进行分析。

【实训 5.3】 对实训 5.2 中的方案进行双因素敏感性分析。

概率分析是利用概率定量地分析和预测不确定因素对项目经济效果评价指标的影响。

所谓期望值法，就是把每个方案的期望值求出来加以比较。期望值即概率论中离散型随机变量的数学期望，其计算公式为：

$$E(x)=\sum_{i=1}^{n}X_iP_i \tag{5.3}$$

式中，$E(x)$——经济指标 x 的期望值；

X_i——第 i 种情况下的经济指标值；

P_i——第 i 种情况下出现的概率，等于第 i 种情况下参数值出现的概率。

利用期望值进行分析的准则是：如果决策目标是效益最大，则选择收益期望值最大的方案；如果方案中对应的益损值为费用值，且决策目标是费用最小，则应选择费用期望值最小的方案。

期望值的分析和求解过程，可用树形结构图来表达，我们称之为决策树法。决策树是以方块和圆圈作为节点，并由直线连接而成的一种树枝状结构。

图中方块称为决策点；由决策点引出若干条直线，每条直线代表一个方案，称为方案分支；在方案分支的末端画一圆圈，称为方案节点，把计算出来的各方案的期望值标注在方案节点上供最后决策用；由它引出的若干线条表示不同的自然状态，称为概率分支，在每条概率分支上注明自然状态及其概率；在概率分支的末端画一小三角，称为结果点，在结果点后面要标明在不同自然状态下的损益值。

运用决策树进行决策的过程是从右向左，逐步后退。具体步骤为：首先，根据结果点的损益值及概率分支的概率计算出各方案的期望值；然后，按照期望值准则确定出最优方案。

【例 5.1】某一桩基础工程，施工管理人员需要决定下月是否开工。如果开工后天气好，则可以按期完工，获利 30 000 元；如果开工后天气不好，就要造成 10 000 元的损失；假如不开工，无论天气好与坏，都要损失 1 200 元。根据过去的统计资料，下月天气好的概率是 40%，天气坏的概率是 60%。试用决策树的方法为施工管理人员作出决策。两种方案情况见表 5.1。方案的决策树见图 5.2。

表 5.1　两种方案情况

自然状态	概率(%)	行动方案	
		开工	不开工
天气好	40	30 000	−1 200
天气坏	60	−10 000	−1 200

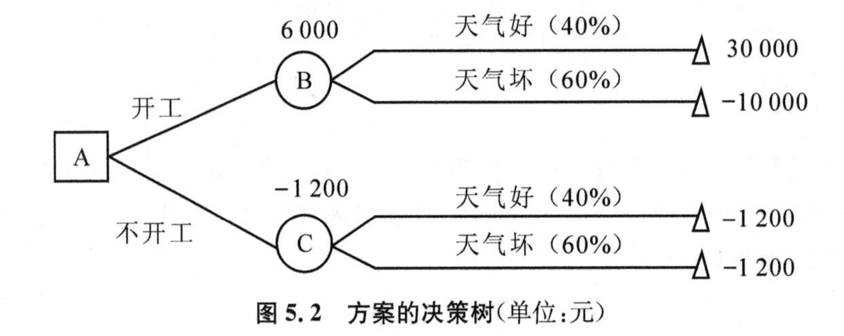

图 5.2　方案的决策树(单位:元)

任务评价

不确定性分析是指对决策方案受到各种事前无法控制的外部因素变化而影响所进行的研究和估计。它是决策分析中常用的一种方法。通过该分析可以尽量弄清和减少不确定性因素对经济效益的影响，预测项目投资对某些不可预见的政治与经济风险的抗冲击能力，从而证明项目投资的可靠性和稳定性，避免投产后不能获得预期的利润和收益，以致使企业亏损。

项目小结

不确定性分析是工程项目经济评价的重要内容。不确定分析就是考察人力、物力、资金、投资、经营成本、销售收入等因素变化对项目经济效果评价所带来的影响，它主要包括盈亏平衡分析、敏感性分析和概率分析。盈亏平衡分析只适用于财务评价，敏感性分析和概率分析可同时用于财务评价和国民经济评价。

思考与练习

1. 简述盈亏平衡分析的特征。
2. 简述敏感性分析的意义及单因素、双因素分析的特征。
3. 简述单因素敏感性分析的基本步骤。
4. 什么是决策树？简述决策树绘制的要点。

项目六　工程项目可行性研究

学习要求

(1) 了解可行性研究的基本概念。
(2) 熟悉市场预测的基本方法。
(3) 掌握可行性研究的程序与内容。

学习目的

对可行性研究报告的结构、内容等有一定的认识。

任务　工程项目可行性研究

任务描述

可行性研究是计算、分析、评价各种项目、技术方案和生产经营决策经济效果的一种科学方法，是技术经济分析论证的一种重要手段。这种方法是在运用多学科成果的基础上形成的，通过对技术方案或建设项目各方面关系的研究分析，从而预测方案或项目所能获取的经济效果。

知识准备

一、可行性研究的含义、地位和作用

(一) 可行性研究的含义

一般来讲，通过可行性研究要解答以下几个问题：

①建设项目在技术上是否可行?

②建设项目在经济上的合理性,在财务上的盈利有多大?

③建设项目需要的投资是多少?

④筹集资金的渠道有哪些?

⑤建设和维持该项目的生存和发展,需要多少人力、物力资源?

⑥项目所需的建设时间有多长?

总的来说,可行性研究大体包括三个方面的研究内容,即工艺技术方面的研究、市场需求和资源条件的研究、经济财务状况的分析研究。

(二)可行性研究的地位

可行性研究一般都是针对一个特定的工程建设项目或技术方案而进行的,最广泛的用途是对工程建设项目进行技术经济论证。

所谓工程建设项目,一般是指技术上、经济上相对独立的生产经营企业、交通运输与建筑工程以及其他服务性企业或生活用品企业等固定资产的新建、扩建、改建和修复工程。

在各类工程建设项目中,比较典型的是生产性工程建设项目。这种建设项目,从筹建到建成投产,直至报废,其发展过程大体可以分成以下三个阶段:

(1)建设准备时期(或称投资前期)

建设准备时期的任务是对要建设的工程项目进行调查研究、技术经济分析,为该项目工程的方案优选作准备;进行可行性研究,为投资决策提供科学依据。

(2)建设时期(或称投资时期)

建设时期的工作分为五个阶段,即谈判与签订合同;初步设计与施工图设计;建筑施工与设备安装;人员培训及其他各项生产准备工作;验收投产。

(3)生产时期

生产时期,即使项目投入生产运行,创造出新的价值和利润。要使生产顺利进行,生产初期就要注意掌握生产技术和完善生产管理,保证生产设备的正常运转,提高工人的操作水平,尽早达到设计生产能力。

从建设项目整个发展周期来看,主要问题反映在财务和经济上,这时,对企业的产品销售收入、生产成本、投资偿还时间、税金和利润等问题则应给予极大的注意。从工程建设项目发展的三个阶段来看,各个阶段各项工作虽各自独立,但也不是截然分开的,而是互有联系,相互交错。

这三个方面的研究内容有着密切的联系,其中,市场和资源是前提,技术是手段,获得好的财务和经济效果则是整个活动的中心和目的,全部可行性研究就是围绕这个中心进行的。

可行性研究的重要意义,突出地表现在各阶段需要解决的各种问题上。

可行性研究既是决定项目建设与否的关键步骤,也是对项目建设与投产后的质量、效率起决定性作用的阶段。

(三)可行性研究的作用

可行性研究的作用有以下几点:

①可作为是否进行工程项目建设的依据，也是编制设计文件和进行项目建设准备工作的重要依据。

②可作为向银行申请贷款筹集资金的依据。

③可作为建设项目与有关部门签订各种协议和合同的依据。

④可作为向当地政府及规划部门申请建设执照的依据。

⑤可作为工程项目建设基础资料的依据。

⑥可作为科研试验、制作项目拟采用的新技术、新工艺、新设备的依据。

⑦可作为企业机构设置、招收人员、职工培训等方面工作的依据。

⑧在可行性研究中，对于合理的生产组织、工程进度都做了论证，因此，可行性研究还可作为组织施工、安排项目建设进度以及对工程质量提出要求，并进行工程质量检验的重要依据。

⑨项目建设与环境和生态有着密切的联系，因此项目建设也必须得到当地环保部门的认可，可行性研究可作为审查项目是否符合环保要求的依据。

可行性研究是投资前期的主要工作内容。

一般来说，可行性研究有三种类型，即投资机会研究、初步可行性研究和可行性研究。

有时将投资评价报告从可行性研究中独立出来，或者必要时增加辅助研究，这时，可行性研究就成为四种类型。或者说，可行性研究工作可分为四个阶段。现分别介绍四个阶段的任务和工作内容。

二、可行性研究的分类

（一）投资机会研究

投资机会研究的主要任务是工程建设项目投资方提出建议，即在一定的地区和部门内，根据自然资源、市场需求、国家产业政策及国际贸易情况等，通过调查、预测和分析研究，选择建设项目，寻求最有利的投资机会。投资机会研究分为一般机会研究和特定项目机会研究两种。究竟进行一般机会研究，还是进行特定项目机会研究，或者是两种机会研究同时开展，要根据建设项目的特点和具体情况确定。

(1) 一般机会研究

进行一般机会研究的目的是为投资者提出具体的投资建议。这类研究又分为三种：

①地区研究。

②分部门研究。

③以资源为基础的研究。

(2) 特定项目机会研究

特定项目机会研究是在一般机会研究完成并得到通过之后进行，这样可以避免不必要的损失和浪费。

特定项目机会研究应在已选定投资机会的基础上，形成具体的投资项目建议，并提出若干项目设想的技术方案。

在机会研究阶段，分析研究项目的投资机会时，必须掌握以下情况：

①自然资源条件。

②项目的产品在国内外市场上需求情况及前景预测。

③用项目产品代替进口产品的可能性，需分析该项目产品的目前进口量，并确定可代替进口产品的范围。

④该建设项目在国民经济发展中与现有地区工业布局的关系。

⑤国内宏观经济形势和一般的投资趋势。

⑥在发展水平、资本、劳动力、自然资源和经济背景等方面与我国相类似的其他国家，项目获得成功的经验和实例。

⑦项目建设的范围和内容，规模和未来发展的设想。

⑧该建设项目与国内其他各工业部门之间的相互关系和影响。

⑨对该项目生产的产品类型进行研究，并分析其综合利用的途径。

⑩项目建设的资金条件，包括资金筹集方式、贷款利率等。

⑪对该项目的经济和财务等方面的情况进行初步研究，包括各生产要素的成本及其来源情况。

⑫政府对该类项目发展的有关法令。

（二）初步可行性研究

初步可行性研究是在投资机会研究完成并被肯定之后才得以进行。进行详细可行性研究要耗费大量的费用和很长的时间，特别是较为复杂的工程项目，更是如此。所以，为了节省时间和费用，在可行性研究之前先进行初步可行性研究，以便进一步落实投资机会的可能性。如果在初步可行性研究阶段发现投资机会不可行，则可及早放弃，以免耗费更多的时间和费用。

通过初步可行性研究需确定以下问题：

①投资机会是否确实可行？是否像机会研究中提出的确有前景？在初步可行性研究阶段详尽阐述的资料基础上，能否直接作出投资决定？

②在详细可行性研究阶段，重点应研究哪些问题？有无必要对某些问题进行专门研究或辅助研究？

③项目范围和未来效益是否值得通过可行性研究进行详尽分析？

④已掌握的资料是否足以证明这个项目不可行，或者对某个投资者或投资集团缺乏足够的吸引力？

初步可行性研究是机会研究和详细可行性研究的中间环节，与详细可行性研究有着相同的结构。它们三者之间的主要差别在于所掌握资料的详尽程度和论证结论的准确程度。在初步可行性研究阶段，需要对技术方案的以下问题做粗略审查研究：

①确定市场需求情况和销售能力，确定项目的生产规模。

②各种生产要素的投入需求。

③厂址选择。

④项目设计，包括工艺、设备及土建工程。

⑤基础、公用设施是否落实；技术和设备供应有无保证。

⑥职工来源。

⑦项目进度。

⑧财务状况，如投资费用、资金如何筹措、生产成本和盈利状况等。

在初步可行性研究阶段，对于建设项目的投资额和生产成本计算的精确度，一般误差要求控制在20%左右，所需时间为4～6个月，所需费用为投资额的0.25%～1.5%。

（三）辅助研究

辅助研究，也叫功能研究或专门研究，对于某些特殊和大规模投资建设项目的某些重要而又复杂的关键方面，有必要进行辅助性的研究，或是针对关键性问题进行专门的研究，其主要目的是减轻详细可行性研究阶段的工作量。

辅助性研究通常围绕以下几个方面进行：

①通过市场研究，预测拟生产产品的需求情况及产品的市场渗透能力；对于涉外项目，还应对国际市场情况加以调查分析。

②项目所需的基本原材料及燃料、动力等投入要素的来源、价格情况及其变化趋势。

③研究建厂地区，分析厂址选择是否合理，特别是运输量大的建设项目，如钢铁、石化、建材厂等，需要考虑合适的厂址，尽可能节省运输费用。

④通过实验室和中间实验，对选定的原材料进行化验分析，检验其是否符合项目生产工艺的要求，并需调查了解这些原材料是否有稳定的供应渠道。

⑤设备选择研究。

⑥规模经济分析。

一般来说，辅助研究在可行性研究之前进行。

（四）可行性研究

可行性研究，也称为详细可行性研究或最终可行性研究。

只有在项目通过初步可行性研究并有足够根据可获得成功时，才能转入项目的详细可行性研究阶段。详细可行性研究是一个关键步骤，在这一研究阶段，要求对工程项目进行深入的技术经济论证。

论证项目的生产规划、建厂地区、厂址选择、生产工艺、设备、电气、厂房、机械、车间划分、土建工程、投资总额、建设时间等，进行多方案的分析比较，以使生产组织合理，投资费用和生产成本降到最低程度。

详细可行性研究的结果应该对建设项目的投资决策从技术上、经济上、商务上提供依据。

研究报告一般应包括以下内容：

①项目的背景与历史。

②建厂地区和厂址选择。

③市场需求及前景预测。

④所建项目的生产能力。

⑤原材料及其他投入物的情况。

⑥人力。

⑦工程项目所选择的技术方案。

⑧项目实施的时间进度。

⑨工厂机构和管理费用。

⑩企业财务评价和国民经济评价。

详细可行性研究阶段对投资估算的精确程度，其误差一般要求在±10%，有时可达±5%；其所需费用，对于小型项目，一般占总投资的1%～3%；对于大型工程或复杂工程，占总投资的0.2%～1%。

以上各类可行性研究工作都是相互关联、相互交叉的，每一步骤都起着承上启下的作用。

可行性研究的内容十分广泛，一般包括：项目的背景和历史、市场研究与生产规模的确定、原材料和技术路线的选择、建厂地区和厂址的选择、项目的财务规划、项目资金筹措与债务偿还、项目的财务评价、项目的国民经济评价等内容。

三、可行性研究的内容

（一）项目的背景和历史

（1）项目背景

介绍建设项目的设想；列出与项目有关的各项主要参数，作为编制可行性研究报告的指导原则；概述经济、工业、财政、社会及其他有关政策，说明该项目的地位；说明本项目对国民经济部门及有关经济方面的影响等。

（2）项目历史

要列出在本项目历史中发生过的重大事件、发生日期及当时情况；概述已经进行过哪些调查研究，写明调查题目、作者和完成日期，以及从调查研究中得出的、拟在可行性研究中采用的某些结论和决定。

（3）项目主办人或发起人

说明项目主办人或发起人的姓名、住址，他们在为项目提供资金及在项目中所起的作用等。

（二）市场研究与生产规模的确定

市场需求状况和生产规模是可行性研究中首先需要调查研究的问题。只有对当前市场进行详细调查，掌握需求状况，才能估算出某种特定产品进入市场的可能性和占有程度。在此基础上考虑本项目的生产规模、所采用的工艺、生产规划和推销策略，并对销售收入作出规划。

这一阶段的主要内容包括：

（1）市场需求情况调查与预测

市场需求情况调查与预测的目的是了解产品在当前和今后市场上的需求情况，为确定拟建工厂的生产规模提供依据。通过调查，提出当前市场对该产品的需求情况和结构；在该项目经济寿命期内对市场需求变化的预测，并说明该产品在市场上的竞争能力。

在大多数情况下，项目分析的第一步就是详细估算拟建项目的产品产量、结构特征、质量和产品的有效需求。有效需求表示在一定时期、一个特定市场、以一定价格购买的某种产品的总量。

市场可以有两种理解,即狭义的市场和广义的市场。

从狭义上可以把市场看成是现有的和潜在的一组消费者;而广义的市场,则为消费者加上政府有关政策的影响。

(2) 产品销售预测和推销规划

在对市场需求分析的基础上,进行销售和销售收入的预测,是可行性研究的又一项重要内容。因为判断工程建设项目是否可行,在很大程度上取决于产品的销售情况及销售收入。对于销售额和销售收入的估算,仅仅依靠对市场和需求的数据的详细分析是不够的,还需要考虑工厂生产规模、生产工艺、技术水平、生产计划和销售策略等一系列因素,这是一个反复计算的过程。只有在确定了生产工艺和生产规模之后才有可能最终确定销售收入。

对于一些短线产品的建设项目,当产品实际需求超过了生产能力时,虽然也要进行某些推销活动,但毕竟阻力很小,其销售量可以与工厂的产品产量基本相等,这时对于生产企业来说,产品定价也处于有利的地位。相反,对于某些长线产品或有代用品的产品,市场竞争激烈,需求弹性较大,情况就比较复杂,这时,就必须很好地研究市场,制订适当的销售策略,主要包括:产品定价、推销策略和措施、销售组织和必须的销售费用等。

确定和预测产品的销售价格,对产品的销售量和销售收入有较大影响。在市场经济的条件下,市场价格处于经常变化状态,正确确定和预测价格的变化对于企业建成后的经营状况至关重要。对于由企业自行定价的产品,任何价格政策都应以该产品的生产成本和市场结构为基础,但是,对处于不同状态下的企业,其产品价格的制定不会完全相同。对于产品垄断的企业,它将以能够售出的最高价作为其产品价格;而对于处于激烈竞争状态的企业来说,就必须在可能达到的最高价与产品成本之间不断调整其价格,使之既能将产品销售出去又能获得相当的利润。对于实行计划价格的产品,则需要对未来价格的调整及时作出预测。

确定了合理的产品价格之后,产品要进入市场,还必须注意产品的推销工作。在产品推销工作中,设计和成立推销、分销系统,并考虑与此有关的必要费用,对于有效地进行产品推销工作十分重要,它将使推销工作得到保证,应给予足够的重视。

(3) 确定生产规模和制定生产规划

在对不同阶段的销售情况进行预测之后,就应着手制定详细的生产计划,也就是对一定时期内所要达到的产量水平加以确定。生产水平的高低,主要取决于生产规模的大小。一般情况下,大多数项目生产初期都不可能达到设计能力,而是在项目投产后逐年增加,在3~5年后才能达到规定的设计能力。

(三) 原材料和技术路线的选择

(1) 原材料的选择

原材料费用是产品成本的重要组成部分,原材料的选择关系着工艺技术路线及设备选择、厂址方案选择等项目的决策。一种产品可能用不同的原材料或原材料组合来生产,每种原材料一般具有多种用途,因此,有一个合理选择的问题。

项目原材料的选择原则是：

①可用性，即用所选原材料生产的产品符合项目的预定要求。

②可供性，即项目原材料有稳定可靠的供应来源。

③经济性，即用所选原材料生产产品时的投资与成本在经济上应该合算。

④合理性，即从国民经济角度来说，对资源的利用是充分的，配置是合理的。

(2) 工艺技术路线的选择

工艺技术路线指产品生产的工艺技术方案或方法，是项目成败的关键所在。

项目工艺技术路线的选择应从可靠性、先进性、适用性和经济性等方面进行考察，同时还应评价其环境影响，包括地区环境质量的目标性、可处理性及经济性三个方面的评价。此外，广义的工艺技术路线选择还应包括设备的选择。设备选择除遵照工艺技术路线选择的一般原则外，还应考虑设备的成套性及灵活性。

（四）建厂地区和厂址的选择

厂址选择包括选择项目的坐落地点和确定具体厂址两项内容。

选择地点是指在相当广阔的范围内，在一个地区、省或某段河岸等范围内选择适宜的区域，然后在选定的区域内考虑几个可供选择的厂址。

在确定工业项目地点时，应该考虑以下几个方面的因素：

(1) 国家的方针政策

在选择建厂地区时，应考虑力求合理地配置工业，减少在工业城市建设大型工业企业的必要性；考虑国防要求；考虑禁止在风景区建设工厂的政策要求；还应考虑鼓励和帮助少数民族地区和边远落后地区发展工业等政策。

(2) 与产、供、销的关系

在生产规模、生产工艺流程和产品方案选定之后，应该选择产、供、销最佳结合的地区作为建设地点；或者说，建厂地区应选择在靠近原料、燃料产地，靠近产品消费地区，又有水源、电源条件方便并便于运输的地区。

当然，对于不同产品、不同特点的原料及不同的生产方法，厂区的选择标准也不完全相同。总之，在选择建厂地区时，应结合项目的具体情况进行。

(3) 当地的社会、经济条件

建厂地区必须考虑到地区的基础结构和社会经济环境。基础结构主要是指该地区的能源、运输、水源、通讯、工业结构的状况，因为它们对项目选址的影响很大。

（五）项目的财务规划

项目的财务规划，即估计和测算反映项目建设及生产经营过程中费用与效益的基础经济数据，为项目经济评价准备数据。

(1) 经济数据测算的一般原则

正确测算经济数据是项目正确决策的基础，应按照客观、系统、动态的原则进行。

(2) 项目的投资估算

建设项目的总投资由项目固定资产投资和流动资金投资构成。固定资产投资估算一般采用概算指标估算法，流动资金估算可采用类比估算法或分项估算法。

(3) 项目计算期与固定资产折旧

项目计算期包括建设期和生产期。

建设期是指项目建设过程需耗用的时间,应在合理确定各项工作所需时间和保证其相互衔接的前提下,尽量做到交叉进行,最大限度地缩短项目的总建设周期。目前广泛采用的方法有甘特图及以甘特图为基础的关键路线法和计划评审技术。

项目的生产期既不是指项目将来实际存在的时间,也不是指项目的技术寿命,而是指从技术经济评价的要求出发所确定的一个期限,其影响因素包括国民经济发展的要求、项目的性质和实际寿命、科技进步的趋势等。除某些采掘工业受资源储量限制需确定合理开采年限外,一般工业项目可按综合折旧寿命确定。

(4) 产品成本估算

工业企业产品成本由原材料及辅助材料费、材料和动力费、工资及工资附加费、废品损失费、车间经费、企业管理费等费用组成。

根据计量范围不同,产品成本可分为车间成本、工厂成本、销售成本;根据成本计算单位不同,可分为单位成本和总成本。此外,还有固定成本、变动成本、经营成本等概念,可行性研究阶段的产品成本估算一般采用分项估算法。

(5) 销售收入、利润与税金估算

$$\text{年销售收入} = \text{年销售量(年产量)} \times \text{销售单价} \tag{6.1}$$

$$\text{销售利润} = \text{销售收入} - \text{总成本} - \text{销售税金} - \text{教育附加费} - \text{技术转让费} - \text{营业外净支出} \tag{6.2}$$

$$\text{税金} = \text{税基} \times \text{税率} \tag{6.3}$$

(六) 项目资金筹措与债务偿还

(1) 项目资金筹措

筹措到项目所需资金是项目建设的基本条件之一。资金成本是项目成本的一个重要组成部分。

$$\text{资金成本} = \frac{\text{资金占用费}}{\text{筹集资金额} - \text{资金筹集费用}} \times 100\% \tag{6.4}$$

项目的资金来源有国内资金和国外资金,其中每类资金来源都包含若干不同的渠道。项目的总资金成本是项目实际使用的各种资金成本的加权平均值。总资金成本最低的方案为最佳筹资方案。

(2) 债务偿还

债务的偿还应在履行借贷合同的条件下,先偿还资金成本高的债务,后偿还资金成本低的债务。能否如期偿还债务取决于项目的偿还能力。

$$\text{年还贷能力} = \text{年利润总额} + \text{可还贷的折旧基金} - \text{还贷期企业留利} \tag{6.5}$$

(七) 项目的财务评价

项目的财务评价是从项目的承办企业的角度对项目财务效益进行的评价,其评价结论是项目决策的重要依据。

财务评价中，项目的财务效益通过财务评价指标值来反映。按是否考虑资金的时间价值，财务评价指标分静态评价指标和动态评价指标两类。静态评价指标有静态投资回收期、投资利润率、借款偿还期等；动态评价指标有财务净现值、财务内部收益率、财务外汇净现值等。

（八）项目的国民经济评价

项目建设的最终目的是实现国民经济的增长。国民经济评价就是从国民经济增长目标出发，评价项目的经济合理性。在项目的国民经济评价中，常用影子价格代替财务价格，以反映资源对国民经济的真实价值。项目国民经济评价的主要指标是经济内部收益率和经济净现值，它们是在编制经济现金流量表的基础上计算得出的。

以上介绍了可行性研究的基本内容，但对每一个具体项目，其内容有所增减或侧重。

总之，进行可行性研究论证工作时，必须根据建设项目的特点，采取认真、客观的态度，实事求是地进行分析。

任务实施

市场研究是可行性研究最基础、最重要的环节。

通过市场调查、市场预测，可以掌握项目产品销路的市场信息，了解项目所需的原材料、能源、设备、技术等市场供应情况，摸清市场对项目投入物和产出物的供需行情，这是确定工程项目规模的依据。

市场研究一般通过市场调查和市场预测完成。

（一）市场调查

市场调查是运用适当的方法，有目的、系统地搜集整理市场信息资料，分析市场的客观实际情况。市场调查是市场预测的基础，是工程建设项目可行性研究的起点。

市场调查的方法主要有：

(1) 间接搜集信息法

间接搜集信息法，是指调研人员通过各种媒体，对现成信息资料进行搜集、分析、研究和利用的活动。

间接搜集信息法一般包括查找、索讨、购买、交换、接收等具体的手段。

间接搜集信息法的优点是获取资料速度快、费用省，并能举一反三。缺点是针对性较差、深度不够、准确性不高，需要采用适当的方法进行二次处理和验证。

(2) 直接访问法

直接访问法，是就所调查的事项以面谈、电话或书面形式向被调查者提问，以获得所需资料信息的调查方法。按访问形式的不同分为面谈调查、电话调查、问卷调查、街头访问调查等。

直接访问法的优点是当面听取被调查者的意见，可全面观察其对问题的反映；信息回收率高；谈话可逐步深入，获得意想不到的信息。但也存在调查成本高，调查结果受专家水平及调查人员本身素质影响较大等缺点。

(3) 直接观察法

直接观察法的特点是,被调查者并未察觉时调查工作已完成。这种调查方法是调查人员在调查现场,从旁观察其行动的一种调查方法。

直接观察法按观察对象可分为对交通量观察、对售房量观察和对商场观察等三种。

观察法的优点是因被调查者没有意识到自己正在接受调查,一切状况均保持自然,故准确性较高。缺点是观察不到内在因素,有时需要用长时间的观察才能取得结果。

(二) 市场预测

市场预测是在市场调查的基础上,通过对市场资料的分析研究,运用科学的方法和手段推测市场未来的前景。

1. 定性预测方法

定性预测方法一般用于数据资料不全或不完全依靠数据进行决策的情况。

常用的定性预测方法有:专家会议预测法、专家个人预测法和德尔菲法。

德尔菲法是应用较为广泛的定性预测方法。

德尔菲法的预测步骤如下:

①挑选专家。

②就提出的问题,收集专家们的意见,并对各种意见进行整理、统计。

③将整理、统计的结果反馈给专家,再次征询并收集整理专家们的意见,如此反复多次。

④作出预测结论。

2. 定量预测方法

定量预测是通过建立数学模型,根据历史统计资料对未来值进行测算的一种预测方法。

定量预测方法主要有时间序列预测法和回归分析法。

时间序列预测法属于历史资料延伸性预测,简单易行,通常用于短期预测,包括简单平均法、加权平均法和移动平均法。

(1) 简单平均法

当预测对象变化不大时,使用简单平均法较为合理。该方法根据过去一定历史时期的资料,求其算术平均值作为预测数据。

简单平均法的计算公式为:

$$\overline{x} = \frac{\sum_{i=1}^{n} x_i}{n} = \frac{x_1 + x_2 + x_3 + \cdots + x_n}{n} \tag{6.6}$$

式中,$\overline{x}$——预测的算术平均值;

x_i——第 i 时段的统计数据;

n——资料数或期数。

（2）加权平均法

与简单平均法所统计的历史数据的重要性是完全相同的。

加权平均法的计算公式为：

$$Y=\frac{\sum_{i=1}^{n}w_i x_i}{\sum_{i=1}^{n}w_i} \tag{6.7}$$

式中，Y——预测值的加权平均值；

x_i——第 i 期的统计数据；

w_i——第 i 期的权数。

（3）移动平均法

移动平均法是用分段逐点推移的平均方法对时间序列数据进行处理，找出预测对象的历史变化规律，并据此建立预测模型的一种时间序列预测方法。

具体做法是：把已知数据点划分为若干段，然后再按数据点的顺序逐点推移，逐点求其平均值，以期得到一组具有较明显趋势的新数据。由于它具有时间上的滞后性，一般不用于直接预测，而是根据一次和二次移动的平均数，先建立移动平均预测模型后再进行预测。

移动平均法的计算公式为：

一次移动平均值：

$$W_t^{(1)}=\frac{X_t+X_{t-1}+X_{t-2}+\cdots+X_{t-N+1}}{N} \tag{6.8}$$

式中，$W_t^{(1)}$——第 t 周期的一次移动平均数；

t——周期数；

X_t——第 t 周期的统计数据；

N——分段数据点数。

二次移动平均值：

$$W_t^{(2)}=\frac{W_t^{(1)}+W_{t-1}^{(1)}+W_{t-2}^{(1)}+\cdots+W_{t-N+1}^{(1)}}{N} \tag{6.9}$$

式中，$W_t^{(2)}$——第 t 周期的二次移动平均数；

其他符号意义同前。

【实训 6.1】某企业过去 15 年的销售收入见表 6.1 所示，计算其一次及二次移动平均数。

表 6.1 某企业 15 年的销售收入

年份	1986	1987	1988	1989	1990	1991	1992	1993	1994	1995	1996	1997	1998	1999	2000
周期	1	2	3	4	5	6	7	8	9	10	11	12	13	14	15
销售收入（万元）	1 168	1 245	1 265	1 465	1 684	1 854	2 012	2 369	2 687	2 956	3 360	3 687	4 013	4 650	5 032

（4）回归分析法

回归分析法是从事物变化的因果关系出发，根据预测变量（因变量）与相关因素（自变量）之间存在的因果关系，借助数理统计中回归分析原理，确定因果关系，建立回归模型并进行预测的一种定量预测方法。

回归分析法分为一元回归模型和多元回归模型。

我们将重点介绍一元线性回归模型预测的过程。

①建立一元线性回归模型。

一元线性回归方程如下：

$$Y = a + bX \tag{6.10}$$

式中，Y——因变量，即拟进行预测的变量；

X——自变量，即引起因变量 Y 变化的变量；

a、b——回归系数，即表示 X 与 Y 之间关系的系数。

②根据最小二乘法原理，由已知样本数据求出回归系数 a、b，确定回归方程 $Y=a+bX$。计算公式为：

$$b = \frac{\sum_{i=1}^{n} X_i Y_i - n\overline{X}\,\overline{Y}}{\sum_{i=1}^{n} X_i^2 - n(\overline{X})^2} \tag{6.11}$$

$$a = \overline{Y} - b\overline{X} \tag{6.12}$$

$$\overline{X} = \frac{\sum_{i=1}^{n} X_i}{n} \tag{6.13}$$

$$\overline{Y} = \frac{\sum_{i=1}^{n} Y_i}{n} \tag{6.14}$$

式中，$\overline{X}$——n 个实际点 X_i 的平均值；

$\overline{Y}$——n 个实际点 Y_i 的平均值。

③根据已经确定的回归方程 $Y=a+bX$，把 a、b 作为已知数，与具体条件相结合来确定 X、Y 值的未来演变。

④计算相关系数 r，进行相关检验。

要检查预测的可靠程度，即回归直线 $Y=a+bX$ 的拟合程度，可以采用相关系数来进行。计算公式为：

$$r=\frac{\sum_{i=1}^{n}X_iY_i-n\overline{X}\,\overline{Y}}{\sqrt{\left[\sum_{i=1}^{n}X_i^2-n(\overline{X})^2\right]\left[\sum_{i=1}^{n}\overline{Y}_i^2-n(\overline{Y})^2\right]}} \tag{6.15}$$

式中，符号意义同前。

$0\leqslant|r|\leqslant1$，$|r|$越接近于1，说明 X 与 Y 的相关性越大，预测结果的可信度就越高。

【实训 6.2】某市建材市场用一元线性回归模型对整体式卫浴的销售量进行预测。根据对已收集数据的观测，历年整体式卫浴销售量与同期商品房销售量有相关关系。有关历史数据如表 6.2 所示。根据城建部门的规划，2017 年该市城市商品房销售量将达到 165.6 万 m^2，试预测该年度整体式卫浴的销售量。

表 6.2　整体式卫浴和商品房销售量的基础数据

年份	整体式卫浴销售量 Y_i(万套)	商品房销售量 X_i(万 m^2)	年份	整体式卫浴销售量 Y_i(万套)	商品房销售量 X_i(万 m^2)
2002	0.3	20.0	2008	2.4	116.4
2003	0.6	40.0	2009	2.7	118.6
2004	1.2	60.5	2010	3.4	120.8
2005	1.4	96.0	2011	3.6	133.6
2006	1.8	102.5	2012	4.0	143.5
2007	2.1	110.0	2013	4.5	145.0

任务评价

工程项目可行性研究，就是在工程项目投资决策之前，从经济、技术、市场、生产、法律、政策等多方面对工程项目投资建设的可行性进行全面分析论证和评价，并通过多方案比较，推荐最佳方案。目前，国内外都把工程建设进展周期分为三个阶段，即投资前阶段、投资阶段和生产阶段。可行性研究就是投资前阶段的主要内容。在可行性研究的基础上，对那些为完成同一目的的同类工程方案进行选优。

项目小结

工程项目可行性研究是项目投资前的一项研究工作，又是项目经济分析系统化、实用化的方法；既是工程经济思想的具体运用，又是项目设想细化和项目方案的创造过程。工程项目可行性研究是工程项目财务评价的基础，包括投资机会研究、初步可行性研究和可行性研究,必要时增加辅助研究。

1. 阐述可行性研究的地位。
2. 阐述可行性研究的分类。
3. 阐述可行性研究的内容。
4. 项目原材料的选择原则是什么?
5. 直接观察法的特点是什么?
6. 常用的定性预测方法有哪些?
7. 定量预测方法有哪些?

项目七　工程项目财务评价

学习要求

(1) 了解财务评价的基本概念。
(2) 熟悉建设投资流动资金的估算。
(3) 掌握财务评价的实际操作方法。

学习目的

(1) 对财务评价所需数据进行估算。
(2) 对特定项目作出较全面的财务分析与评价。

任务　工程项目财务评价

任务描述

财务评价是从微观投资主体角度分析项目可以给投资主体带来的效益及投资风险。

知识准备

一、财务评价的作用

财务评价的作用体现在：
①衡量项目的盈利能力和清偿能力。
②项目资金规划的重要依据。
③为协调企业利益和国家利益提供依据。

二、财务评价的步骤

财务评价主要是利用有关基础数据，通过基本财务报表，计算评价指标，进行分析和评价。财务评价的一般程序见图 7.1 所示。

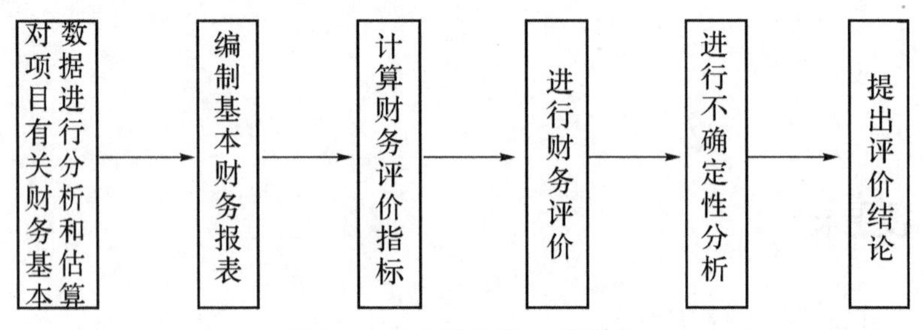

图 7.1　财务评价的一般程序

三、财务评价的内容

财务评价的内容是编制财务报表，并计算相应的评价指标。财务评价的内容主要有盈利能力分析、偿债能力分析、不确定性分析和风险分析等。具体见表 7.1。

表 7.1　财务评价内容

评价内容	基本报表	评价指标	
		静态指标	动态指标
盈利能力分析	全部投资现金流量表	投资回收期＝累计净现金流量现值开始出现正值年份数－1＋$\frac{\text{上一年累计净现金流量现值的绝对值}}{\text{当年净现金流量}}$	财务净现值（$FNPV$） $FNPV=\sum_{t=1}^{n}\frac{(CI-CO)_t}{(1+i_C)^t}$ 财务内部收益率（$FIRR$） $\sum_{t=1}^{n}\frac{(CI-CO)_t}{(1+FIRR)^t}=0$ 财务净现值率（$FNPVR$） $FNPVR=\frac{FNPV}{K_P}$
	自有资金现金流量表	自有资金收益率＝$\frac{\text{年利润总额}}{\text{自有资金}}$	
	损益表	投资利润率＝$\frac{\text{年利润总额或年平均利润总额}}{\text{总投资}}$ 投资利税率＝$\frac{\text{年利税总额或年平均利税总额}}{\text{总投资}}$ 资本金利润率＝$\frac{\text{年利润总额或年平均利润总额}}{\text{资本金}}$	

（续　表）

评价内容	基本报表	评价指标	
		静态指标	动态指标
偿债能力分析	资金来源与资金运用表	借款偿还期=借款偿还后开始出现盈余年份数-开始借款年份+$\frac{当年应偿还借款本金额}{当年可用于还款的资金额}$	
	资产负债表	资产负债率=$\frac{负债总额}{全部资产总额}$ 流动比率=$\frac{流动资产}{流动负债}$ 速动比率=$\frac{速动资产}{流动负债}$	
不确定性分析	盈亏平衡分析		盈亏平衡产量 盈亏平衡生产能力利用率
	敏感性分析		灵敏度、不确定因素的临界值
风险分析	概率分析		$NPV\geqslant 0$ 累计概率
	定性分析		

表中：

①年利润总额=年产品销售收入-年总成本-年销售税金-年技术转让费-年资源税-年营业外支出。

②年销售税金=年增值税+年城市维护建设税+年教育费附加。

③总投资=固定资产投资+建设期利息+流动资金。

④年利税总额=年利润总额+年销售税金。

⑤速动资产=流动资产-存货。

⑥CI 为现金流入量；CO 为现金流出量；$(CI-CO)_t$ 为第 t 年的净现金流量。

⑦i_C 为折现率；n 为计算期年数，一般取 10～20 年；K_P 为投资的现值。

由财务评价的内容可以看出，通过对项目的盈利能力分析、偿债能力分析、不确定性分析和风险分析等四个方面的评价，来判断项目的财务可行性。

一、财务基础数据测算

对工程建设项目来说，总投资包括固定资产投资和流动资金。总投资所形成的资产，根据其特性可分为固定资产、无形资产、流动资产、递延资产。

建设项目总投资的构成可用图 7.2 表示。

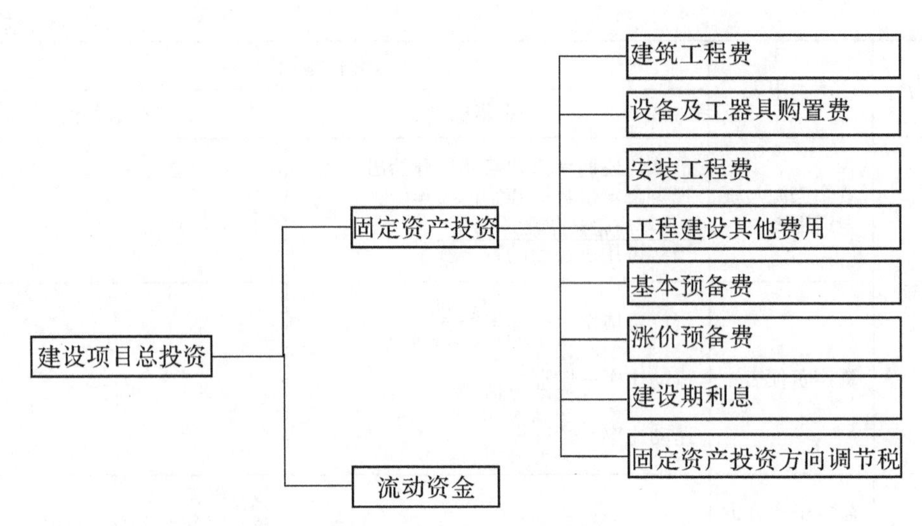

图 7.2　建设项目总投资构成

（一）固定资产投资的估算方法

(1) 生产能力指数法

这种方法是根据已建成的、性质类似的工程或装置的实际投资额和生产能力，按拟建项目的生产能力推算拟建项目的投资。计算公式为：

$$C_2 = C_1\left(\frac{Q_2}{Q_1}\right)^n f \tag{7.1}$$

式中，C_1——已建项目的固定资产投资；

C_2——拟建项目的固定资产投资；

Q_1——已建项目的生产能力；

Q_2——拟建项目的生产能力；

n——生产能力指数；

f——价差系数(投资估算年份的价格水平与已建项目投资年份的价格水平之比)。

生产能力指数 n 一般不易确定。当规模的扩大是以提高主要设备的效率而达到时，n 取 0.6～0.7；当规模的扩大是以增加工程项目的机器设备数量而达到时，n 取 0.8～1.0。

(2) 资金周转率法

该种方法是从资金周转的定义出发推算建设投资的一种方法。

当资金周转率为已知时，则：

$$C = \frac{QP}{T} \tag{7.2}$$

式中，C——拟建项目建设总投资；

Q——产品年产量；

P——产品单价；

T——资金周转率，即 T=年销售总额/建设投资。该方法简单明了，方便易行。

(3) 分项比例估算法

这种方法是以拟建项目的设备费为基数，根据已建成的同类项目的建筑、安装工程费和其他费用等占设备价值的百分比，求出相应的建筑安装工程费及其他有关费用，其总和即为拟建项目建设投资。

计算公式表达如下：

$$C = E(1 + f_1P_1 + f_2P_2 + f_3P_3) + I \tag{7.3}$$

式中，C——拟建项目的建设投资；

E——根据设备清单按现行价格计算的设备费的总和；

P_1, P_2, P_3——已建成项目中的建筑、安装及其他工程费用分别占设备费的百分比；

f_1, f_2, f_3——由于时间因素引起的定额、价格、费用标准等变化的综合调整系数；

I——拟建项目的其他费用。

（二）流动资金估算

(1) 分项详细估算法

对计算流动资金需要掌握的流动资产和流动负债这两类因素应分别进行估算。在可行性研究中，为简化计算，仅对存货、现金、应收账款这三项流动资产和应付账款这项流动负债进行估算，计算公式如下：

$$\text{流动资金} = \text{流动资产} - \text{流动负债} \tag{7.4}$$

式中，流动资产＝应收账款＋存货＋现金；

流动负债＝应付账款；

流动资金本年增加额＝本年流动资金－上年流动资金；

存货＝外购原材料＋外购燃料＋在产品＋产成品。

其中：

$$\text{外购原材料} = \frac{\text{年外购原材料总成本}}{\text{按种类分项周转次数}} \tag{7.5}$$

$$\text{外购燃料} = \frac{\text{年外购燃料总成本}}{\text{按种类分项周转次数}}$$

$$\text{在产品} = \frac{\text{年外购原材料}+\text{年外购燃料}+\text{年工资及福利费}+\text{年其他制造费用}}{\text{在产品周转次数}}$$

$$\text{现金需要量} = \frac{\text{年工资及福利费}+\text{年其他费用}}{\text{现金周转次数}}$$

年其他费用＝制造费用＋管理费用＋销售费用－(以上三项费用中所含的工资及福利费、折旧费、维护费、摊销费、修理费)。

$$\text{应付账款} = \frac{\text{年外购原材料}+\text{年外购燃料}}{\text{应付账款周转次数}} \tag{7.6}$$

（2）扩大指标估算法

扩大指标估算法包括：

①按建设投资的一定比例估算。

②按经营成本的一定比例估算。

③按年销售收入的一定比例估算。

④按单位产量占用流动资金的比例估算。

流动资金一般在投产前开始筹措，从投产第一年开始按生产负荷进行安排，借款部分按全年计算利息。流动资金利息应计入财务费用。项目计算期末回收全部流动资金。

二、项目计算期、折旧、摊销测算

（1）项目的寿命周期

项目寿命周期是指工程项目正常生产经营能够持续的年限，一般用年表示。

项目寿命周期是工程项目投资决策分析的基本参数，寿命周期长短对投资方案的经济效益影响很大。项目的寿命周期可以按产品的寿命周期、主要工艺设备的经济寿命或综合分析加以确定。

（2）工程项目经济分析中的计算周期

工程项目的计算周期一般包括两部分：建设期和项目的寿命周期（生产经营期）。

生产经营期又分为投产期和达到设计生产能力期。

建设期是经济主体为获得未来的经济效益而筹措资金、垫付资金或其他资源的过程。

在此期间，只有投资，没有收入，因此要求项目建设期越短越好。生产经营期是投资的回收期和回报期，因而投资者希望其越长越好。

（3）固定资产折旧测算

固定资产随其在使用过程中的磨损和损耗而将其价值逐次转移到产品中，计入产品成本费用，从产品的销售收入中计提的折旧是对这种磨损和损耗的补偿。

固定资产折旧一般采用平均年限法（直线折旧法）；企业专业车队的客货运汽车、大型设备等可采用工作量法；在国民经济中有重要地位、技术进步快的电子生产企业、船舶生产企业、飞机生产企业、化工生产企业和医药生产企业及其他经财政部批准的特殊行业的企业，其机器设备可采用双倍余额递减法或年数总和法。

（4）无形资产和递延资产的摊销

无形资产和递延资产均以摊销的方式补偿和回收。无形资产按规定期限分期平均摊入管理费用，没有规定期限的，按不小于10年期限分期平均摊销。递延资产包括开办费和以经营租赁方式租入的固定资产改良支出等。开办费从开始生产经营起，按不少于5年期限分期平均摊入管理费用；以经营租赁方式租入的固定资产改良支出在租赁有效期内分期平均摊销。

三、销售收入和税金测算

企业生产经营阶段的主要收入来源是销售收入，它是指企业销售产品或提供劳务等取得的收入。计算公式为：

$$销售收入 = 产品销售数量 \times 销售价格 \tag{7.7}$$

销售税金及附加是指增值税、消费税、营业税、城市维护建设税、资源费和教育费附加等，均要按照规定从销售收入中扣除。这些税金及附加的测算可按税制规定的具体方法进行。

四、产品费用成本的测算

财务评价需要计算的成本项目有生产成本、总成本费用和经营成本。

(1) 生产成本

生产成本是指与生产经营最直接和最密切相关的费用。计算公式为：

$$生产成本 = 外购原材料、燃料及动力费 + 生产人员工资及福利费 + 制造费用 \tag{7.8}$$

其中：

$$制造费用 = 折旧费 + 修理费 + 其他 \tag{7.9}$$

式中，外购原材料、燃料及动力费按消耗定额及物料单价估算；生产人员工资按劳动定额及工资标准估算；福利费按职工对应工资总额的14%计算；修理费可取折旧费的一定比例估算。制造费用也可按工资及福利费的一定比例估算。

(2) 总成本费用

总成本费用是一定时期生产经营活动所发生的全部费用总和。计算公式为：

$$总成本费用 = 生产成本 + 销售费用 + 管理费用 + 财务费用 \tag{7.10}$$

式中，销售费用是指为销售产品和提供劳务而发生的各项费用，包括销售部门人员工资及福利费、折旧费、修理费及其他销售费用(包括广告费、办公费、差旅费等)；管理费用是指企业行政管理部门为管理、组织生产而发生的费用，包括管理人员工资、福利费、折旧费、修理费、无形资产及递延资产的摊销费，以及其他管理费用(包括办公费、差旅费、土地使用税等)；财务费用是指为筹集资金而发生的各项费用，主要指生产期内发生的固定资产投资借款和流动资金借款的利息支出。

(3) 经营成本

经营成本是指在总成本中剔除了折旧费、摊销费及利息支出后的成本费用支出。

$$经营成本 = 总成本费用 - 折旧费 - 摊销费 - 利息支出 \tag{7.11}$$

五、利润、利润分配及借款还本付息的测算

(1) 利润、利润分配的测算

$$利润总额 = 销售收入 - 销售税金及附加 - 总成本费用 \tag{7.12}$$

(2) 借款还本付息测算

项目借款的偿债资金来源主要包括固定资产折旧、企业的未分配利润、无形资产和递延资产摊销及其他还款资金来源。

项目在建设期借入的全部固定资产投资贷款及在建设期的借款利息,构成了项目的债务总额,在项目投产后可由上述资金来源偿还。借款的偿还可用等额利息法、等额本金法、等额摊还法、一次性偿付法和偿债基金法等方式来偿还。

(3) 借款利息的计算

①固定资产投资借款利息的计算。

项目固定资产投资借款发生在建设期的利息计入固定资产原值。在项目建设期,由于项目正在建设而无偿还能力,可以将建设期所欠利息作为贷款资金转入本金,到投产后一并偿还。计算公式为:

$$每年应计利息 = [年初借款本息累计 + (本年借款额 / 2)] \times 年利率 \quad (7.13)$$

固定资产投资借款发生在生产期各年的应付利息计入财务费用。对生产期各年的还款均按年末偿还考虑,每年应计利息公式为:

$$每年应计利息 = 年初借款本息累计 \times 年利率 \quad (7.14)$$

②流动资金借款利息的计算。

流动资金从投产第一年开始按生产负荷用于安排生产,其借款部分按全年计算利息,即假设为年初支用。流动资金利息计入财务费用,项目计算期末回收全部流动资金,偿还流动资金借款本金。

$$流动资金利息 = 流动资金借款累计金额 \times 年利率 \quad (7.15)$$

任务评价

财务评价是从企业角度出发,使用的是市场价格。根据国家现行财税制度和现行价格体系,分析计算项目直接发生的财务效益和费用。编制财务报表,计算财务评价指标,考察项目的盈利能力、清偿能力和外汇平衡能力等财务状况,借以判别项目的财务可行性。

项目小结

财务评价是工程经济分析的重要组成部分。它是从项目角度,考虑项目建成投产后的盈利能力、清偿能力和外汇平衡能力状况,据此评价和判断项目财务可行性的一种经济评价方法。工程项目财务评价的具体步骤是:对项目有关的财务基础数据进行分析和估算→编制财务报表→计算财务评价指标→进行财务评价→进行不确定性分析→提出财务评价结论。财务评价报表有:现金流量表、损益表、资金来源与运用表、资产负债表、财务外汇评价表。财务分析与评价指标可分为盈利能力指标、清偿能力指标和外汇平衡能力指标。

思考与练习

1. 固定资产投资的估算方法有哪些?

2. 项目借款的偿债资金来源主要有哪些?

3. 简述财务评价的作用和内容。

4. 建设项目总投资的构成有哪些?

5. 建设期借款利息如何测算?

6. 已知3年前建成的、年生产能力为15万吨的化工装置,固定资产投资为5 800万元。现拟建装置与其生产流程相似,年设计生产能力为20万吨的化工装置,投资生产能力指数为0.84,价差系数为1.3。试用生产能力指数法估算该拟建项目的固定资产投资费用。

项目八　工程项目成本管理

学习要求

需要学生掌握工程项目成本计划、工程项目成本控制、工程项目成本核算和工程项目的成本分析等内容。

学习目的

熟悉工程项目成本控制并会运用到工程实践中。

任务　工程项目成本管理

任务描述

首先学习工程项目成本计划知识，然后进行工程项目成本控制的介绍，最后进行工程项目成本核算和工程项目的成本分析的学习。

知识准备

工程项目成本是指工程项目在实施过程中所发生的全部生产费用的总和，其中包括支付给生产工人的工资、奖金，所消耗的主、辅材料及构配件，周转材料的摊销费或租赁费、机械费，以及现场进行组织与管理所发生的全部费用支出。

工程项目的成本控制是指在项目成本的形成过程中，对生产经营所消耗的人力资源、物质资源和费用开支进行指导、监督、调节和限制，及时纠正将要发生和已经发生的偏差，把各项生产费用控制在计划成本的范围之内，以保证成本目标的实现。

（一）工程项目成本的构成与形式

（1）工程项目成本的构成

工程项目实施过程中所发生的各项费用支出计入成本费用。按成本的经济性质和国家的规定，项目成本由直接成本和间接成本组成。

①直接成本

直接成本是指实施过程中耗费的构成工程实体或有助于工程实体形成的各项费用支出，具体包括人工费、材料费、机械使用费及其他直接费。

②间接成本

间接成本是指企业内各项目经理部为实施准备、组织和管理工程的全部费用的支出，具体包括工作人员薪金、劳动保护费、职工福利费、办公费、差旅交通费、固定资产使用费、工具用具使用费、保险费、工程保修费、工程排污费及其他费用。

（2）工程项目成本的形式

①根据成本管理要求来划分

a. 承包成本。它根据工程量清单计算出来的工程量，企业的建筑、安装工程基础定额和各地区的市场劳务价格、材料价格信息，并按有关取费的指导性费率进行计算。承包成本是反映企业竞争水平的成本，是确定工程造价的基础，也是编制计划成本和评价实际成本的依据。

b. 计划成本。工程项目计划成本是指项目经理部根据计划期的有关资料（如工程的具体条件和企业为实施该项目的各项技术组织措施），在实际成本发生前预先计算的成本。它反映了企业在计划期内应达到的成本水平。

c. 实际成本。实际成本是项目在报告期内实际发生的各项生产费用的总和。把实际成本与计划成本比较，可揭示成本的节约和超支，考核企业技术水平及技术组织措施的贯彻执行情况和企业的经营效果。实际成本与承包成本比较，可以反映工程盈亏情况。

以上三种成本的关系可用下图来说明。详见图 8.1。

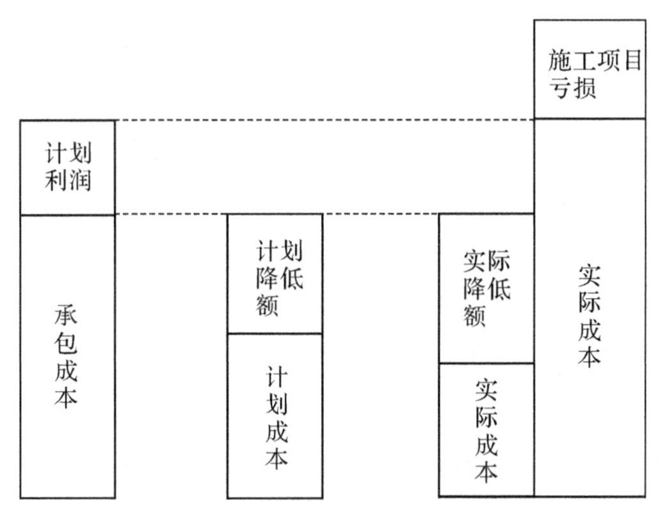

图 8.1　工程项目成本关系示意图

②按生产费用计入成本的方法来划分

a. 直接成本。直接成本是指直接耗用于并能直接计入工程对象的费用。

b. 间接成本。间接成本是指非直接用于也无法直接计入工程对象，但为进行工程施工所必须发生的费用，通常是按照直接成本的比例来计算。

③按生产费用与工程量关系来划分

a. 固定成本。固定成本是指在一定期间和一定的工程量范围内，其发生的成本额不受工程量增减变动的影响而相对固定的成本。

一般来说，固定成本每年基本相同，但是，当工程量超过一定范围则需要增添机械设备和管理人员，此时固定成本将会发生变动。

b. 变动成本。变动成本是指发生总额随着工程量的增减变动而成正比例变动的费用，如直接用于工程的材料费、实行计划工资制的人工费等。

（二）工程项目成本控制的系统过程

工程项目成本控制应按以下程序进行：企业进行工程项目成本预测；项目经理部编制工程项目成本计划；项目经理部实施实际工程项目成本的形成控制；项目经理部进行工程项目成本核算；项目经理部进行工程项目成本分析；项目经理部进行工程项目成本考核。

（1）工程项目成本预测

工程项目成本预测是通过成本信息和工程项目的具体情况，并运用一定的专门方法，对未来的成本水平及其可能发展趋势作出科学的估计。它是企业在工程项目实施以前对成本所进行的核算。

（2）工程项目成本计划

工程项目成本计划是项目经理部对项目成本进行计划管理的工具。它是以货币形式编制工程项目在计划期内的生产费用、成本水平、成本降低率及为降低成本所采取的主要措施和规划的书面方案，是建立工程项目成本管理责任制、开展成本控制和核算的基础。

（3）实际工程项目成本的形成控制

实际工程项目成本的形成控制主要指项目经理部对工程项目成本的实施控制，包括制度控制、定额或指标控制、合同控制等。

（4）工程项目成本核算

工程项目成本核算是指项目实施过程中所发生的各种费用和形成工程项目成本与计划目标成本，在保持统计口径一致的前提下进行对比，找出差异。

（5）工程项目成本分析

工程项目成本分析是在工程成本跟踪核算的基础上，动态分析各成本项目的节超原因。它贯穿于工程项目成本管理的全过程，也就是说工程项目成本分析主要利用项目的成本核算资料（成本信息），与目标成本（计划成本）、承包成本以及类似的工程项目的实际成本等进行比较，了解成本的变动情况，同时也要分析主要技术经济指标对成本的影响，系统地研究成本变动的因素，检查成本计划的合理性，并通过成本分析，揭示成本变动的规律，寻找降低施工项目成本的途径。

（6）工程项目成本考核

所谓成本考核，就是工程项目完成后，对工程项目成本形成中的各责任者，按工程项目成本目标责任制的有关规定，将成本的实际指标与计划、定额、预算进行对比和考核，评定施工项目成本计划的完成情况和各责任者的业绩，并据此给予相应的奖励和处罚。

（三）工程项目成本控制的任务

（1）工程前期的成本控制（事前控制）

成本的事前控制是通过成本预测和决策，落实降低成本措施，编制目标成本计划而层层展开的。

①工程投标阶段。在投标阶段，成本控制的主要任务是编制适合本企业施工管理水平、施工能力的报价。即根据工程概况和招标文件，联系建筑市场和竞争对手的情况进行成本预测，提出投标决策意见；中标以后，应根据项目的建设规模，组建与之相适应的项目经理部，同时以标书为依据确定项目的成本目标，并下达给项目经理部。

②施工准备阶段。根据设计图纸和有关技术资料，对施工方法、施工顺序、作业组织形式、机械设备选型、技术组织措施等进行认真的研究分析，制定科学先进、经济合理的施工方案；根据企业下达的成本目标，以分部分项工程实物工程量为基础，联系劳动定额、材料消耗定额和技术组织措施的节约计划，在优化的施工方案的指导下，编制明细而具体的成本计划，并按照部门、施工队和班组的分工进行分解，作为部门、施工队和班组的责任成本落实下去，为今后的成本控制做好准备；根据项目建设时间的长短和参加建设人数的多少，编制间接费用预算，并对上述预算进行明细分解，以项目经理部有关部门责任成本的形式落实下去，为今后的成本控制和绩效考评提供依据。

（2）实施期间的成本控制（事中控制）

实施期间成本控制的任务是建立成本管理体系。项目经理部应将各项费用指标进行分解，以确定各个部门的成本控制指标，加强成本的过程控制。事中控制要以工程合同造价为依据，从预算成本和实际成本两方面控制项目成本。实际成本控制应包括对主要工料的数量和单价、分包成本和各项费用等影响成本的主要因素进行控制。

①加强施工任务单和限额领料单的管理，特别是要做好每一个分部分项工程完成后的验收，包括实际工程量的验收和工作内容、工程质量、文明施工的验收，以及实耗材料的数量、实耗人工的核对，以保证施工任务单和限额领料单的结算资料绝对正确，为成本控制提供真实可靠的数据。

②将施工任务单和限额领料单的结算资料与施工预算进行核对，计算分部分项工程的成本差异，分析差异产生的原因，并采取有效的纠偏措施。

③做好月度成本原始资料的收集和整理，正确计算月度成本，分析月度预算成本与实际成本的差异。

④在月度成本核算的基础上，实行责任成本核算。也就是利用原有会计核算的资料，重新按责任部门或责任者归集成本费用，每月结算一次，并与责任成本进行对比，由责任部门或责任者自行分析成本差异和产生差异的原因，自行采取措施纠正差异，为全面实现责任成本创造条件。

⑤经常检查对外经济合同的履约情况，为顺利施工提供物质保证。

⑥定期检查各责任部门和责任者的成本控制情况，检查成本控制责权利的落实情况（一般为每月一次）。

(3) 竣工验收阶段的成本控制(事后控制)

事后控制主要是重视竣工验收工作,对照合同结算价的变化,将实际成本与目标成本之间的差距加以分析,进一步挖掘降低成本潜力,落实成本责任制。

①精心安排,完成工程竣工扫尾工作,把时间缩短到最低限度。

②重视竣工验收工作,顺利交付使用。对验收中甲方提出的意见,应根据设计要求和合同内容认真处理,如果涉及费用,应请甲方签证,列入工程结算。

③及时办理工程结算。一般来说,工程结算造价＝原清单报价±增减账。但在施工过程中,有些按实结算的经济业务是由财务部门直接支付的,项目预算员不掌握资料,往往在工程结算时遗漏。

④在工程保修期间,应由项目经理指定保修工作的责任者,并责成保修责任者根据实际情况提出保修计划(包括费用计划),以此作为控制保修费用的依据。

⑤掌握成本的实际情况,将实际成本与计划成本进行比较,计算成本差异,明确是节约还是浪费。

⑥分析成本节约或超支的原因和责任归属。对于计划标准脱离实际的部分,要在下一期计划制订前加以修正。同时,要根据计划成本的实际完成情况,对成本责任部门的成绩进行评价和考核,对于降低成本效果较大者给予奖励,对于造成损失浪费的责任者给予一定的处罚。

(四) 工程项目成本控制的内容

(1) 材料费的控制

材料费的控制按照“量价分离”的原则,一是材料用量的控制,二是材料价格的控制。

①材料用量的控制

在保证符合设计规格和质量标准的前提下,合理使用材料和节约使用材料,通过定额管理、计量管理等手段及施工质量控制,避免返工等,有效控制材料物资的消耗。

②材料价格的控制

由于材料价格是由买价、运杂费、运输中的合理损耗等组成,因此,控制材料价格主要是通过市场信息、询价、应用竞争机制和经济合同手段等控制材料、设备、工程用品的采购价格,包括买价、运费和损耗等。

(2) 人工费的控制

人工费的控制同样实行“量价分离”的原则。人工用工数通过项目经理与施工劳务承包人的承包合同,按照内部施工预算、钢筋翻样单或模板量计算出定额人工工日,并将安全生产、文明施工及零星用工按定额工日的一定比例(一般为15%～25%)一起发包。

(3) 机械费的控制

机械费由台班数量和台班单价两方面决定,主要从以下方面控制台班费的有效支出:

①合理安排施工生产,加强设备租赁计划管理,减少因安排不当引起的设备闲置。

②加强机械设备的调度工作,尽量避免窝工,提高现场设备利用率。

③加强现场设备的维修保养,避免因不正当使用造成机械设备的停置。

④做好上机人员与辅助生产人员的协调与配合,提高机械台班产量。

(4) 管理费的控制

现场施工管理费在项目成本中占有一定比例，在使用时弹性较大，控制与核算都较难把握，主要采取以下控制措施：

①根据现场施工管理费占工程项目计划总成本的比重，确定项目经理部施工管理费总额。

②在项目经理的领导下，编制项目经理部施工管理费总额预算和各管理部门的施工管理费预算，作为现场施工管理费的控制依据。

③制定项目管理开支标准和范围，落实各部门和各岗位的控制责任。

④制定并严格执行项目经理部的施工管理费使用的审批、报销程序。

一、工程项目成本计划

(一) 制订工程项目成本计划的原则

(1) 从实际情况出发

根据国家的方针政策，从企业的实际情况出发，充分挖掘企业内部潜力，使降低成本指标既积极可靠，又切实可行。

(2) 与其他目标计划结合

制订工程项目成本计划，必须与项目的其他各项计划如施工方案、生产进度、财务计划、材料供应及耗费计划等密切结合，保持平衡。一方面，工程项目成本计划要根据项目的生产、技术组织措施、劳动工资、材料供应等计划来编制；另一方面，工程项目成本计划又影响着其他各种计划指标适应降低成本的要求。

(3) 采用先进的技术经济定额的原则

必须以各种先进的技术经济定额为依据，并针对工程的具体特点，采取切实可行的技术组织措施作保证。

(4) 统一领导、分级管理的原则

在项目经理的领导下，以财务和计划部门为中心，发动全体职工共同总结降低成本的经验，找出降低成本的正确途径，使目标成本的制定和执行具有广泛的群众基础。

(5) 弹性原则

应留有充分余地，保持目标成本的一定弹性。

(二) 量本利分析法

(1) 量本利分析法的基本原理

量本利分析法是研究企业经营中一定时期的成本、业务量(生产量或销售量)和利润之间的变化规律，从而对利润进行规划的一种技术方法。量本利分析法的基本数学模型为：

设某企业生产产品的本期固定成本总额为 C_1，单位售价为 P，单位变动成本为 C_2；销售量为 Q，销售收入为 Y，总成本为 C，利润为 TP。

则成本、收入、利润之间存在如下关系(见图 8.2)：

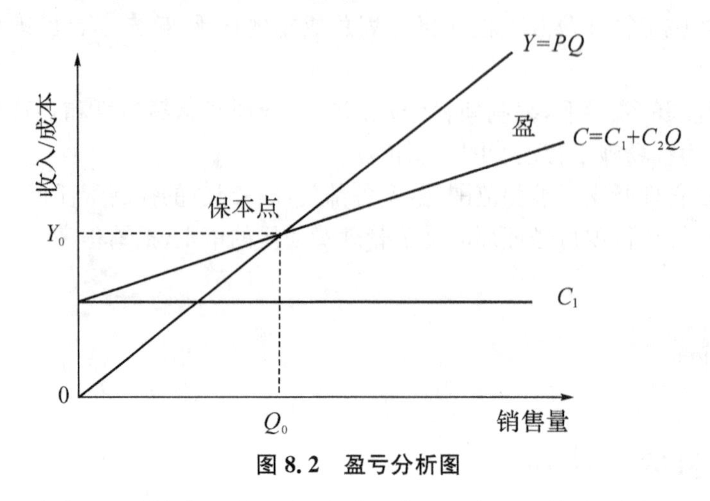

图 8.2　盈亏分析图

以横轴表示销售量，纵轴表示收入与成本，建立坐标图，并分别在图上画出成本线和收入线，则：

$$C = C_1 + C_2Q \tag{8.1}$$

$$Y = PQ \tag{8.2}$$

$$TP = Y - C = (P - C_2)Q - C_1 \tag{8.3}$$

从图 8.2 可以看出，收入线与成本线交于一点，该点称为盈亏平衡点或损益平衡点。在该点上，企业该产品收入与成本正好相等，即处于不亏不盈或损益平衡状态，也称为保本状态。该图称为盈亏分析图。

(2) 保本销售量和保本销售收入

保本销售量和保本销售收入，就是对应盈亏平衡点的销售量 Q 和销售收入 Y 的值，分别以 Q_0 和 Y_0 表示。在保本状态下，销售收入与生产成本相等，即

$$Y_0 = C_1 + C_2Q_0 \tag{8.4}$$

因此

$$PQ_0 = C_1 + C_2Q_0 \tag{8.5}$$

$$Y_0 = \frac{PC_1}{P - C_2} = \frac{C_1}{(P - C_2)/P} \tag{8.6}$$

式中，$(P-C_2)$——边际利润；

　　$(P-C_2)/P$——边际利润率。

(3) 量本利分析法在工程项目管理中的应用

假设项目的建筑面积(或体积)为 S，合同单位造价为 P，施工项目的固定成本为 C_1，单位变动成本为 C_2，项目合同总价为 Y，项目总成本为 C，则盈亏分析如图 8.2 所示。

项目保本规模的建筑面积(或体积)为

$$S_0 = \frac{C_1}{P - C_2} \tag{8.7}$$

项目保本合同价为

$$Y_0 = \frac{PC_1}{P - C_2} \tag{8.8}$$

（三）工程投标阶段的成本估算

投标报价是企业采取投标方式承揽项目时，以业主招标文件中的合同条件、技术规范、设计图纸与工程量表和工程的性质与范围、价格条件说明和投标须知等为基础，结合调研和现场考察所得的情况，根据企业自己的定额、市场价格信息和有关规定，计算和确定承包该项工程的投标报价。

工程项目成本估算的步骤为：

(1) 熟悉和研究招标文件

广泛搜集、熟悉各种资料和工程技术文件，包括招标文件、施工图纸、市场价格信息等。在掌握资料的同时，要审核其是否齐全和有无错误等。

(2) 进行施工方案策划

施工方案是决定施工成本的基础。要根据拟投标项目，对项目的施工组织进行策划，拟定管理组织结构形式、管理工作流程；对项目的施工流程、施工顺序、施工方法进行策划，确定施工方案。

(3) 确定工程项目分解结构

对整个项目按子项或分部分项进行施工任务分解，分解时应结合施工方法的要求，全面、系统，不出现重复项目和遗漏项目。

(4) 计算工程量并编制投标书报价表

根据项目施工图纸、有关技术资料和工程量规则进行工程量的计算。为了准确地估算项目施工成本，应充分考虑项目施工方案的技术组织措施。

（四）项目经理部的责任目标成本

责任目标成本是企业对项目经理部提出的指令性成本目标，是以设计预算为依据对项目经理部进行详细施工组织设计、优化施工方案、制定降低成本对策和管理措施提出的要求。

责任目标成本确定的过程和方法为：

①在投标报价时所编制的工程估价单中，各项单价由企业内部价格构成，形成直接费中材料费、人工费的目标成本。

②以施工组织设计为依据，确定机械台班和周转设备材料的使用量。

③其他直接费中的各子项目均按具体情况或内部价格来确定。

④现场施工管理费，也按各子项目视项目的具体情况加以确定。

⑤投标中压价让利的部分，原则上由企业统一承担，不列入施工项目责任目标成本。

（五）项目经理部的计划目标成本

项目经理部在接受企业法定代表人委托之后，应通过主持编制项目管理实施规划，寻求降低成本的途径，组织编制施工预算，确定项目的计划目标成本。

施工预算是项目经理部根据企业下达的责任成本目标，在详细编制施工组织设计过程中，不断优化施工技术方案和合理配置生产要素的基础上，通过工料消耗分析和制定节约成本措施之后确定的计划成本，也称现场目标成本。

一般情况下，施工预算总额应控制在责任成本目标的范围内，并留有一定余地。在特殊情况下，项目经理部经过反复挖潜措施，不能把施工预算总额控制在责任成本目标的范围内时，应与企业进一步协商，修正责任成本目标或共同探索进一步降低成本的措施，以使施工预算建立在切实可行的基础上。

（六）计划目标成本的分解与责任体系的建立

施工项目的成本控制，不仅仅是专业成本员的责任，所有的项目管理人员特别是项目经理，都要按照自己的业务分工各负其责。为了保证项目成本控制工作的顺利进行，需要把所有参加项目建设的人员组织起来，将计划目标成本进行分解与交底，使项目经理部的所有成员和各个单位、部门明确自己的成本责任，并按照自己的分工开展工作。

具体成本管理责任为：

(1) 合同预算员的成本管理责任

①根据合同条件、预算定额和有关规定，充分利用有利因素，编好施工图预算，为企业正确确定责任目标成本提供依据。

②深入研究合同规定的“开口”项目，在有关项目管理人员（如项目工程师、材料员等）的配合下，努力增加工程收入。

③收集工程变更资料（包括工程变更通知单、技术核定单和按实结算的资料等），及时办理增加账，保证工程收入，及时收回垫付的资金。

④参与对外经济合同的谈判和决策，以施工图预算和增加账为依据，严格控制分包、采购等施工所必需的经济合同的数量、单价和金额，切实做到“以收定支”。

(2) 工程技术人员的成本管理责任

①根据施工现场的实际情况，合理规划施工现场平面布置（包括机械布置，材料、构件的堆放场地，车辆进出现场的运输道路，临时设施的搭建数量和标准等），为文明施工、减少浪费创造条件。

②严格执行工程技术规范和以预防为主的方针，确保工程质量，减少零星修补，消灭质量事故，不断降低质量成本。

③根据工程特点和设计要求，运用自身的技术优势，采取实用、有效的技术组织措施和合理化建议，走技术与经济相结合的道路，为提高项目经济效益开辟新的途径。

④严格执行安全操作规程，减少一般安全事故，消灭重大人身伤亡事故和设备事故，确保安全生产，将事故损失降低到最低限度。

(3) 材料人员的成本管理责任

①材料采购和构件加工，要选择质优、价低、运距短的供应（加工）单位。对到场的材料、构件要正确计量、认真验收，如遇质量差、量不足的情况，要进行索赔。

切实做到：降低材料、构件的采购（加工）成本，减少采购（加工）过程中的管理损耗，为降低材料成本走好第一步。

②根据项目施工的计划进度，及时组织材料、构件的供应，保证项目施工的顺利进行，

防止因停工待料造成损失。在构件加工的过程中，要按照施工顺序组织配套供应，以免因规格不齐形成施工间隙，浪费时间，浪费人力。

③在施工过程中，严格执行限额领料制度，控制材料消耗；同时，还要做好余料的回收和利用，为考核材料的实际消耗水平提供正确的数据。

④钢管脚手架和钢模板等周转材料，进出现场都要认真清点，正确核实以减少缺损数量；使用以后，要及时回收、整理、堆放，并及时退场，既可节省租金，又有利于场地整洁，还可加速周转，提高利用效率。

⑤根据施工生产的需要，合理安排材料储备，减少资金占用，提高资金使用效率。

(4) 机械管理人员的成本管理责任

①根据工程特点和施工方案，合理选择机械的型号、规格和数量。

②根据施工需要，合理安排机械施工，充分发挥机械的效能，降低机械使用成本。

③严格执行机械维修保养制度，加强平时的机械维修保养，保证机械完好和在施工中正常运转。

(5) 行政管理人员的成本管理责任

①根据施工生产的需要和项目经理的意图，合理安排项目管理人员和后勤服务人员，节约工资性支出。

②具体执行费用开支标准和有关财务制度，控制非生产性开支。

③管好用好行政办公用财产、物资，防止损坏和流失。

④安排好生活后勤服务，在勤俭节约的前提下，满足职工的生活需要，使他们安心为前方生产出力。

(6) 财务成本人员的成本管理责任

①按照成本开支范围、费用开支标准和有关财务制度，严格审核各项成本费用，控制成本支出。

②建立月度财务收支计划制度，根据施工生产的需要，平衡调度资金，通过控制资金使用，达到控制成本的目的。

③建立辅助记录，及时向项目经理和有关项目管理人员反馈信息，以便对资源消耗进行有效的控制。

④开展成本分析，特别是分部分项工程成本分析、月度成本综合分析和针对特定问题的专题分析，要做到及时向项目经理和有关项目管理人员反映情况，提出建议，以便采取有针对性的措施来纠正项目成本的偏差。

⑤在项目经理的领导下，协助项目经理检查和考核各部门、各单位、各班组责任成本的执行情况，落实责权利相结合的有关规定。

二、工程项目成本控制

（一）工程项目成本控制的基本方法

(1) 施工图预算控制成本支出

①人工费的控制。项目经理部与作业队签订劳务合同时，应该将人工费单价定低一

些,其余部分可用于定额外人工费和关键工序的奖励费。

②材料费的控制。按"量价分离"方法计算工程造价时,水泥、钢材、木材"三材"的价格随行就市,实行高进高出;地方材料的预算价格为:基准价×(1+材差系数)。由于材料市场价格变动频繁,往往会发生预算价格与市场价格严重背离而使采购成本失去控制的情况。

③周转设备使用费的控制。施工图预算中的周转设备使用费等于耗用数乘以市场价格,而实际发生的周转设备使用费等于使用数乘以企业内部的租赁单价或摊销率。

④施工机械使用费的控制。施工图预算中的机械使用费等于工程量乘以定额台班单价。由于项目施工的特殊性,实际的机械利用率不可能达到预算定额的取定水平;再加上预算定额所设定的施工机械原值和折旧率又有较大的滞后性,因而使施工图预算的机械使用费往往小于实际发生的机械使用费,形成机械使用费超支。

⑤构件加工费和分包工程费的控制。在市场经济体制下,钢门窗、木制成品、混凝土构件、金属构件和成型钢筋的加工,以及打桩、土方、吊装、安装、装饰和其他专项工程的分包,都要通过经济合同来明确双方的权利和义务。在签订这些经济合同时,要坚持"以施工图预算控制合同金额"的原则,绝不允许合同金额超过施工图预算。

(2) 施工预算控制资源消耗

以施工预算控制资源消耗的实施步骤和方法是:

①项目开工以前,编制整个工程项目的施工预算,作为指导和管理施工的依据。

②对生产班组的任务安排,必须签发施工任务单和限额领料单,并向生产班组进行技术交底。

③在施工任务单和限额领料单的执行过程中,要求生产班组根据实际完成的工程量和实耗人工、实耗材料做好原始记录,作为施工任务单和限额领料单结算的依据。

④任务完成后,根据回收的施工任务单和限额领料单进行结算,并按照结算内容支付报酬(包括奖金)。

(3) 成本与进度同步跟踪,控制分部分项工程成本

①横道图计划的进度与成本的同步控制。

在横道图计划中,表示作业进度的横线有两条,一条为计划线,一条为实际线。计划线上的"C"表示与计划进度相对应的计划成本;实际线下的"C"表示与实际进度相对应的实际成本。由此得到以下信息:

a. 每个分项工程的进度与成本的同步关系,即施工到什么阶段,就将发生多少成本。

b. 每个分项工程的计划施工时间与实际施工时间(从开始到结束)之比(提前或拖期),以及对后道工序的影响。

c. 每个分项工程的计划成本与实际成本之比(节约或超支),以及对完成某一时期责任成本的影响。

d. 每个分项工程施工进度的提前或拖期对成本的影响程度。

e. 整个施工阶段的进度和成本情况。

通过进度与成本同步跟踪的横道图,要求实现:以计划进度控制实际进度;以计划成本控制实际成本;随着每道工序进度的提前或拖期,对每个分项工程的成本实行动态控

制,以保证项目成本目标的实现。

②网络图计划的进度与成本的同步控制。

网络图计划的进度与成本的同步控制,与横道图计划基本相同。所不同的是,网络计划在施工进度的安排上更具逻辑性,而且可在破网后随时进行优化和调整,因而对每道工序的成本控制也更有效。

网络图的表示方法为:箭杆的上方用"C"后面的数字表示工作的计划成本,实际施工的时间和成本则在箭杆附近的方格中按实填写,这样就能从网络图中看到每项工作的计划进度与实际进度、计划成本与实际成本的对比情况,同时也可以清楚地看出今后控制进度、控制成本的方向。

(4) 建立月度财务收支计划,控制成本费用支出

①以月度施工作业计划为龙头,并以月度计划产值为当月财务收入计划,同时由项目各部门根据月度施工作业计划的具体内容编制本部门的用款计划。

②将各部门的月度用款计划进行汇总,并按照用途的轻重缓急平衡调度,同时提出具体的实施意见,经项目经理审批后执行。

③在月度财务收支计划的执行过程中,项目财务成本员应该根据各部门的实际情况做好记录,并于下月初反馈给相关部门,由各部门自行检查分析节超原因,吸取经验教训。对于节超幅度较大的部门,应以书面分析报告分送项目经理和财务部门,以便项目经理和财务部门采取有针对性的措施。

(5) 加强质量管理,控制质量成本

质量成本是指项目为保证和提高产品质量而支出的一切费用,以及为达到质量指标而发生的一切损失费用。质量成本包括控制成本和故障成本。

控制成本包括预防成本和鉴定成本,属于质量成本保证费用,与质量水平成正比关系;故障成本包括内部故障成本和外部故障成本,属于损失性费用,与质量水平成反比关系。

质量成本的组成如图 8.3 所示。

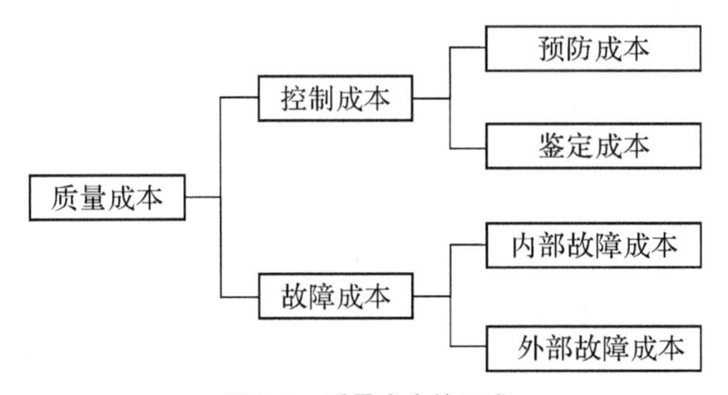

图 8.3　质量成本的组成

①质量成本核算。

将施工过程中发生的质量成本费用,按照预防成本、鉴定成本、内部故障成本和外部故障成本的明细科目归集,然后计算各个时期各项质量成本的发生情况。

a. 预防成本。

b. 鉴定成本。

c. 内部故障成本。

d. 外部故障成本。

②质量成本分析。

a. 质量成本总额的构成内容分析。

b. 质量成本总额的构成比例分析。

c. 质量成本各要素之间的比例关系分析。

d. 质量成本占预算成本的比例分析。

③质量成本控制。

根据分析资料，对影响质量成本较大的关键因素采取有效措施，进行质量成本控制。表8.1为质量成本控制表。

表8.1　质量成本控制表

关键因素	措施	执行人、检查人
降低返工、停工损失，将其控制在预算成本的1%以内	(1) 对每道工序事先进行技术质量交底； (2) 加强班组技术培训； (3) 设置班组质量干事，把好第一道关； (4) 设置作业队技监点，负责对每道工序进行质量复检和验收； (5) 建立严格的质量奖罚制度，调动班组积极性	
减少质量过剩支出	(1) 施工员要严格掌握定额标准，力求在保证质量的前提下，使人工和材料消耗不超过定额水平； (2) 施工员和材料员要根据设计要求和质量标准，合理使用人工和材料	
健全材料验收制度，控制劣质材料额外损失	(1) 材料员在对现场材料和构配件进行验收时，若发现劣质材料要拒收，并向供应单位索赔； (2) 根据材料质量的不同，合理加以利用，以减少损失	
增加预防成本，强化质量意识	(1) 建立从班组到施工队的质量QC攻关小组； (2) 定期进行质量培训； (3) 合理地增加质量奖励，调动职工积极性	

(6) 坚持现场管理标准化，减少浪费

在项目管理中，降低施工成本有硬手段和软手段两个途径。

所谓硬手段主要是指优化施工技术方案，应用价值工程方法，结合施工对设计提出改进意见，以及合理配置施工现场临时设施，控制施工规模，降低固定成本的开支；软手段主要指通过加强管理、克服浪费、提高效率等来降低单位建筑产品物化劳动和活劳动的消耗。

(7) 开展“三同步”检查，防止成本盈亏异常

项目经济核算的“三同步”，是指统计核算、业务核算和会计核算的同步。统计核算，即产值统计，业务核算，即人力资源和物质资源的消耗统计，会计核算，即成本会计核算。

根据项目经济活动的规律，这三者之间有着必然的同步关系。

这种规律性的同步关系具体表现为：完成多少产值，消耗多少资源，发生多少成本，三者应该同步。否则，项目成本就会出现盈亏异常情况。

（二）降低工程项目成本的途径和措施

降低工程项目成本的途径，应该是既开源又节流，或者说既增收又节支。只开源不节流，或者只节流不开源，都不可能达到降低成本的目的。

(1) 认真会审图纸，积极提出修改意见

施工单位应该在满足用户要求和保证工程质量的前提下，联系项目施工的主客观条件，对设计图纸进行认真的会审，并提出积极的修改意见，在取得用户和设计单位的同意后，修改设计图纸，同时办理增减账。

(2) 加强合同预算管理，增加工程预算收入

①深入研究招标文件、合同内容，正确编制施工图预算。

②把合同规定的“开口”项目作为增加预算收入的重要方面。“开口”项目的取费有比较大的潜力，是项目创收的关键。

③根据工程变更资料，及时办理增减账。

项目承包方应就工程变更对既定施工方法、机械设备使用、材料供应、劳动力调配和工期目标等的影响程度，以及为实施变更内容所需要的各种资源进行合理估价，及时办理增减账手续，并通过工程款结算从建设单位取得补偿。

(3) 制定先进的、经济合理的施工方案

施工方案不同，工期就会不同，所需机具也不同，因而发生的费用也会不同。因此，正确选择施工方案是降低成本的关键所在。制定施工方案要以合同工期和上级要求为依据，联系项目的规模、性质、复杂程度、现场条件、装备情况、人员素质等因素综合考虑。

(4) 组织均衡施工，加快施工进度

凡是按时间计算的成本费用，如项目管理人员的工资和办公费、现场临时设施费和水电费，以及施工机械和周转设备的租赁费等，在加快施工进度、缩短施工周期的情况下，都会有明显的节约。除此之外，还可从用户那里得到一笔相当可观的提前竣工奖。因此，加快施工进度也是降低项目成本的有效途径之一。

(5) 降低材料成本

材料成本在整个项目成本中的比重最大，一般可达70%左右，而且有较大的节约潜力，往往在其他成本项目（如人工费、机械费等）出现亏损时，要靠材料成本的节约来弥补。因此，材料成本的节约，也是降低项目成本的关键。

(6) 提高机械利用率

①结合施工方案的制订，从机械性能、操作运行和台班成本等因素综合考虑，选择最适合项目施工特点的施工机械，要求做到既实用又经济。

②做好工序、工种机械施工的组织工作，最大限度地发挥机械效能；同时，对机械操作人员的技能也要有一定的要求，防止因不规范操作或操作不熟练影响正常施工，降低机械利用率。

③做好平时的机械维修保养工作，使机械始终保持完好状态，随时都能正常运转。严

禁在机械维修时将零部件拆东补西，人为地损坏机械。

(7) 落实技术组织措施

一般情况下，应在项目开工以前根据工程情况制订技术组织措施计划，作为降低成本计划的内容之一列入施工组织设计；在编制月度施工作业计划的同时，也可以按照作业计划的内容编制月度技术组织措施计划。为了保证技术组织措施计划的落实，应在项目经理的领导下明确分工：由工程技术人员订措施，材料人员供材料，现场管理人员和班组负责执行，财务成本员结算节约效果，最后由项目经理根据措施执行情况和节约效果对有关人员进行奖励，形成落实技术组织措施的一条龙。

(8) 用好用活激励机制，调动职工增产节约的积极性

①对关键工序施工的关键班组要实行重奖。

②对材料操作损耗特别大的工序，可由生产班组直接承包。

③实行钢模零件和脚手螺栓有偿回收。

④实行班组“落手清”承包。

三、工程项目成本核算

(一) 概述

(1) 工程项目成本核算的对象

成本核算对象的确定，是设立工程成本明细分类账户，归集和分配生产费用及正确计算工程成本的前提。成本核算对象，是指在计算工程成本中确定归集和分配生产费用的具体对象，即生产费用承担的客体。

一般来说，成本核算对象的划分有以下方法：

①一个单位工程由几个施工单位共同施工，各施工单位都应以同一单位工程为成本核算对象，各自核算自行完成的部分。

②规模大、工期长的单位工程可以划分为若干部位，以分部位的工程作为成本核算对象。

③同一建设项目，由同一施工单位施工，并在同一地点施工，属同一结构类型，开竣工时间相近的若干单位工程可以合并作为一个成本核算对象。

④改建、扩建的零星工程，可以将开竣工时间相接近、属于同一建设项目的各单位工程合并作为一个成本核算对象。

⑤土石方工程、打桩工程可以根据实际情况和管理需要，以一个单项工程为成本核算对象，或将同一施工地点的若干个工程量较少的单项工程合并作为一个成本核算对象。

(2) 工程项目成本核算的任务

①成本核算的前提和首要任务。执行国家有关成本开支范围、费用开支标准、工程预算定额和企业施工预算、成本计划的有关规定；控制费用，促使项目合理、节约使用人力、物力和财力。

②成本核算的主体和中心任务。正确及时地核算施工过程中发生的各项费用，计算施工项目的实际成本。

③成本核算的根本目的。反映和监督工程项目成本计划的完成情况，为项目成本预测，为参与项目施工生产、技术和经营决策提供可靠的成本报告和有关资料，促使项目改善经营管理，降低成本，提高经济效益。

（二）工程项目成本核算的基本框架

（1）人工费核算

①内包人工费。指企业与项目两层分离后，企业所属的劳务分公司依据与项目经理部签订的劳务合同结算的全部工程价款。内包人工费按月结算，计入项目单位工程成本。适用于类似外包工式的合同定额结算支付办法。

②外包人工费。按项目经理部与劳务基地或直接与单位施工队伍签订的包清工合同，以当月验收完成的工程实物量计算人工费，并按月凭项目经济员提供的“包清工工程款月度成本汇总表”预提，计入项目单位工程成本。

（2）材料费核算

工程耗用的材料，根据限额领料单、退料单、报损报耗单、大堆材料耗用计算单等，由项目料具员按单位工程编制“材料耗用汇总表”，据以计入项目成本。

（3）周转材料费核算

①周转材料实行内部租赁制，以租费的形式反映其消耗情况，按“谁租用谁负担”的原则，核算其项目成本。

②按周转材料租赁办法和租赁合同，由出租方与项目经理部按月结算租赁费。租赁费按租用的数量、时间和内部租赁单价计算，计入项目成本。

③周转材料在调入移出时，项目经理部都必须加强计量验收制度，如有短缺、损坏，一律按原价赔偿，计入项目成本（缺损数＝进场数－退场数）。

④租用周转材料的进退场运费，按其实际发生数，由调入项目负担。

⑤对U形卡、脚手扣件等零件，除执行项目租赁制外，考虑到其比较容易散失的因素，按规定实行定额预提摊耗，摊耗数计入项目成本，但相应减少次月租赁基数及租赁费。单位工程竣工必须进行盘点，盘点后的实物数与前期逐月按控制定额摊耗后的数量差，按实调整清算计入成本。

⑥实行租赁制的周转材料，一般不再分配负担周转材料差价。退场后发生的修复整理费用，应由出租单位进行出租成本核算，不再向项目另行收费。

（4）结构件费核算

①项目结构件的使用必须要有领发手续，并根据这些手续，按照单位工程使用对象编制“结构件耗用月报表”。

②项目结构件的单价以项目经理部与外加工单位签订的合同为准，计算耗用金额并计入成本。

③根据实际施工形象进度、已完施工产值的统计及各类实际成本消耗三者在月度时点上的三同步原则（配比原则的引申与应用），结构件耗用的品种和数量应与施工产值相对应；结构件数量金额账的结存数，应与项目成本员的账面余额相符。

④结构件的高进高出价差核算同材料费的高进高出价差核算一致。结构件内三材数量、单价、金额均按报价书核定，或按竣工结算单的数量按实结算。报价内的节约或超支

由项目自负盈亏。

⑤如发生结构件的一般价差，可计入当月项目成本。

⑥部位分项分包，如铝合金门窗、卷帘门等，按照企业通常采用的类似结构件管理和核算方法，项目经济员必须做好月度已完工程部分验收记录，正确计报部位分项分包产值，并书面通知项目成本员及时、正确、足额计入成本。

预算成本的折算、归类可与实际成本的出账保持同口径。分包合同价可包括制作费和安装费等有关费用，工程竣工时根据分包合同结算书，按实调整成本。

⑦在结构件外加工和部位分包施工过程中，项目经理部通过自身努力获取的经营利益或转嫁压价让利风险所产生的利益，均受益于施工项目。

(5) 机械使用费核算

①机械设备实行内部租赁制，以租赁费形式反映其消耗情况，按“谁租用谁负担”的原则，核算其项目成本。

②按机械设备租赁办法和租赁合同，由企业内部机械设备租赁市场与项目经理部按月结算租赁费。租赁费根据机械使用台班、停置台班和内部租赁单价计算，计入项目成本。

③机械进出场费，按规定由承租项目负担。

④项目经理部租赁的各类大中小型机械，其租赁费全额计入项目机械费成本。

⑤根据内部机械设备租赁市场运行规则要求，结算原始凭证由项目指定专人签证开班和停班数，据以结算费用。现场机、电、修等操作工奖金由项目考核支付，计入项目机械费成本并分配到有关单位工程。

⑥向外单位租赁机械，按当月租赁费用金额计入项目机械费成本。

(6) 其他直接费核算

①材料二次搬运费。按项目经理部租用汽车的包天或包月租费结算，或以运输公司的汽车运费计算。

②临时设施摊销费。按项目经理部搭建的临时设施总价除以项目合同工期，求出每月应摊销额，临时设施使用一个月摊销一个月，摊完为止。

③生产工具用具使用费。大型机动工具、用具等可以套用类似内部机械租赁办法以租费形式计入成本，也可按购置费用一次摊销法计入项目成本，并做好在用工具实物借用记录，以便反复利用。工具、用具的修理费按实际发生数计入成本。

④除上述以外的其他直接费内容，均应按实际发生的有效结算凭证计入项目成本。

(7) 分包工程成本核算

①包清工工程。纳入“人工费—外包人工费”内核算。

②部位分项分包工程。纳入结构件费内核算。

③双包工程。指将整幢建筑物以包工包料的形式分包给外单位施工的工程。对双包工程，可根据承包合同取费情况和发包合同支付情况，即上下合同差，测定目标赢利率。

④机械作业分包工程。指利用分包单位专业化施工优势，将打桩、吊装、大型土方、深基础等施工项目分包给专业单位施工的工程。

⑤由于上述双包工程和机械作业分包工程的收入和支出较易辨认(计算)，项目经理部也可以对这两类分包工程采用竣工点交办法，即月度不结盈亏。

⑥项目经理部应增设“分建成本”项目，核算双包工程、机械作业分包工程成本状况。

⑦各类分包形式(特别是双包)对分包单位领用、租用、借用本企业物资、工具、设备、人工等费用，必须根据项目经理部管理人员开具的，且经分包单位指定专人签字认可的专用结算单据，如“分包单位领用物资结算单”及“分包单位租用工器具设备结算单”等结算依据入账，抵作已付分包工程款。

（三）项目成本核算的基础工作

(1) 健全企业和项目两个层次的核算组织体制

为了科学有序地开展施工项目成本核算，分清责任，合理考核，应做好以下工作：

①建立健全原始记录制度。

②建立健全各种财产物资的收发、领退、转移、保管、清查、盘点、索赔制度。

③制定先进合理的企业成本定额。

④建立企业内部结算体系。

⑤对成本核算人员进行培训。

(2) 规范以项目核算为基点的企业成本会计账表

企业成本会计账表包括：

①工程施工账。

②施工间接费账表。

③其他直接费账表。

④项目工程成本表。

⑤在建工程成本明细表。

⑥竣工工程成本明细表。

⑦施工间接费表。

(3) 建立项目成本核算的辅助记录台账

施工项目成本是生产耗费的货币表现，而不是生产耗费的原始实物形态，这往往使项目经理和项目管理人员难以掌握，并会有一种“模糊”的感觉。

为了避免项目管理人员的重复劳动，原则上应做如下分工：由项目有关业务人员记录各项经济业务的过程，项目成本员记录各项经济业务的结果，并要求按时按质完成。各种台账的原始资料来源及设置要求如表 8.2 所示。

表 8.2　项目成本核算的辅助记录台账表

序号	台账名称	责任人	原始资料来源	设置要求
1	人工费台账	预算员	劳务合同结算单	分部分项工程的工口数，实物量金额
2	机械使用费台账	核算员	机械租赁结算单	各机械使用台班金额
3	主要材料收发存台账	材料员	入库单、限额领料单	反映月度分部分项收、发、存数量金额
4	周转材料使用台账	材料员	周转材料租赁结算单	反映月度租用数量、动态
5	设备材料台账	材料员	设备租赁结算单	反映月度租用数量、动态

（续　表）

序号	台账名称	责任人	原始资料来源	设置要求
6	钢筋、钢结构件、门窗、预埋件台账	技术员	入库单进场数、领用单	反映进场、耗用、余料数量和金额、动态
7	商品混凝土专用台账	材料员	商品混凝土结算单	反映月度收、发、存的数量和金额
8	其他直接费台账	核算员	与各子目相应的单据	反映月度耗费的金额
9	施工管理费台账	核算员	与各子目相应的单据	反映月度耗费的金额
10	预算增减账台账	预算员	技术核定单，返工记录，施工图预算定额，实际报耗资料，调整账单，签证单	施工图预算增减账内容、金额，预算增减账与技术核定单内容一致，同步进行
11	索赔记录台账	成本员	向有关单位收取的索赔单据	反映及时，便于收取
12	资金台账	成本员、预算员	工程量，预算增减账，工程账单，收款凭证，支付凭证	反映工程价款支付及拖欠款情况
13	资料文件收发台账	资料员	工程合同，与各部门来往的各类文件、纪要、信函、图纸、通知等资料	内容、日期、处理人意见、收发人签字等，反映全面
14	工程进度台账	统计员	工程实际进展情况	按各分部分项工程据实记录
15	产值构成台账	统计员	施工预算，工程形象进度	按“三同步”要求，正确反映每月的施工产值
16	预算成本构成台账	预算员	施工预算，施工图预算	按分部分项单列各项成本种类、金额、占总成本的比重
17	质量成本科目台账	技术员	用于技术措施项目的报耗实物量费用原始单据	便于结算费用
18	成本台账	成本员	汇集记录有关成本费用资料	反映“三同步”
19	甲方供料台账	核算员、材料员	建设单位提供的各种材料构件验收、领用单据（包括“三材”交料情况）	反映供料实际数量、规格、损坏情况

（四）项目成本实际数据的收集

为使项目成本核算坚持施工形象进度、施工产值统计、实际成本归集的“三同步”原则，施工产值及实际成本的归集，宜按照下列方法进行：

①应按照统计人员提供的当月完成工程量的价值及有关规定，扣减各项上缴税费后，作为当期工程结算收入。

②人工费应按照劳动管理人员提供的用工分析和受益对象进行财务处理，计入工程成本。

③材料费应根据当月项目材料消耗和实际价格，计算当期消耗，计入工程成本；周转材料应实行内部调配制，按照当月使用时间、数量、单价计算，计入工程成本。

④机械使用费按照项目当月使用台班和单价计算，计入工程成本。

⑤其他直接费应根据有关核算资料进行财务处理，计入工程成本。

⑥间接成本应根据现场发生的间接成本项目的有关资料进行财务处理，计入工程成本。

（五）项目月度成本报告

（1）人工费周报表

人工费用报表应该每周编制一份。项目经理部必须掌握人工费用的详细情况，了解该周某工程施工中的每个分项工程的人工单位成本和总成本，以及与之对应的预算数据。有了这些资料，就不难发现哪些分项工程的单位成本或总成本与预算存在差异，从而进一步找出症结所在。

（2）工程成本月报表

工程成本月报表包括工程的全部费用，是针对每一个施工项目设立的。该报表的资料数据很多都来自工程成本分类账。工程成本月报表有助于项目经理评价本工程中各个分项工程的成本支出情况。

（3）工程成本分析月报表

工程成本分析月报表将施工项目的分部分项工程成本资料和结算资料汇于一表，使得项目经理能够纵观全局。该报表一月一编报，也可以一季编报一次。工程成本分析月报表的资料来源于施工项目的成本日记账、成本分类账及应收账款分类账，起到报告工程成本现状的作用。

工程项目的成本分析，就是根据统计核算、业务核算和会计核算提供的资料，对项目成本的形成过程和影响成本升降的因素进行分析，以寻求进一步降低成本的途径，包括项目成本中的有利偏差的挖掘和不利偏差的纠正；另一方面，通过成本分析，可以从账簿、报表反映的成本现象看清成本的实质，从而增强项目成本的透明度和可控性，为加强成本控制、实现项目成本目标创造条件。

四、工程项目成本分析

（一）成本分析的内容和原则

（1）成本分析的内容

成本分析的内容就是对项目成本变动因素的分析。

影响项目成本变动的因素有两个方面：一是外部的属于市场经济的因素，二是内部的属于企业经营管理的因素。

工程项目成本分析的重点应放在影响工程项目成本升降的内部因素上。即：

①材料、能源利用的效果。

②机械设备的利用效果。

③施工质量水平的高低。

④人工费用水平的合理性。

⑤其他影响施工项目成本变动的因素。

(2) 成本分析的原则

①实事求是。

②用数据说话。

③注重时效。

④为生产经营服务。

(二) 工程项目成本分析的方法

(1) 成本分析的基本方法

①比较法。

比较法就是通过技术经济指标的对比,检查目标的完成情况,分析产生差异的原因,进而挖掘内部潜力的方法。

比较法通常有下列形式:

a. 将实际指标与目标指标对比,以此检查目标的完成情况,分析完成目标任务的积极因素和影响目标完成的因素,以便及时采取措施,保证成本目标的实现。

b. 本期实际指标与上期实际指标对比。

c. 与本行业平均水平、先进水平对比。

②因素分析法。

因素分析法,又称连锁置换法或连环替代法。这种方法可用来分析各种因素对成本形成的影响程度。在分析时,首先要假定众多因素中的一个因素发生了变化,而其他因素不变,然后逐个替换,并分别比较其计算结果,以确定各个因素的变化对成本的影响程度。

③差额计算法。

差额计算法是因素分析法的一种简化形式,它利用各个因素的目标与实际的差额来计算其对成本的影响程度。

④比率法。

比率法是指用两个以上的指标的比例进行分析的方法。它的基本特点是:先把对比分析的数值变成相对数,再观察其相互之间的关系。

常用的比率法有以下几种:

a. 相关比率。项目经济活动的各个方面是互相联系、互相依存、互相影响的,因而可将两个性质不同而又相关的指标加以对比,求出比率,并以此来考查经营成果的好坏。

b. 构成比率。通过构成比率,可以考查成本总量的构成情况及各成本项目占成本总量的比重,同时也可看出量、本、利的比例关系(即承包成本、实际成本和降低成本的比例关系),从而为寻求降低成本的途径指明方向。

c. 动态比率。就是将同类指标不同时期的数值进行对比,求出比率,以分析该项指标的发展方向和发展速度。

(2) 项目成本偏差的数量分析

工程成本偏差的数量分析,就是对工程项目施工成本偏差进行分析,从承包成本、计划成本和实际成本的相互对比中找差距、找原因,从而推动工程成本分析,促进成本管理,提高成本降低水平。

$$计划偏差 = 承包成本 - 计划成本 \tag{8.9}$$

$$实际偏差 = 计划成本 - 实际成本 \tag{8.10}$$

这里的承包成本可分别指施工图承包成本、投标书合同承包成本和项目管理责任目标成本三个层次的预算成本。

计划成本是指现场目标成本，即施工预算。承包成本与计划成本的计划偏差反映了计划成本与社会平均成本的差异、计划成本与竞争性标价成本的差异以及计划成本与企业预期目标成本的差异。

实际偏差，即计划成本与实际成本相比较的差额，反映施工项目成本控制的实绩，也是反映和考核项目成本控制水平的依据。分析实际偏差的目的在于检查计划成本的执行情况。

①人工费偏差分析。

人工费偏差分析包括人工费量差与人工费价差，其计算公式如下：

$$人工费量差 = (定额工日数 - 实际工日数) \times 预算人工日单价 \tag{8.11}$$

$$人工费价差 = 实际耗用工日数 \times (预算人工日单价 - 实际人工日单价) \tag{8.12}$$

实行项目管理以后，工程施工的用工一般采用发包形式，其特点是：

a. 按承包的实物工程量和预算定额计算定额人工，作为计算劳务费用的基础。

b. 人工费单价由承发包双方协商确定，一般按技工和普工或技术等级分别规定工资单价。

c. 定额人工以外的估点工，有的按定额人工的一定比例一次包死，有的按实计算；估点工单价由双方协商确定。

d. 对在进度、质量上做出特殊贡献的班组和个人，进行随机奖励，由项目经理根据实际情况具体掌握。

②材料费分析。

A. 主要材料费的分析。

量差对材料费影响的计算公式为：(定额用量－实际用量)×市场指导价。

价差对材料费影响的计算公式为：(市场指导价－实际采购价)×消耗数量。

a. 材料采购价格分析：材料采购价格是决定材料采购成本和材料费升降的重要因素。分析材料采购获利情况的计算公式如下：

$$材料采购收益 = (市场指导价 - 实际采购价) \times 采购数量 \tag{8.13}$$

b. 材料采购管理费分析：材料采购保管费也是材料采购成本的组成部分。

一般情况下，材料采购保管费与材料采购数量同步增减，即材料采购数量越多，材料采购保管费也越多。材料采购保管费支用率的计算公式如下：

$$材料采购保管费支用率 = \frac{计算期实际发生的材料采购保管费}{计算期实际采购的材料总值} \times 100\% \tag{8.14}$$

c. 材料计量验收分析：材料进场(入库)，需要计量验收。在计量验收中，有可能发生数量不足或质量、规格不符合要求等情况。要分析因数量不足和质量、规格不符合要求对成本的影响。

d. 材料消耗分析：材料消耗包括材料的生产耗用、操作损耗、管理损耗和盘盈盘亏，是构成材料费的主要因素。

e. 现场材料管理效益分析：现场的工程材料要按照平面布置的规定堆放有序，防止材料浪费与丢失。

f. 储备资金分析：根据施工需要合理储备材料，减少资金占用，减少利息支出。

B. 结构件分析。

a. 结构件损耗分析：包括结构件的运输损耗、堆放损耗、操作损耗等的分析。

b. 结构件规格串换分析：包括钢筋规格串换分析，设计变更等原因造成某些构件的规格(型号)发生变化的分析，由于自身原因造成的加工规格与实际规格不符(包括加工数量超过实际需要)的分析等。

C. 周转材料分析。

a. 周转材料的周转利用率分析：周转材料的特点是在施工中反复周转使用，周转次数越多，利用效率越高，经济效益也越好。对周转材料的租用单位来说，周转利用率是影响周转材料使用费的直接因素。

b. 周转材料赔损率分析：周转材料的缺损要按原价赔偿，对企业经济效益影响很大。周转材料赔损率的计算公式为：

$$\text{周转材料赔损率} = \frac{\text{进场数} - \text{退场数}}{\text{进场数}} \times 100\% \tag{8.15}$$

③机械使用费分析。

影响机械使用费的主要因素是机械利用率；造成机械利用率不高的因素，则是机械调度不当和机械完好率不高。

机械完好率与机械利用率的计算公式如下：

$$\text{机械完好率} = \frac{\text{报告期机械完好台班数} - \text{加班台数}}{\text{报告期制度台班数} + \text{加班台数}} \times 100\% \tag{8.16}$$

$$\text{机械利用率} = \frac{\text{报告期机械实际工作台班数} - \text{加班台数}}{\text{报告期制度台班数} + \text{加班台数}} \times 100\% \tag{8.17}$$

完好台班数是指机械处于完好状态下的台班数，它包括修理不满一天的机械，但不包括待修、在修、送修在途的机械。

制度台班数是指本期内全部机械台班数与制度工作天的乘积，不考虑机械的技术状态和是否工作。

④施工间接费分析。

施工间接费就是施工项目经理部为管理施工而发生的现场经费。进行施工间接费分析，需要应用计划与实际对比的方法。施工间接费实际发生数的资料来源为工程项目的施工间接费明细账。在具体核算中，如果是以单位工程作为成本核算对象的群体工程项目，应将所发生的施工间接费采取“先集合、后分配”的方法，合理分配给有关单位工程。

(3) 项目成本纠偏的对策措施

成本偏差的控制，分析是关键，纠偏是核心。

需要强调的是，由于偏差已经发生，纠偏的重点应放在今后的施工过程中。

成本纠偏的措施包括组织措施、技术措施、经济措施及合同措施。

①组织措施。成本控制是全企业的活动，为使项目成本消耗保持在最低限度，实现对项目成本的有效控制，项目经理部应将成本责任分解落实到各个岗位、落实到专人，对成本进行全过程控制、全员控制、动态控制，形成一个分工明确、责任到人的成本控制责任体系。进行成本控制的另一个组织措施是确定合理的工作流程。

②技术措施。施工准备阶段应多做不同施工方案的技术经济比较，选择最优施工方案，以降低成本。

③经济措施。包括认真做好成本的预测和各种计划成本；对各种支出，应认真做好资金的使用计划，并在施工中严格控制各项开支；及时准确地记录、收集、整理、核算实际发生的成本；对各种变更，做好增减账并及时找业主签证等。

④合同措施。选用合适的合同结构对项目的合同管理至关重要，首先，在使用时，必须对其分析、比较，要选用适合于工程规模、性质和特点的合同结构模式。其次，在合同的条文中应细致地考虑一切影响成本、效益的因素，特别是潜在的风险因素，通过对引起成本变动的风险因素的识别和分析，采取必要的风险对策。在合同执行期间，合同管理部门要进行合同文本的审查、合同风险分析。在这个时间范围内，合同管理的任务是既要密切注视对方执行合同的情况，寻求向对方索赔的机会，也要密切注意我方是否履行合同的规定，防止被对方索赔。

项目小结

本项目介绍了工程项目成本概念、构成与形式；分析了工程项目成本预测的方法；论述了工程项目成本控制和成本分析的方法；深入浅出地介绍了工程项目成本核算对象及基础工作；简述了工程项目成本考核的内容及实施。通过案例分析，可以了解和掌握成本控制和成本分析方法的实际应用。

思考与练习

1. 设 C_1＝50 000 元，C_2＝10 元/件，P＝15 元/件，求保本销售量和保本销售收入。
2. 工程项目成本的形式有哪些？
3. 阐述工程项目成本控制的任务。

4. 阐述制订工程项目成本计划的原则。
5. 量本利分析法的基本原理是什么?
6. 工程项目成本控制的基本方法有哪些?
7. 工程项目成本核算的任务有哪些?
8. 项目成本核算的基础工作有哪些?
9. 工程项目成本分析的方法有哪些?
10. 项目成本纠偏的对策措施有哪些?

项目九　设备方案的更新与选择

学习要求

(1) 了解设备更新的基本概念。
(2) 熟悉设备经济寿命确定的静、动态方法。
(3) 掌握设备更新的经济分析方法。

学习目的

培养设备更新分析的思路，学会设备更新的经济分析方法。

任务　设备方案的更新与选择

任务描述

从广义上讲，设备更新包括设备修理、设备更换、设备更新和设备现代化改装；从狭义上讲，设备更新是指以结构更加先进、技术更加完善、生产效率更高的新设备去代替不能继续使用及经济上不宜继续使用的旧设备。

一、设备更新概述

（一）设备更新的经济寿命

生产设备的寿命，有以下几种概念：

(1) 自然寿命

自然寿命又称物理寿命,是设备从全新状态投入使用直到不能保持正常使用状态而予以报废的全部时间期限。

(2) 技术寿命

技术寿命是设备在市场上维持其价值的时期(设备产品寿命周期),也即一种使现有设备报废的新设备在出现之前的一段时期。技术寿命一般短于自然寿命。

(3) 经济寿命

经济寿命是指给定的设备具有最低等值年成本的时期,或最高等值年净收益的时期。也就是指一台设备开始使用直至在经济前景的分析中不如另一台设备更有效益而被替代时所经历的时期。

设备随着使用时间的延长,一方面其磨损逐渐加大,效率下降;另一方面,为了维持其原有的生产效率,必须增加维修次数,消耗更多的燃料和动力,而使每年的使用费用呈递增趋势。当设备年使用费的增长超过了一次性投资分摊费的降低额时,继续使用该设备就不经济了。根据设备使用费这种变化规律确定的设备最佳经济使用年限,称为设备的经济寿命。

(二) 设备磨损及补偿方式

设备在使用及闲置过程中将发生两种基本形式的磨损,即有形磨损和无形磨损。

有形磨损是指机器实体发生磨损,又称为物理磨损;无形磨损是指机器设备在价值形态上的损失,又称为经济磨损。

(1) 有形磨损

有形磨损按其产生的原因,又可分为因使用产生的磨损和因自然力的作用而产生的磨损,前者称为第一类有形磨损,后者称为第二类有形磨损。

有形磨损的技术后果是降低设备的使用价值,磨损到一定程度将导致机器设备使用价值完全丧失。

有形磨损的经济后果是机器设备原始价值的部分贬值,甚至完全丧失价值。

消除有形磨损,使机器设备局部或完全恢复使用价值的方式是修理或更换,为此需支出相应费用,即产生了大修理的经济性分析问题。

(2) 无形磨损

无形磨损产生的根本原因是科学技术的进步和发展。

导致无形磨损产生的原因有两类:一类是由于设备制造工艺不断改进,成本不断降低和劳动生产率不断提高,生产同种设备所需的社会必要劳动耗费减少,因而导致设备相应的贬值。第二类无形磨损是由于技术进步,市场上出现了结构更先进、技术更完善、生产效率更高、耗用原材料和能源动力更少的新型设备,使原有设备价值降低,而且会使原有设备局部或全部丧失其使用价值。第二类磨损可能导致设备提前更新。

设备价值的两重性决定着磨损的两重性,两重磨损同时作用在机器设备上。有磨损就要有补偿,两重磨损形式与补偿方式之间的关系如图 9.1 所示。

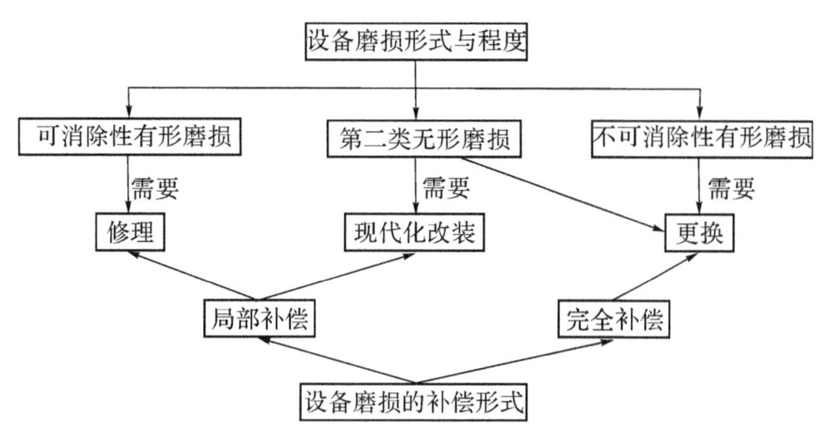

图 9.1　设备磨损形式与补偿方式之间的关系

二、设备经济寿命的确定

（一）经济寿命确定的准则

确定设备的经济寿命，就是寻求设备在使用过程中投资的分摊成本费与年使用费的总和为最小的时刻。在这个时刻之前，或者在这个时刻之后，其总费用都会增加。所以，从设备投入使用到投资的分摊成本费与年使用费的总和为最小的时刻所经历的时间，就是设备的经济寿命。

（二）经济寿命的静态计算方法

假设设备的原值（即投资费用）为 P，设备在第 n 年的净残值为 L_n，设备已使用的年数为 T，则每年平均分摊投资成本为 P/T。一方面，随着使用年数 T 的增长，每年分摊的投资成本将逐渐减少；另一方面，设备的维修费用、燃料、动力消耗等使用费用又逐渐增加，这一过程叫做设备的低劣化。

用 A_1 表示第 1 年机械设备的使用费用（运营成本费用），用 G 表示因低劣化而使设备使用费从第 2 年起的增加值，如图 9.2 所示。

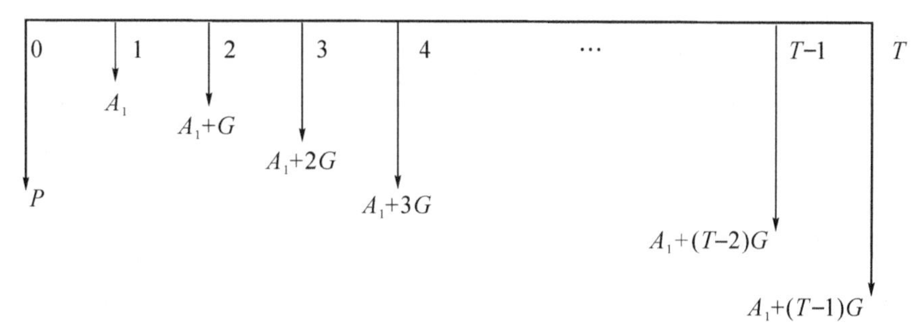

图 9.2　现金流量图

T 年内每年使用费用的平均值为 $A_1+G(T-1)/2$。因此，设备每年平均的投资成本和使用成本之和称为总成本，其表达式为：

$$C=\frac{P-L_n}{T}+A_1+\frac{G(T-1)}{2} \tag{9.1}$$

式中，C——设备的平均年总成本。

为了使平均年总成本达到最小，令$\frac{\mathrm{d}C}{\mathrm{d}T}=0$，有：

$$T_0=\sqrt{\frac{2(P-L_n)}{G}} \tag{9.2}$$

式中，T_0——设备的经济寿命，也是设备的最佳更新期。

【实训 9.1】某一设备的原值为 7 200 元，第 1 年的使用成本费为 800 元，以后每年递增 650 元，预计残值为 0，试用静态分析法确定其经济寿命。

（三）经济寿命的动态计算方法

动态分析法就是要考虑资金的时间价值，假设设备一次性投资费用按利率 i 在 T 年中分摊成本为：

$$AC_{1(T)}=(P-L_n)(A/P,i,T)+L_n\cdot i$$

又假设设备年平均使用费用为 $AC_{2(T)}$：

$$AC_{2(T)}=\sum_{i=1}^{T}C_t(P/F,i_C,T)(A/P,i_C,T)$$

从而设备的年平均费用为：

$$\begin{aligned}AC_{(T)}&=AC_{1(T)}+AC_{2(T)}\\&=[(P-L_n)(A/P,i,T)+L_n\cdot i]+\sum_{i=1}^{T}C_t(P/F,i_C,T)(A/P,i_C,T)\end{aligned} \tag{9.3}$$

最小年平均费用 $AC_{(T)}$ 所对应的时间就是设备的经济寿命，即最佳更新期。由于用数学方法求解式(9.3)的最小值比较困难，所以往往用列表计算的方式来求设备的动态经济寿命。

【实训 9.2】设利率 $i=10\%$，设备逐年减少的残值如表 9.1 所示。用动态分析法确定实训 9.1 中设备的经济寿命。

表 9.1　经济寿命计算表(单位:元)

第 T 年末	设备使用到第 T 年末残值	$AC_{1(T)}$	$AC_{2(T)}$	$AC_{(T)}$
1	3 600	4 320	800	5 120
2	2 400	3 006	1 109	4 115
3	1 200	2 533	1 409	3 942
4	0	2 272	1 697	3 969

对于设备使用费呈不规则变化的情况，可通过列表先计算各年使用费用的现值和 T 年使用费用的累计现值，再计算 $AC_{2(T)}$，然后求 $AC_{(T)}$，最终找出最佳更新周期。

设备更新分析的结论取决于所采用的分析方法，而设备更新分析的假定条件和设备的研究期是选用设备更新分析方法时应考虑的重要因素。研究期是互斥方案进行现金流量计算时共同的计算期，是为消除各方案计算周期的长短不一而建立的可比条件。

（一）原型设备更新分析

原型设备更新分析，就是假定企业的生产经营期较长，且设备一旦选定，今后均采用原型设备重复更新，这相当于研究期为各设备自然寿命的最小公倍数。

原型设备更新分析主要有三个步骤：

①确定各方案共同的研究期。

②用费用年值法确定各方案设备的经济寿命。

③通过比较每个方案设备的经济寿命确定最佳方案，即旧设备是否更新及新设备未来的更新周期。

【实训 9.3】某企业现有一台机器 A，目前市场上另有与机器 A 相同功能的两种机器 B 和 C，这三台机器构成了互斥方案组。现有机器 A 还有 5 年使用期，机器 B 和机器 C 的自然寿命分别为 6 年和 7 年，机器各年的现金流量见表 9.2 所示。设基准收益率为 10%，试采用原型设备更新分析方法，比较三个机器方案的优劣。

表 9.2　各方案机器经济寿命计算表　　单位：元

	机器 A			机器 B			机器 C		
n 年末	第 n 年末残值	n 年期间的运营费	年平均费用	第 n 年末残值	n 年期间的运营费	年平均费用	第 n 年末残值	n 年期间的运营费	年平均费用
0	18 000			26 000			33 000		
1	12 000	3 600	11 072	0	2 000	24 000	0	2 250	38 550
2	9 500	5 600	10 476	0	3 800	14 381	0	2 250	21 265
3	7 600	7 900	10 877	0	6 300	11 939	0	2 250	15 519
4	5 800	9 900	11 191	0	8 600	11 221	0	2 250	12 661
5	3 400	12 000	11 642	0	11 300	11 233	0	2 250	10 955
6				0	14 800	11 695	0	2 250	9 827
7							0	2 250	9 028

（二）新型设备更新分析

新型设备更新分析，就是假定企业现有设备可被其经济寿命平均年费用最低的新设备取代。

【实训 9.4】假定实训 9.3 中的现有机器 A 可采用经济寿命内年平均费用最低的新机器进行更新，试进行更新决策。

【实训 9.5】假定实训 9.3 中经济寿命内年平均费用最低的新机器 C 缺货，难以采购，只能采用机器 B 对现有机器 A 进行更新，试进行更新决策。

从以上实训可以看出，设备更新分析结论与研究期紧密相关，同样的新旧设备，研究期的假定条件不同，可能得出各种不同的结论。

任务评价

设备的经济寿命是指在设备使用的后期，花费更多的维修费用可能得不偿失，因而要考虑是否需要更新，这种以经营费用为标准而确定的设备寿命叫经济寿命。经济寿命一般来说就是设备的最佳更新周期。设备从开始使用到其等值年成本最小(或年赢利最高)的使用年限为设备的经济寿命，设备的经济寿命是从经济观点(成本观点或收益观点)确定的设备更新的最佳时刻。

项目小结

设备的经济寿命是指设备从投入使用直到设备在技术上或经济上不宜使用为止的时间。

设备的寿命有三种不同的寿命形态，即自然寿命、技术寿命和经济寿命。

设备经济寿命的计算方法有静态计算法和动态计算法。

设备的更新分析包括原型设备更新分析和新型设备更新分析。

设备更新分析的假定条件和设备的研究期是选用设备更新分析方法时应考虑的重要因素。

思考与练习

1. 简述设备磨损及补偿方式。
2. 简述经济寿命的静态计算方法。
3. 什么是设备的有形磨损、无形磨损，各有何特点？
4. 某厂压缩机的购置价为 6 000 元，第 1 年的运营成本为 1 000 元，以后每年以 300 元定额递增。压缩机使用一年后的残值为 3 600 元，以后每年以 400 元递减，压缩机的最大使用年限为 8 年。若基准收益率为 15%，试用动态方法计算压缩机的经济寿命。

项目十 价值工程

学习要求

(1) 了解价值工程的基本概念。
(2) 熟悉价值工程对象选择、功能定义、功能整理等。
(3) 掌握价值工程分析的方法。

学习目的

培养价值工程分析的思路，应用价值工程知识解决实际问题。

任务 价值工程方案的创造与评价

任务描述

价值工程(简称 VE)，又称价值分析(简称 VA)，是 20 世纪 40 年代后期产生的一门新兴的管理技术。

公认的价值工程的创始人是美国工程师麦尔斯(L. D. Miles)。第二次世界大战期间，麦尔斯供职于通用电气公司的采购部门，长期负责生产军用产品的原材料采购工作。

随着研究内容的不断丰富与完善，其研究领域也从材料代用逐步推广到产品设计、生产、工程、组织、服务等领域，形成了一门比较完整的科学体系——价值工程。

知识准备

一、价值工程的基本概念

价值工程与一般的投资决策理论不同。

一般的投资决策理论研究的是项目的投资效果，强调的是项目的可行性，而价值工程是研究如何以最少的人力、物力、财力和时间获得必要的功能的技术经济分析方法，强调的是产品的功能分析和功能改进。

按照国家标准《价值工程　第1部分：基本术语》(GB/T 8223.1—2009)的规定，价值工程的概念可叙述如下：价值工程是通过各相关领域的协作，对所研究对象的功能与费用进行系统分析，不断创新，旨在提高所研究对象价值的思想方法和管理技术。其目的是以研究对象的最低寿命周期成本可靠地实现使用者所需功能，以获取最佳的综合效益。

价值工程的定义包括四个方面：

(1) 着眼于全寿命周期成本

全寿命周期成本是指产品在其寿命期内所发生的全部费用，包括生产成本和使用成本两部分。

生产成本是指发生在生产企业内部的成本，包括研究开发、设计及制造过程中的费用。

使用成本是指用户在使用过程中支付的各种费用的总和，包括运输、安装、调试、管理、维修、耗能等方面的费用。

寿命周期成本、生产成本和使用成本与产品功能之间的关系如图10.1所示。

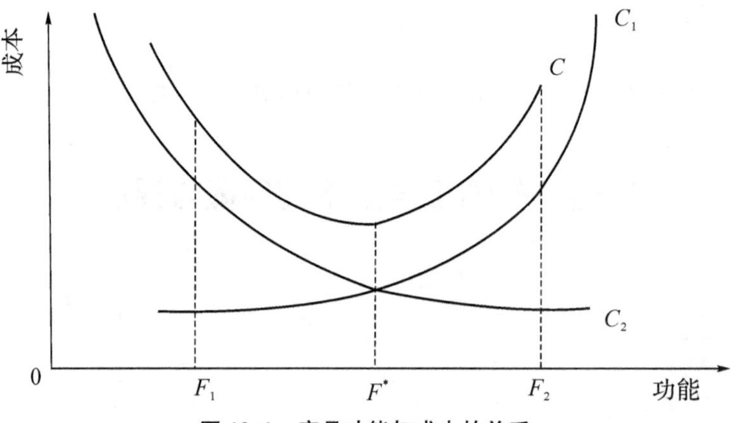

图10.1　产品功能与成本的关系

需要注意的是，在寿命周期成本的构成中，由于生产成本在短期内集中支出且体现在价格中，所以容易被人们认识，进而采取措施加以控制；而使用中的人工、能源、环境、维修等耗费常常是生产成本的许多倍，但由于分散支出，容易被人们忽视。如一项建筑产品，如果单纯追求生产成本，即预算的降低，粗心设计，偷工减料，那么其制造质量就会非常低劣，使用过程中的维修费用就会很高，甚至有可能发生重大事故，给社会财产和人身安全带来严重的损害。因此，价值工程中对降低成本的考虑，是要综合考虑生产成本和使用成本的下降，兼顾生产者和用户的利益，以获得最佳的社会综合效益。

(2) 价值工程的核心是功能分析

功能是指研究对象能够满足某种需求的一种属性，也即产品的具体用途。功能可分为必要功能和不必要功能，其中必要功能是指用户所要求的功能以及与实现用户所需求的功能有关的功能。

价值工程的功能，一般是指必要功能。

价值工程对产品的分析，首先是对其功能的分析，通过功能分析，弄清哪些功能是必要的，哪些功能是不必要的，从而在改进方案中去掉不必要的功能，补充不足的功能，使产品的功能结构更加合理，达到可靠地实现使用者所需功能的目的。

(3) 价值工程是一项有组织的管理活动

价值工程研究的问题涉及产品的整个寿命周期，涉及面广，研究过程复杂，比如一项产品从设计、开发到制作完成，要通过企业内部的许多部门；一个降低成本的改进方案，从提出、试验到最后付诸实施，要经过许多部门的配合才能收到良好的效果。因此，企业在开展价值工程活动时，一般需要由技术人员、经济管理人员、有经验的工作人员甚至用户，以适当的组织形式组织起来，共同研究，发挥集体智慧，灵活运用各方面的知识和经验，才能达到既定的目标。

(4) 价值工程的目标表现为产品价值的提高

价值是指对象所具有的功能与获得该功能的全部费用之比，可用公式表示为：

$$\text{价值}(V)=\frac{\text{功能}(F)}{\text{费用}(C)} \tag{10.1}$$

即价值是单位费用所实现的用途。

价值工程的目的是要结合技术与经济去改进和创新产品，使产品既要在技术上可靠实现，又要在经济上所支付费用最小，达到两者的最佳结合。

"最低的寿命周期成本"是价值工程的经济指标，"可靠地实现所需功能"是价值工程中的技术指标。因此，产品的价值越高，其技术与经济的结合也就越难，从这个角度上讲，价值工程的目标体现为产品价值的提高。

根据价值的计算公式，提高产品价值有五种途径：

①在提高产品功能的同时，降低产品成本。这样，可使价值大幅度提高，是最理想的提高价值的途径。

②提高功能，同时保持成本不变。

③在功能不变的情况下，降低成本。

④成本稍有增加，同时功能大幅度提高。

⑤功能稍有下降，同时成本大幅度降低。

值得注意的是，尽管在产品形成的各个阶段都可以应用价值工程来提高产品的价值，但在不同的阶段进行的价值工程活动，其经济效果的提高幅度却是大不相同的。

（一）价值工程的工作步骤

开展价值工程活动的过程是一个发现问题、解决问题的过程，针对价值工程的研究对象，逐步深入提出一系列问题，通过回答问题、寻找答案，直至问题的解决。

在一般的价值工程活动中，所提问题通常有以下七个方面：

①价值工程的研究对象是什么？

②它的用途是什么？

③它的成本是多少？

④它的价值是多少？

⑤有无其他方法可以实现同样的功能？

⑥新方案的成本是多少？

⑦新方案能满足要求吗？

围绕这七个问题，价值工程的一般工作程序如表 10.1 所示。

表 10.1　价值工程的一般工作程序

阶段	步骤	说明
准备阶段	(1) 对象选择	应明确目标、限制条件和分析范围
	(2) 组成价值工程领导小组	一般由项目负责人、专业技术人员、熟悉价值工程的人员组成
	(3) 制订工作计划	包括具体执行人、执行日期、工作目标等
分析阶段	(4) 收集整理信息资料	此项工作应贯穿于价值工程的全过程
	(5) 功能系统分析	明确功能特性要求，并绘制功能系统图
	(6) 功能评价	确定功能目标成本，确定功能改进区域
创新阶段	(7) 方案创新	提出各种不同的实现功能的方案
	(8) 方案评价	从技术、经济和社会等方面综合评价各种方案达到预定目标的可行性
	(9) 方案编写	将选出的方案及有关资料编写成册
实施阶段	(10) 审批	由主管部门组织进行
	(11) 实施与检查	制订实施计划，组织实施，并跟踪检查
	(12) 成果鉴定	对实施后取得的技术经济效果进行成果鉴定

价值工程的工作步骤明确回答了前面提到的七个问题。在准备阶段，回答了“价值工程的研究对象是什么”；在分析阶段，回答了“它的用途是什么”“它的成本是多少”“它的价值是多少”等问题；在创新阶段，回答了“有无其他方法可以实现同样的功能”“新方案的成本是多少”等问题；在实施阶段，解决了“新方案能满足要求吗”的问题。

从本质上讲，价值工程活动实质上就是提出问题和解决问题的过程。

（二）价值工程对象的选择

价值工程对象的选择过程就是收缩研究范围，明确分析研究的目标，确定主攻方向的过程。

1. 选择对象的原则

选择价值工程对象应遵循的一般原则：

一是优先考虑在企业生产经营上迫切需要或对国计民生有重大影响的项目。

二是在改善价值上有较大潜力的产品或项目。

2. 选择对象的方法

(1) *ABC* 分析法

ABC 分析法是应用数理统计的原理来选择价值工程对象的方法，也称为不均匀分布定律法。这个方法为帕累托所创造，现已广泛应用。

ABC 分析法的基本思路是，将某一产品的成本组成逐一分析，按每一个零件占成本的比重从高到低排列顺序，再归纳出数量少但占多数成本的那些零件。零件数量占零件总数的 10%～20%，而成本却占总成本的 70%～80%，这类零件为 *A* 类零件；零件数量占零件总数的 70%～80%，而成本却占总成本的 10%～20%，这类零件为 *C* 类零件。其中，*A* 类零件是需要研究的对象。

ABC 分析法一般用图表反映出来，如表 10.2 所示。

表 10.2　*ABC* 分析表

项目	零件数（个）	零件数比重（%）	累计零件数比重（%）	零件成本（元）	成本比重（%）	累计成本比重（%）
A 类	35	10.39	10.39	2 900	72.5	72.5
B 类	46	13.65	24.04	323	8.08	80.58
C 类	256	75.96	100	777	19.42	100
合计	337	100		4 000	100	

（2）价值系数判别法

对产品的功能进行评价后，可以得出每一个零件的功能评价系数。同样，对产品成本分析之后，可求得每一个零件的成本系数与价值系数。

$$\text{成本系数} = \frac{\text{零件成本}}{\text{总成本}} \tag{10.2}$$

$$\text{价值系数} = \frac{\text{功能评价系数}}{\text{成本系数}} \tag{10.3}$$

（3）最合适区域法

最合适区域法是通过求价值系数来选择 VE 目标的方法。选择 VE 目标时，要选用价值系数的最合适区域。

这种方法的思路是：价值系数相同的对象，由于各自的成本系数与功能评价系数的绝对值不同，因而对产品价值的实际影响有很大差异。

二、信息资料收集

对于产品分析来说，应收集以下几方面的资料：

①用户方面的资料。

②技术方面的资料。

③经济分析资料。

④本企业的基本资料。

收集的资料及信息一般需加以分析、整理，剔除无效资料，使用有效资料，以利于价值工程活动的分析研究。信息整理工作流程图如图 10.2 所示。

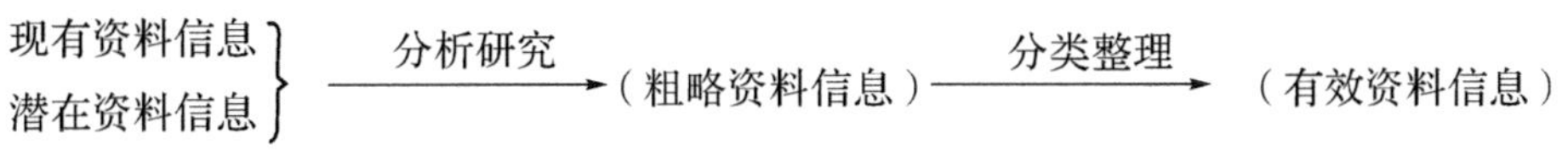

现有资料信息、潜在资料信息 —分析研究→（粗略资料信息）—分类整理→（有效资料信息）

图 10.2　信息整理工作流程图

功能系统分析包括功能定义、功能整理和功能计量等内容。进行功能系统分析的基础是功能分类。

（一）功能分类

①使用功能与美观功能。这是按功能性质进行的分类。

②基本功能与辅助功能。这是按功能重要程度进行的分类。

③必要功能与不必要功能。这是按用户需求进行的分类。必要功能是用户要求的功能，使用功能、美观功能、基本功能、辅助功能等均为必要功能；不必要功能是不符合用户要求的功能，又包括三类：一是多余功能，二是重复功能，三是过剩功能。

④过剩功能与不足功能。这是相对功能的标准而言，从定量角度对功能的分类。不足功能和过剩功能要作为价值工程的对象，通过设计进行改进和完善。

（二）功能定义

功能定义是透过产品实物形象，运用简明扼要的语言将隐藏在产品结构背后的本质功能揭示出来，从而定性地解决“对象有哪些功能”这一问题。

功能定义过程如图 10.3 所示。

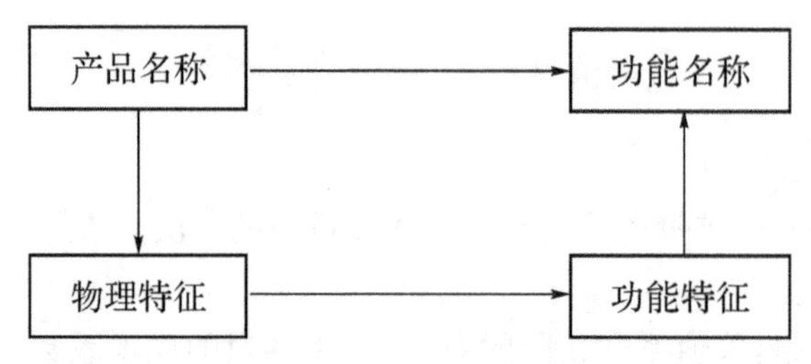

图 10.3　功能定义过程

功能定义是功能整理的先导性工作，也是进行功能评价的基本条件，因此在进行功能定义时，应该把握住既简明准确，便于测定，又要系统全面，一一对应，只有这样才能满足后续工作的需要。

（三）功能整理

功能整理是功能分析的第二个重要步骤，是用系统的观点将已经定义的功能加以系统化，找出各局部功能间的逻辑关系，并用图表形式表达，以明确产品的功能系统，从而为功能评价和方案构思提供依据。

（1）功能系统图

功能系统图是按照一定的原则，将定义的功能连接起来，从单个到局部，从局部到整体形成的一个完整的功能体系。功能系统图的一般形式如图 10.4 所示。

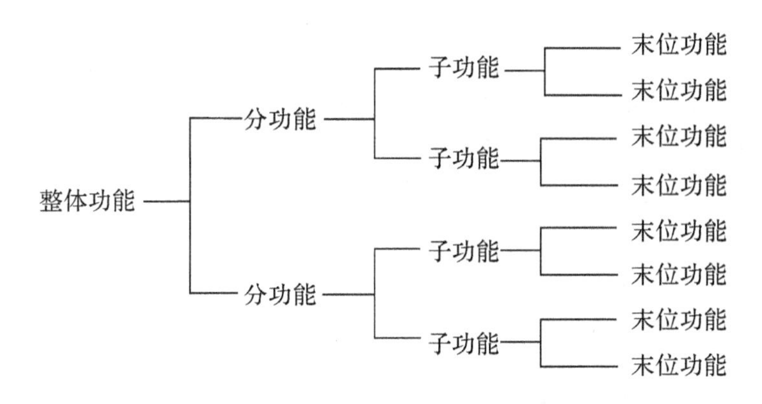

图 10.4　功能系统图的一般形式

在图 10.4 中,从整体功能开始,由左向右逐级展开,在位于不同级的相邻两个功能之间,左边的功能(上级)称为右边功能(下级)的目标功能,而右边功能称为左边功能的手段功能。

(2) 功能整理的方法

功能整理的主要任务是建立功能系统图,因此,功能整理的方法也就是绘制功能系统图的方法,其一般步骤如下:

①编制功能卡片。

②选出基本功能。

③明确各功能之间的关系。

现以建筑物的平屋顶为例说明功能系统图的绘制。图 10.5 为建筑物的平屋顶功能系统的主要部分。

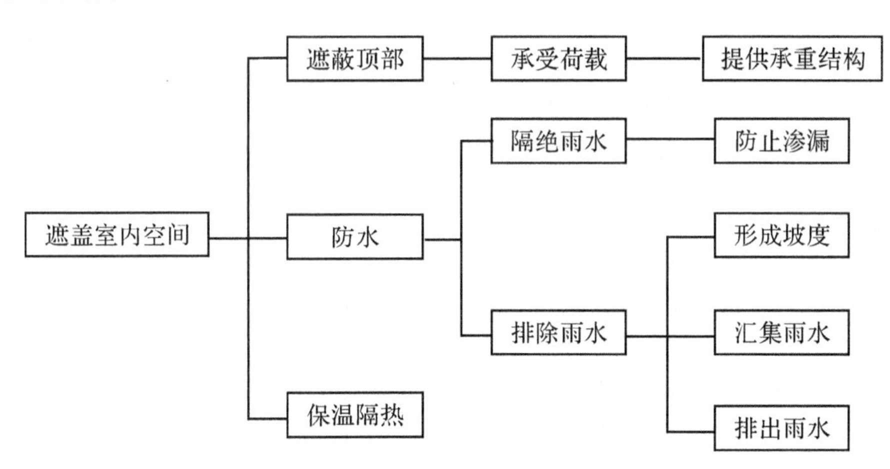

图 10.5　平屋顶功能系统图

(四) 功能计量

功能计量是以功能系统图为基础,依据各个功能之间的逻辑关系,以对象整体功能的定量指标为出发点,从左向右地逐级测算、分析,定出各级功能的数量指标,揭示出各级功能领域中有无功能不足或功能过剩现象,从而为保证必要功能,剔除过剩功能,补足不足功能的后续活动（功能评价、方案创新等）提供定性与定量结合的依据。

功能计量又分为整体功能的量化和各级子功能的量化。

（1）整体功能的量化

整体功能的计量应以使用者的合理要求为出发点，以一定的手段、方法确定其必要的数量标准，应能在质和量两个方面充分满足使用者的功能要求而无过剩或不足。整体功能的计量是对各级子功能进行计量的主要依据。

（2）各级子功能的量化

产品整体功能的数量标准确定之后，就可依据“手段功能必须满足目的功能”要求的原则，运用“目的—手段”的逻辑判断，由上而下逐级推算、测定各级手段功能的数量标准。各级子功能的量化方法很多，如理论计算法、技术测定法、统计分析法、类比类推法、德尔菲法等，可根据情况灵活选用。

（五）功能评价

经过功能系统分析明确了对象所具有的功能后，紧接着要做的工作就是定量地确定功能的目前成本、功能的目标成本、功能的价值、改进目标、改进的幅度等。这些问题都要通过功能评价来解决。

功能评价包括相互关联的价值评价和成本评价两个方面。

价值评价是通过计算和分析对象的价值，分析成本功能的合理匹配程度。价值评价的计算公式为：

$$V = \frac{F}{C} \tag{10.4}$$

式中，F——对象的功能评价值；

C——对象的目前成本；

V——对象的价值。

成本评价是通过核算和确定对象的实际成本和功能评价值，分析、测算成本降低期望值，从而排列出改进对象的优先次序。成本评价的计算公式为：

$$\Delta C = C - F \tag{10.5}$$

式中，ΔC——成本改进期望值。

一般情况下，当 $\Delta C>0$ 时，ΔC 较大者为优先改进对象。

在价值工程中，功能评价值是指可靠地实现用户要求功能的最低成本，它可以理解为企业有把握或者应该达到的实现用户要求功能的最低成本。从企业目标的角度来看，功能评价值可以看成是企业预期的、理想的成本目标值，因此功能评价值一般又称为目标成本。据此，公式(10.5)又可以写成为：

$$\Delta C = C - C_{目标} \tag{10.6}$$

式中，$C_{目标}$——对象的目标成本。

1. 功能评价的步骤

①确定对象的功能评价值 F。

②计算对象功能的目前成本 C。

③计算和分析对象的价值 V。

④计算成本改进期望值 ΔC。

⑤根据对象价值的高低及成本改进期望值的大小，确定改进的重点对象及优先次序。

功能评价程序如图 10.6 所示。

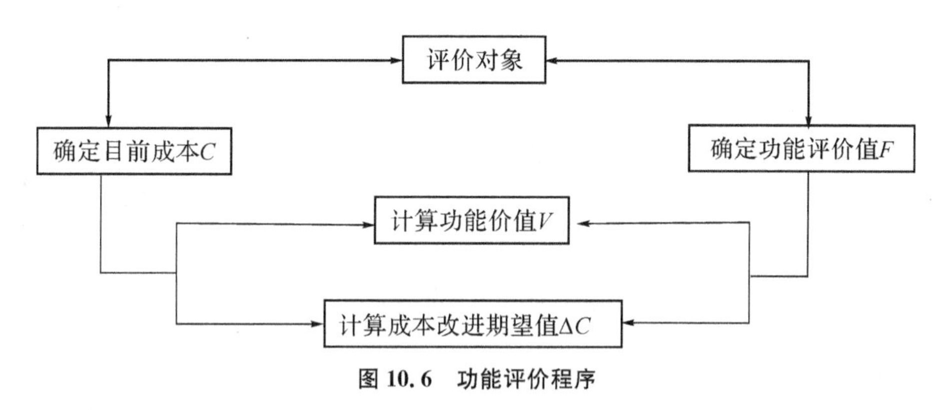

图 10.6 功能评价程序

2. 功能评价的方法

(1) 功能成本法

功能成本法又称绝对值法，是通过一定的测算方法，测定实现应有功能所必须消耗的最低成本，同时计算为实现应有功能所耗费的目前成本，经过分析、对比，求得对象的价值系数和成本降低期望值，确定价值工程的改进对象。其计算公式如下：

$$\text{价值系数}(V)=\frac{\text{功能评价值}(F)}{\text{功能目前成本}(C)} \tag{10.7}$$

功能成本法主要包括两个内容，即功能目前成本的计算和功能评价值的推算，其中的关键是功能评价值的推算。

①功能目前成本的计算与传统的成本核算既有相同点，又有不同之处。两者相同点是指它们成本费用的构成项目完全相同，如建筑产品的成本费用都是由人工费、材料费、施工机械使用费、其他直接费、现场管理费等构成；两者的不同之处在于功能目前成本的计算是以对象的功能为单位，而传统的成本核算是以产品或零部件为单位。因此，计算功能目前成本时，需要根据传统的成本核算资料，将产品或零部件的目前成本换算成功能的目前成本。

具体地讲，当一个零部件只具有一个功能时，该零部件的成本就是它本身的功能成本；当一项功能要由多个零部件共同实现时，该功能的成本就等于这些零部件的功能成本之和；当一个零部件具有多项功能或同时与多项功能有关时，就需要将零部件成本分摊给各项有关功能，至于分摊的方法和分摊的比例，可根据具体情况决定。

②功能评价值的推算，其常用的方法有方案估算法、实际价值标准法、实际统计值评价法等。

方案估算法，是由有经验的专家，根据预先收集到的技术、经济情报，先构想出几种能实现功能的方案，并估算实现这些方案所需要的成本，经过分析、对比，以其中最低的成本作为功能评价值。

实际价值标准法，是根据对同类产品的调查结果，从中选取成本最低者作为制定功能评价值的基准，这个基准就称为实际价值标准。利用这个预先制定的成本基准，就可以求出不同功能程度产品的功能评价值。

实际统计值评价法，是依靠大量的统计资料，算出历史上同类产品功能成本结构的一般比例关系，利用该比例关系，预测产品的功能评价值。

(2) 功能指数法

功能指数法又称相对值法，是通过评定各对象功能的重要程度，用功能指数来表示其功能程度的大小，然后将评价对象的功能指数与相对应的成本指数进行比较，得出该评价对象的价值指数，从而确定改进对象，并求出该对象的成本改进期望值。其计算公式如下：

$$\text{价值指数}(VI)=\frac{\text{功能指数}(FI)}{\text{成本指数}(CI)} \tag{10.8}$$

功能指数是指评价对象功能(如零部件等)在整体功能中所占的比率，又称功能评价系数、功能重要度系数等；成本指数是指评价对象的目前成本在全部成本中所占的比率。

功能指数法的特点是用分值表达功能程度的大小，使系统内部的功能与成本具有可比性，由于评价对象的功能水平和成本水平都用它们在总体中所占的比率来表示，这样就可以采用上面的公式方便地、定量地表达评价对象价值的大小。因此，在功能指数法中，运用价值指数作为评定对象功能价值的指标。

功能指数法也包括两大工作内容，即成本指数的计算和功能指数的推算。

①成本指数的计算。

成本指数可按下式计算：

$$\text{第}\,i\,\text{个评价对象的成本指数}\,CI_i=\frac{\text{第}\,i\,\text{个评价对象的目前成本}\,C_i}{\text{全部成本}\,C_i} \tag{10.9}$$

②功能指数的推算。

功能指数的推算是一个定性与定量相结合的过程，其主要步骤是评定功能分值。功能分值的评定是在科学评分原则的指导下，按用户要求达到的功能程度，采用适当的评分方法评定各功能应有的分值。

功能指数的推算方法很多，常用的有以下几种：

a. 强制确定法。又称 FD 法，包括 01 法和 04 法两种。它是采用一定的评分规则，采用强制对比打分来评定评价对象的功能指数。下面以 01 法为例来加以说明。

01 法，是将各功能一一对比，重要者得 1 分，不重要者得 0 分；然后，为防止功能指数中出现零的情况，用各加 1 分的方法进行修正；最后用修正得分除以总得分即为功能指数。其过程见表 10.3 所示。

表 10.3　01 评分法

功能	F_1	F_2	F_3	F_4	F_5	得分	修正得分	FI_i
F_1	×	0	0	1	1	2	3	0.20
F_2	1	×	1	1	1	4	5	0.33
F_3	1	0	×	1	1	3	4	0.27
F_4	0	0	0	×	0	0	1	0.07
F_5	0	0	0	1	×	1	2	0.13
合计						10	15	

b. 定量评分法。该方法的做法是请 5～15 名熟悉产品的人员分别进行功能的评价。评价功能重要性时，采用对各零件功能重要性分别评分并综合借鉴“01 评分法”和“04 评分法”评定出功能重要性系数，然后对零部件进行逻辑比例分配，最后计算出零部件的功能评价系数。

3. 功能价值的分析

功能价值的分析根据功能评价方法的不同而有所不同。

(1) 功能成本法中功能价值的分析

在功能成本法中，功能的价值用价值系数 V 来衡量，其计算公式是：

$$V = \frac{F}{C}$$

根据上述计算公式，功能的价值系数有三种结果：

①$V=1$。此时，功能评价值等于功能目前成本，表明评价对象的功能目前成本与实现功能所必需的最低成本大致相当，说明评价对象的价值为最佳，一般无需改进。

②$V<1$。此时，功能目前成本大于功能评价值，表明评价对象的目前成本偏高，一种可能是存在着过剩的功能，另一种可能是功能虽无过剩，但实现功能的条件或方法不佳，使实现功能的成本大于功能的实际需要。这两种情况都应列入功能改进的范围，以剔除过剩功能及降低目前成本为改进方向。

③$V>1$。此时，功能目前成本低于功能评价值，表明评价对象的功能目前成本低于实现该功能所应投入的最低成本，从而评价对象功能不足，没有达到用户的功能要求，应适当增加成本，提高功能水平。

(2) 功能指数法中功能价值的分析

在功能指数法中，功能的价值用价值指数 VI 来表示，其计算式是：

$$VI = \frac{FI}{CI}$$

此时，根据计算结果分三种情况：

①$VI=1$。此时，评价对象的功能比重与成本比重大致平衡，合理匹配，可以认为功能的目前成本是比较合理的。

②$VI<1$。此时，评价对象的成本比重大于其功能比重，表明相对于系统内的其他对

象而言，目前所占的成本偏高，从而会导致该对象的功能过剩。应将评价对象列为改进对象，改善方向主要是降低成本。

③$VI>1$。此时，评价对象的成本比重小于其功能比重。

出现这种结果的原因可能有三个：

一是功能的目前成本偏低，不能满足评价对象实现其应具有的功能的要求，致使对象功能偏低，这种情况应列为改进对象，改善方向是增加成本。

二是对象目前具有的功能已经超过了其应有的水平，即存在过剩功能，这种情况也应列为改进对象，改善方向是降低功能水平。

三是对象在技术、经济等方面具有某些特殊性，在客观上存在着功能很重要而需要耗费的成本却很少的情况，这种情况一般不必列为改进对象。

下面通过一个实例简要说明功能指数法的具体做法。

【例 10.1】某产品由 A、B、C、D、E、F 六个零部件组成，其各个零部件所实现的功能以及成本核算资料等均已知。现在要对它进行功能评价，其做法如下：

①功能指数的推算。

这里采用 FD 法中的 01 评分法，将各个零部件按照其实现功能的重要程度进行一一比较，得到结果见表 10.4 所示。

表 10.4　功能指数计算表

评价对象	*A*	*B*	*C*	*D*	*E*	*F*	功能得分	修正得分	功能指数
A	×	1	1	0	1	1	4	5	0.238
B	0	×	0	0	1	1	2	3	0.143
C	0	1	×	0	1	1	3	4	0.190
D	1	1	1	×	1	1	5	6	0.286
E	0	0	0	0	×	0	0	1	0.048
F	0	0	0	0	1	×	1	2	0.095
合计							15	21	1

②成本指数的计算。

根据成本核算资料和公式(10.9)计算出各个零部件的成本指数。

③根据公式(10.8)计算出各个零部件的价值指数。

以上两个步骤的结果见表 10.5 所示。

表 10.5　价值指数计算表

评价对象	功能指数	目前成本	成本指数	价值指数
A	0.238	180	0.360	0.661
B	0.143	121	0.242	0.591
C	0.190	88	0.176	1.080

（续　表）

评价对象	功能指数	目前成本	成本指数	价值指数
D	0.286	71	0.142	2.014
E	0.048	22	0.044	1.091
F	0.095	18	0.036	2.639
合计	1	500	1	

④根据价值指数进行分析。

从各个评价对象的价值指数可以看出，评价对象 A、B 的价值指数均小于 1，说明其成本比重大于其功能比重，即目前所占的成本偏高，应将它们列为改进对象，重点考虑降低成本；评价对象 D、F，其价值指数均大于 1，经过分析，发现是存在过剩功能的缘故，故也应将它们列为改进对象，重点考虑降低它们的功能水平，剔除过剩的功能；至于评价对象 C、E，由于其价值指数接近等于 1，说明它们的功能比重与成本比重大致相当，因此可以认为它们的功能目前成本是比较合理的，无须列为改进对象。

⑤确定目标成本。

根据价值分析确定了具体的改进范围后，即可提出初步改进方案，并做出该方案的成本估算，即确定目标成本，然后将目标成本按功能指数的大小分摊到各个零部件上，作为控制指标，在生产过程中加以控制。假设表 10.5 中的方案改进后目标成本为 450 元，则其分配情况和各零部件的成本改进期望值见表 10.6 所示。

表 10.6　目标成本计算与分配表

零部件	功能指数(1)	实际成本(2)	成本指数(3)	价值指数(4)	按功能指数分配实际成本 (5)＝(1)×500	应增减的成本指标 (6)＝(5)－(2)	按功能指数分配目标成本 (7)＝(1)×450	成本改进期望值 (8)＝(7)－(2)
A	0.238	180	0.360	0.661	119	－61	107.1	－72.9
B	0.143	121	0.242	0.591	71.5	－49.5	64.35	－56.65
C	0.190	88	0.176	1.080	95	7	85.5	－2.5
D	0.286	71	0.142	2.014	143	72	128.7	57.7
E	0.048	22	0.044	1.091	24	2	21.6	－0.4
F	0.095	18	0.036	2.639	47.5	29.5	42.75	24.75
合计	1	500	1		500		450	

从表 10.6 中可以看出，成本改进期望值较大的对象为 A 和 B，应针对这两个零部件的功能进行调整，降低其成本，最终实现目标成本的指标。

(一)方案的创造

为了提高产品的功能和降低成本,达到有效地利用资源的目的,需要寻求最佳的代替方案。寻求或构思这种最佳方案的过程就是方案的创造过程。创造也可以理解为“组织人们通过对过去经验和知识的分析与综合以实现新的功能”。价值工程能否取得成功,关键是功能分析评价之后能否构思出可行的方案,这是一个创造、突破、精制的过程。

为了便于提方案时解放思想,常采用头脑风暴法(BS法)、模糊目标法(哥顿法)和专家函询法(德尔菲法)等。

(1) 头脑风暴法

邀请5~15名熟悉产品的人员参加,会议的主持者头脑清楚,思维敏捷,技术作风民主,态度和气,既善活跃会议气氛又善于启发引导,使到与会者感到无拘无束,思路宽广,思想活跃。与会人员各自提案,互不批判、批评。会议应有记录人员,会后整理。这样做会得到大量的各有特色的方案。

(2) 哥顿法

这种方法的指导思想是把要研究的问题适当抽象,以利于开拓思路。在研究改进的会议开始时,会议主持人只把问题抽象地向大家介绍,要求海阔天空地提出个性化的设想。

例如要研究改进剪草机的方案,开始只是提出“用什么方法可以把一种东西断开?”等。

(3) 德尔菲法

这种方法是将所要提的方案分解为若干内容,并将这些内容通知提案的对方,经对方反馈后整理出各种建议,并归纳出若干较合适的方案再通知对方分析方案,对方反馈后集中各位建议的内容,再选出少数几个意见比较一致的提案。如此经过三次反复,最后确定推荐方案。这种方法提案人员互不见面,可以避免不必要的顾虑而提出方案。

(二)方案的评价

方案评价一般分为概略评价、详细评价两种。

概略评价是对创造出的方案从技术、经济和社会三个方面进行初步研究,其目的是从众多的方案中进行粗略的筛选,使精力集中于优秀的方案,为详细评价作准备。概略评价可采用定性分析法对方案进行初选,舍弃明显不合理的方案。

详细评价是在掌握大量数据资料的基础上,对概略评价获得的少数方案进行详尽的技术评价、经济评价和社会评价,为提案的编写和审批提供依据。详细评价是多目标决策问题,常用的方法有打分法、加权法等。

方案评价的内容包括技术评价、经济评价和社会评价。技术评价是对方案功能的必要性、必要程度(如性能、质量、寿命等)及实施的可能性进行分析评价;经济评价是对方案实施的经济效果(如成本、利润、节约额等)的大小进行分析评价;社会评价是对方案给国家和社会带来的影响(如环境污染、生态平衡、国民经济效益等)进行分析评价。

在评价方案时,无论是概略评价还是详细评价,都应该包括技术评价、经济评价和社会评价三个方面的内容。一般可先做技术评价，再分别做经济评价和社会评价，最后做综合评价。其过程见图 10.7 所示。

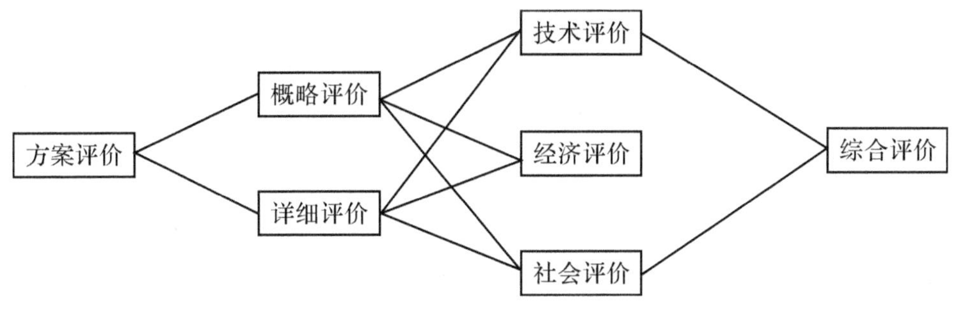

图 10.7　方案评价示意图

用于方案综合评价的方法很多，定性的方法常用的有德尔菲(Delphi)法、优缺点法等；定量的方法常用的有加权评分法、比较价值法、环比评分法、强制评分法、几何平均值评分法等。

加权评分法是用权数大小来表示评价指标的主次程度，用满足程度评分来表示方案的某项指标水平的高低，以方案评得的综合总分作为择优的依据。加权评分法的特点是同时考虑功能与成本两方面的各种因素，以价值系数(也即功费比)大者为最优。

它主要包括四个步骤：

①确定评价项目及其重要度权数。

②确定各方案对各评价项目的满足程度评分。

③计算各方案的评分权数和。

④计算各方案的价值系数，以较大者为优。

【实训 10.1】某设备更新改造决策，有大修理、技术改造和更新三个方案选优，各方案的费用分别为 85 000 元、124 000 元、390 000 元，各方案的功能得分及重要度权数见表 10.7 所示。

表 10.7　方案得分及重要度权数

方案功能	方案功能得分			方案功能重要度权数
	大修理	技术改造	更新	
生产质量 F_1	6	9	10	0.35
生产能力 F_2	5	9	10	0.30
安全可靠 F_3	7	10	9	0.15
操作性 F_4	6	8	9	0.05
维修性 F_5	6	9	10	0.05
耗能性 F_6	5	8	10	0.05
美观性 F_7	6	8	9	0.05

（三）价值工程的应用

对于大型的产品，应用价值工程的重点是在产品的研究设计阶段，一旦图纸设计完成并投产，产品的价值就基本决定了，这时再进行分析就变得更加复杂，不仅原来的许多工作成果付诸东流，而且改变生产、工艺、设备、工具等可能会造成很大的浪费，使价值工程活动的技术经济效果大大下降。因此，在产品的设计研制阶段就应开始价值工程活动，以取得最佳的综合效果。

项目的建设是一项系统工程，必须有一种能够包括管理思想、操作方法和基本工作步骤等内容组成的结构化程序，才能对其进行科学的组织和正确的引导，价值工程既能够作用于人的行为，同时又能够实施对建造过程和产品的管理。

对于从事工程项目建设技术经济分析的人来说，应该使投资者的每一笔投资都物有所值。

（四）价值工程活动成果的总结

企业开展价值工程的目的在于提高产品的价值，取得好的经济效益。通过功能分析、方案创造和实施等一系列活动，实际取得的技术经济效果如何，必须认真进行总结。

价值工程活动成果的总结，就是将改进方案的各项技术经济指标与原设计进行比较，以考查方案（活动）所取得的综合效益。

价值工程是以最低的总费用，可靠地实现所研究对象的必要功能，着重于功能分析的有组织的活动。价值工程致力于提高价值，提高价值有五条基本途径。价值工程的工作过程实质上就是分析问题、发现问题和解决问题的过程。

开展价值工程活动，首先要正确选择价值工程分析对象（生产中存在的问题）。选择价值工程分析对象常用的方法有 *ABC* 分类法、价格系数判别法和最合适区域法。通常，在选择价值分析对象的同时，应进行情报资料的收集，情报资料的收集是价值工程实施过程中不可缺少的重要环节。价值工程的核心是功能分析，它区别于其他成本管理方法的突出特点是进行功能分析。功能分析包括功能定义、功能分类、功能整理和功能计量四部分内容。

经过功能评价，确定了目标成本之后就进入了价值工程方案的评价和选择阶段。创造价值改进方案的常用方法有头脑风暴法、哥顿法、专家函询法。方案评价分为概略评价和详细评价两种。

思考与练习

1. 什么是功能、成本和价值？三者的特征是什么？
2. 什么是价值工程？其主要特征是什么？
3. 提高价值工程的途径有哪些？

4. 以你熟悉的某一产品为例，试对其进行功能分析。

5. 简述功能评价的概念、作用及其基本途径。

6. 某产品诸功能评价指数、功能目前成本如表 10.8 所示，试用功能评价指数评价法确定产品功能的具体目标。

表 10.8　某产品诸功能评价指数、功能目前成本表

项目功能	功能指数	目前成本	成本指数	价值指数	分配功能成本	功能评价成本	降低期望值	改进顺序
A	0.35	210						
B	0.25	80						
C	0.20	120						
D	0.15	60						
E	0.05	30						
合计	1	500						

7. 某产品具有 *A*、*B*、*C*、*D* 四个部件，其对应功能分别为 F_1、F_2、F_3、F_4，在各功能上的分配及功能系数如表 10.9 所示。若以实际成本降低 20%为目标成本，求：

(1) 计算各功能评价值和成本降低期望值。

(2) 确定改进目标。

表 10.9　部件功能上的分配及功能系数表

序号	部件名称	功能			
		F_1	F_2	F_3	F_4
1	*A*	100	—	100	100
2	*B*	100	50	150	200
3	*C*	—	—	20	50
4	*D*	50	40	—	50
功能重要系数		0.32	0.05	0.16	0.47

项目十一　工程项目后评价

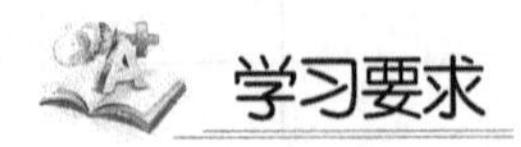

(1) 了解项目后评价的基本概念。

(2) 熟悉项目后评价的内容与方法。

提高学生对项目后评价重要性的认识。

任务　工程项目后评价

工程项目后评价是指在项目建成投产并达到设计生产能力后，通过对项目前期工作、项目实施、项目运营情况的综合研究，衡量和分析项目的实际情况及其与预测(计划)情况的差距，确定有关项目预测和判断是否准确并分析其原因，从项目完成过程中吸取经验教训，为今后提高投资项目的决策水平创造条件，为提高项目投资效益提出切实可行的对策措施。

一、工程项目后评价的含义和特点

(一) 工程项目后评价的含义

工程项目后评价是指在项目建成投产并达到设计生产能力后，通过对项目前期工作、项目实施、项目运营情况的综合研究，衡量和分析项目的实际情况及其与预测(计划)情况的差距，确定有关项目预测和判断是否准确并分析其原因，从项目完成过程中吸取经验教训，为今后提高投资项目的决策水平创造条件，为提高项目投资效益提出切实可行的对策措施。

(二) 工程项目后评价的特点

与项目可行性研究和项目前评价相比，项目后评价的特点是：

(1) 现实性

项目后评价分析研究的是项目实际情况，所依据的数据资料是现实发生的真实数据或根据实际情况重新预测的数据，而项目可行性研究和项目前评价分析研究的是项目未来的状况，所用的数据都是预测数据。

(2) 全面性

进行项目后评价时，既要分析其投资过程，又要分析经营过程；不仅要分析项目投资经济效益，而且要分析其经营管理的状况，发掘项目的潜力。

(3) 探索性

项目后评价要分析企业现状，发现问题并探索未来的发展方向，因而要求项目后评价人员具有较高的素质和创造性，把握影响项目效益的主要因素，并提出切实可行的改进措施。

(4) 反馈性

项目可行性研究和前评价的目的在于为计划部门投资决策提供依据，而项目后评价的目的在于为有关部门反馈信息，为今后项目管理、投资计划的制定和投资决策积累经验，并用来检测项目投资决策正确与否。

(5) 合作性

项目可行性研究和项目前评价一般通过评价单位与投资主体间的合作，由专职的评价人员提出评价报告，而后评价需要更多方面的合作，如专职技术经济人员、项目经理、企业经营管理人员、投资项目主管部门等多方融洽合作，项目后评价工作才能顺利进行。

从以上特点可以看出，项目后评价与项目可行性研究、项目前评价有较大的差别，主要表现在：

(1) 在项目建设中所处的阶段不同

项目可行性研究和前评价属于项目前期工作，它决定项目是否可以上马。项目后评价是项目竣工投产并达到设计生产能力后对项目进行的再评价，是项目管理的延伸。

(2) 比较的标准不同

项目可行性研究和项目前评价依据国家、部门颁布的定额标准、国家参数来衡量建设项目的必要性、合理性和可行性。后评价虽然也参照有关定额标准和国家参数，但主要是直接与项目前评价的预测情况或国内外其他同类项目的有关情况进行对比，检测项目的实际情况与预测情况的差距，并分析其产生的原因，提出改进措施。

(3) 在投资决策中的作用不同

项目可行性研究和前评价直接作用于项目决策，前评价的结论是项目取舍的依据。后评价则是间接作用于项目投资决策，是投资决策的信息反馈。通过后评价反映出项目建设过程和投产阶段(乃至正常生产时期)出现的一系列问题，将各类信息反馈到投资决策部门，从而提高未来项目决策科学化的水平。

（4）评价的内容不同

项目可行性研究和前评价分析研究的主要内容是项目建设条件、工程设计方案、项目的实施计划以及项目的经济社会效果。后评价的主要内容是除对前评价的工作内容进行再评价外，还包括对项目决策、项目实施效率等进行评价以及对项目实际运营状况进行较深入的分析。

（5）组织实施的主体不同

项目可行性研究和前评价主要由投资主体（企业、部门或银行）或投资计划部门组织实施。后评价则由投资运行的监督管理机关或单独设立的后评价机构进行，以确保项目后评价的公正性和客观性。

二、项目后评价的作用

（1）总结项目管理经验，提高项目管理水平

建设项目管理是一项极其复杂的活动，涉及银行、计划、主管部门、企业、物资供应、施工等许多部门，因此，项目的顺利完成关键在于这些部门之间的配合与协调。通过项目后评价，对已经建成项目的实际情况进行分析研究，有利于指导未来项目的管理活动，从而提高项目管理的水平。

（2）提高项目决策科学化水平

项目前评价是项目投资决策的依据，但前评价中所作的预测是否准确，需要后评价来检验。

通过建立完善的项目后评价制度和科学的方法体系，一方面可以增强前评价人员的责任感，提高项目预测的准确性；另一方面，可以通过项目后评价的反馈信息，及时纠正项目决策中存在的问题，从而提高未来项目决策的科学化水平。

（3）为国家投资计划、政策的制定提供依据

项目后评价能够发现宏观投资管理中的不足，从而使国家可以及时地修正某些不适合经济发展的技术经济政策，修订某些已经过时的指标参数；同时，还可根据反馈的信息，合理确定投资规模和投资方向，协调各产业、各部门之间及其内部的各种比例关系；此外，国家还可以充分地运用法律的、经济的、行政的手段，建立必要的法令、法规、制度和机构，促进投资管理的良性循环。

我国基本建设程序尚缺乏对项目决策和实施效果的反馈环节，而项目后评价刚好弥补了这一弱点，对我国基本建设程序的完善和健全、改进宏观决策起到重要的作用。

（4）为银行及时调整信贷政策提供依据

通过开展项目后评价，能及时发现项目建设资金使用中存在的问题，分析研究贷款项目成功或失败的原因，从而为银行部门调整信贷政策提供依据，确保资金的按期回收。

（5）可以对企业经营管理进行“诊断”，促使项目运营状态的正常化

项目后评价是在项目运营阶段进行，因而可以分析和研究项目投产初期和达产时期的实际情况，比较实际情况与预测情况的偏离程度，分析产生偏差的原因，提出切实可行的改进措施，从而促使项目运营状态正常化，提高项目的经济效益和社会效益。

(6) 具有反馈检查功能

项目后评价的作用是通过项目全过程的再评价并反馈信息，为投资决策科学化服务。

从以上两点要求看，我国项目后评价的组织机构不应是项目原可行性研究单位和前评价单位，也不应是项目实施过程中的项目管理机构。

三、选择项目后评价的对象

原则上，所有竣工投产的投资项目都要进行后评价，项目后评价应纳入项目管理程序之中。但实际工作中，往往由于各方面条件的限制，只能有选择地确定评价对象。

现阶段，我国在选择项目后评价对象时优先考虑以下类型项目：

①投产后本身经济效益明显不好的项目。

②国家急需发展的短线产业部门的投资项目，主要是国家重点投资项目。

③国家限制发展的长线产业部门的投资项目。

④一些投资额巨大、对国计民生有重大影响的项目。

⑤一些特殊项目。

四、分析和加工收集的资料

对所收集的数据和资料进行汇总、加工、分析和整理，对需要调整的数据和资料要调整。此时往往需要进一步补充测算有关的资料，以满足验证的需要。

五、评价及编制项目后评价报告

编制各种评价报表及计算指标，并与前评价进行对比分析，找出差异及其原因。由评价组编制后评价报告。

六、上报项目后评价报告

把编制的正式后评价报告和其重点内容摘要上报给组织后评价的部门。

一、项目后评价的内容和方法

（一）项目后评价的内容

1. 项目后评价的基本内容

(1) 项目立项决策的后评价

根据国民经济发展规划和国家制定的产业政策及区域经济优势，结合项目的实际情况，检验项目建议书、可行性研究报告和项目评估报告的编制是否坚持了实事求是的原则，如果项目实施结果偏离预测目标较远，要分析产生偏差的原因，并提出相应的补救措施。

(2) 项目生产建设条件的后评价

着重分析项目实施过程的建设条件，建成投产后的生产条件与当初项目评估决策时主要条件的变动，作出定性与定量分析，剖析重要差别的原因，并提出诊断建议。

(3) 项目技术方案的后评价

对工程设计方案、项目实施方案的再评价，以确认技术方案的先进性和适用性。

(4) 项目经济后评价

包括项目财务后评价和项目国民经济后评价两部分。

2. 项目分段后评价的内容

(1) 项目前期工作的后评价

主要包括项目立项条件再评价、项目决策程序和方法的再评价、项目勘察设计的再评价及项目前期管理工作的再评价等。

(2) 项目实施的后评价

主要包括项目实施管理的再评价、项目施工准备工作的再评价、项目施工方式和施工项目管理的再评价、项目竣工验收和试生产的再评价、项目生产准备的再评价等。

(3) 项目运营的后评价

主要包括生产经营管理的再评价、项目生产条件的再评价、项目达产情况的再评价、项目产出的再评价及项目经济后评价等。

(二) 项目后评价的方法

目前，国内外进行项目后评价的方法主要有：

1. "前后对比"法和"有无对比"法

"前后对比"(before and after comparison)法是指将项目实施之前与完成之后的情况加以对比，以确定项目的作用与效益的一种对比方法。

项目后评价是将项目前期的可行性研究和评估的预测结论与项目的实际运行结果相比较，以发现变化和分析原因。这种对比用于揭示计划、决策和实施的质量，是项目过程评价应遵循的原则。

"有无对比"(with and without comparison)法是指将项目实际发生的情况与无项目时可能发生的情况进行对比，以度量项目的真实效益、影响和作用。

对比的重点是要分清项目作用的影响与项目以外作用的影响。这种对比用于项目的效益评价和影响评价，是项目后评价的一个重要方法论原则。

这里说的"有"与"无"是指评价的对象，即计划、规划或项目。评价是通过对比实施项目所付出的资源代价与项目实施后产生的效果得出项目的好坏。方法论的关键是要求投入的代价与产出的效果口径一致，也就是说，所度量的效果要真正归因于项目。

2. 逻辑框架法

逻辑框架法(logical framework approach，简称 LFA)是美国国际开发署(USAID)在1970 年开发并使用的一种设计、计划和评价方法，目前已有三分之二的国际组织把 LFA

作为援助项目的计划、管理和后评价的主要方法。

(1) 逻辑框架法的含义

LFA 是一种概念化论述项目的方法，即用一张简单的框图来清晰地分析一个复杂项目的内涵和关系，使之更易理解。LFA 是将几个内容相关，必须同步考虑的动态因素组合起来，通过分析其相互间的关系，从设计、策划、目的、目标等方面来评价一项活动或工作。LFA 为项目计划者和评价者提供了一种分析框架，用以确定工作的范围和任务，并对项目目标和达到目标所需要的手段进行逻辑关系的分析。

(2) 逻辑框架法的模式

LFA 的模式是一个 4×4 的矩阵，横行代表项目目标的层次(垂直逻辑)，竖行代表如何验证这些目标是否达到(水平逻辑)。垂直逻辑用于分析项目计划做什么，弄清项目手段与结果之间的关系，确定项目本身和项目所在地的社会、物质、政治环境中的不确定因素。水平逻辑是要衡量项目的资源和结果，确立客观的验证指标及其指标的验证方法，水平逻辑要求对垂直逻辑 4 个层次的结果作出详细说明。

逻辑框架法的基本模式如表 11.1 所示。

表 11.1　逻辑框架法的基本模式

层次描述	客观验证指标	验证方法	重要外部条件
目标	目标指标	监测和监督手段及方法	实现目标的主要条件
目的	目的指标	监测和监督手段及方法	实现目的的主要条件
产出	产出物定量指标	监测和监督手段及方法	实现产出的主要条件
投入	投入物定量指标	监测和监督手段及方法	实现投入的主要条件

(3) 项目后评价的逻辑框架

项目后评价通过应用 LFA 来分析项目原定的预期目标、各种目标的层次、目标实现的程度和原因，用以评价其效果、作用和影响。

表 11.2 是某投资项目后评价的逻辑框架。

表 11.2　某投资项目后评价的逻辑框架

	预计目标	实际结果	原因分析	可持续条件
宏观目标				
项目目的				
项目产出				
项目投入				

二、项目前期工作后评价

项目前期工作亦称项目准备工作，包括从编制项目建议书到项目正式开工过程中的各项工作内容。对其进行后评价的主要任务是评价项目前期工作的实绩，分析和总结项目前期工作的经验教训。

其意义在于分析研究项目投资实际效益与预测效益的偏差多大程度上是由于前期工作失误所致，其原因何在，为以后加强项目前期工作管理积累经验。

项目前期工作后评价的主要内容包括：

①项目筹备工作的评价。

②项目决策的评价。

③厂址选择的评价。

④征地拆迁工作的评价。

⑤勘察设计工作的评价。

⑥委托施工的评价。

⑦“三通一平”工作的评价。

⑧资金落实情况的评价。

⑨物资落实情况的评价。

三、项目实施后评价

（一）项目实施后评价的任务与意义

项目实施阶段包括从项目开工到竣工验收、交付使用的全过程。对其进行后评价的任务主要是评价项目实施过程中各主要环节的工作实绩，分析和总结项目实施管理中的经验和教训。

其意义在于分析和研究项目实际投资效益与预计效益的偏差多大程度上是在项目实施过程中造成的，原因何在，为以后进一步改进项目管理工作积累经验。

（二）项目实施后评价的内容

项目实施后评价的主要内容包括：

(1) 项目开工的评价

主要分析和评价：项目开工条件是否具备，手续是否齐全，是否有经有关部门批准的开工报告；项目实际开工时间与计划开工时间是否相符，提前或延迟的原因是什么，对整个项目建设乃至投资效益发挥的影响如何。

(2) 项目变更情况的评价

主要分析和评价：项目范围变更与否，变更的原因是什么；项目设计变更与否，变更的原因是什么；项目范围变更、设计变更对项目建设工期、造价、质量的实际影响如何。

(3) 项目施工组织与管理的评价

主要分析和评价：施工组织方式是否科学合理；是否推行了工程项目管理，效果如何；施工项目进度控制的方法是否科学，成效如何；施工项目成本控制的方法是否科学合理，成效如何；施工技术与方案制订的依据是什么，有何独到之处，对项目实施有何影响，有何主要经验。

(4) 项目建设资金供应与使用情况的评价

主要分析和评价:建设资金供应是否适时适度,是否发生过施工单位停工待料或整个项目因资金不足而停建或缓建的情况,其原因何在;建设资金运用是否符合国家财政信贷制度规定,使用是否合理,能否充分挖掘建设单位内部潜力、精打细算地使用资金,以保证建设任务按期完成或提前完成;资金占用情况是否合理;考核和分析全部资金的实际作用效率。

(5) 项目建设工期的评价

分析和评价的主要内容有:核实各单位工程实际开工、竣工日期,查明实际开工、竣工日期提前或推迟的原因,并计算实际建设工期;计算实际建设工期变化率,其中主要是竣工项目定额工期率指标,并具体分析实际建设工期与计划工期或其他同类项目实际工期产生偏差的原因;计算建筑安装单位工程的施工工期,以分析建设工期的变化。

在进行项目建设工期后评价时,还应分析和研究投产前生产准备工作情况及其对建设工期的影响。

(6) 项目建设成本的评价

主要分析和评价:主要实物工程量的实际数量是否超出预计数量,超出多少,原因何在;设备、工器具购置费用及工程建设其他费用是否与实际情况相符,设备的选型是否按设计中所列的规格、型号、质量标准采购,如果不一致,其原因何在,对建设成本有何影响;主要材料的实际消耗量是否与计划的情况相符,材料实际购进价格是否超出了概预算中的预算价格,是否出现过因采购供应的材料、规格、质量达不到设计要求而造成浪费的现象,如果出现上述几种情况,原因是什么,对建设成本有何影响;各项管理费用的取费标准是否符合国家的有关规定,是否与工程预算中的取费标准相一致,不一致的原因何在。

项目建设成本变化情况可用实际建设成本和实际建设成本变化率等指标来衡量。

(7) 项目工程质量和安全情况的评价

分析和评价的内容及步骤是:

①计算实际工程质量合格品率、实际工程质量优良品率。

②将实际工程质量指标与合同文件规定的或设计规定的工程质量状况进行比较,找出偏差,进行分析。

③设备质量情况怎样,设备及安装工程质量能否保证投产后正常生产的需要。

④有无重大质量事故,产生事故的原因是什么。

⑤计算和分析工程质量事故的经济损失,包括计算返工损失率,因质量事故拖延建设工期所造成的实际损失,以及分析无法补救的工程质量事故对项目投产后投资效益的影响程度。

⑥工程安全情况,有无重大安全事故发生,其原因是什么,所带来的实际影响如何。

(8) 项目竣工验收的评价

主要分析和评价:项目竣工验收组织工作及其效率,竣工验收委员会的成员组成是否符合国家的有关规定;项目竣工验收的程序是否符合国家有关规定;项目竣工验收是否遵守有关部门规定的验收标准,未遵循标准的原因何在,对项目投资效益的发挥有何影响;项目竣工验收各项技术资料是否齐全,是否按有关规定对各项技术资料进行系统整理;项目投资包干、招标投标等有关合同执行情况如何，合同不能履行的原因何在，项目投资包干、招标投标的具体形式有何特色，对改进项目管理有何指导作用；收尾工程和遗留问题的处理情况，处理方案实际执行情况如何，是否对投资效益有重大影响。

(9) 同步建设的评价

主要分析和评价：相关项目在时间安排上是否同步，不同步的原因何在，对项目投资效益的发挥有何影响；建设项目所采用的技术与前、后续项目的技术水平是否同步，不同步的原因何在，对项目投资效益的发挥有何影响；相关项目之间的实际生产能力是否协调、配套，不配套的原因何在，对项目投资效益的发挥有何影响；建设项目内部各单项工程之间建设速度是否满足要求，技术水平、生产能力是否相配套，其原因何在；项目同步建设方面有何经验教训，并提出改进意见。

(10) 项目生产能力和单位生产能力投资的评价

项目生产能力评价的主要内容有：

①项目实际生产能力有多大，与设计生产能力的偏差情况如何，产生偏差的原因是什么，对项目实际投资效益发挥影响的程度如何。

②项目实际生产能力与产品实际成本有何关系，项目所形成的生产规模是否处在最优的经济规模区间。

③项目实际生产能力与产品实际市场需求量的关系如何。

④项目实际生产能力与实际原材料来源和燃料、动力供应及交通运输条件是否相适应，应如何进行调整，对项目投资效益的影响程度如何。

项目实际生产能力是指项目综合生产能力，衡量项目实际生产能力应从以下几个方面着手：

①核实设备的负荷能力。

②各主要生产车间平衡后的生产能力。

③辅助工程、配套工程与设施的适应生产能力。

实际单位生产能力投资是项目后评价的一个综合指标，反映项目建设所取得的实际投资效果，是竣工验收项目全部投资使用额与竣工验收项目形成的综合生产能力之间的比率。

实际单位生产能力投资的评价可通过计算单位生产能力投资变化率来进行，以此来衡量项目实际单位生产能力投资与预计单位生产能力投资或其他同类项目实际单位生产能力投资的偏差程度，并具体分析产生偏差的原因。

任务评价

(一) 项目运营后评价的目的与意义

项目运营后评价的目的是，通过项目投产后的有关实际数据资料或重新预测的数据，衡量项目的实际经营情况和实际投资效益，分析和衡量项目实际经营状况和投资效益情况与其他同类项目的经营状况和投资效益的偏离程度及其原因，系统地总结项目投资的经验教训，为提高项目投资效益提出切实可行的建议。

项目运营后评价的意义和作用主要表现为：

①全面衡量项目实际投资效益。

②系统地总结项目投资的经验教训，指导未来项目投资活动。

③通过采取一些补救措施，提高项目运营的实际经济效益。

（二）项目运营后评价的内容与方法

项目运营后评价的内容很多，包括对企业经营管理状况的评价，也包括对实际已取得的投资效益的评价和未来投资效益的预测。

主要内容有以下几个方面：

1. 企业经营管理状况的评价

①企业投产以来经营管理机构的设置与调整情况，设置的机构是否健全，是否科学合理，机构调整的依据是什么，调整前后运行效率的比较；现行经营管理机构的设置是否符合企业经营管理体制改革的要求，是否适应企业生存和发展的需要等。

②企业管理领导班子情况。

③企业管理人员配备情况。

④经营管理的主要策略是什么，实施的效果如何，包括市场开拓策略、质量策略、创新策略等。

⑤企业现行管理制度情况。

⑥企业承包责任制情况。

⑦从企业经营管理中可以吸取哪些经验教训，并提出改善企业经营管理、进一步发挥项目投资效益的切实可行的建议。

2. 项目产品方案的评价

①项目投产到项目后评价时，产品规格和品种的变化情况。

②产品方案调整对发挥项目投资效益有何影响，产品方案调整的成本有多大。

③现行的产品方案能否适应消费对象的需求；现行产品方案与前评价或可行性研究时的产品方案相比，有多大程度的变化；产品方案的变化在多大程度上影响到项目投资效益。

④产品销售方式的选择。

3. 项目达产年限的评价

项目达产年限是指建设项目从投产之日起到其生产产量达到设计生产能力时所经历的全部时间，一般以“年”表示。

项目达产年限有设计达产年限与实际达产年限之分。设计达产年限是指在设计文件或可行性研究报告中所规定的项目达产年限；实际达产年限是指从项目投产起到实际产量达到设计生产能力时所经历的时间。建设项目的设计达产年限与实际达产年限受各种因素的影响难免出现不一致的情况，所以，项目后评价时有必要对项目达产年限进行单独评价。

项目达产年限评价的内容和步骤是：

①计算项目实际达产年限。

②计算实际达产年限的变化情况，主要与设计达产年限或者前评价预测的达产年限进行比较，以实际达产年限变化率或实际达产年限与设计达产年限或预测的达产年限的差额来表示。

③分析实际达产年限与设计达产年限不一致的原因是什么。

④计算项目达产年限变化所带来的实际效益或损失。

⑤项目达产年限评价的结论是什么，其经验教训是什么；如果本项目尚未达产，为促使项目早日达产，有何可行的对策措施。

4. 项目产品生产成本的评价

产品生产成本是反映产品生产过程中物资资料和劳动力消耗的一个主要指标，是企业在一定时期内为研制、生产和销售一定数量的产品所支出的全部费用。项目产品生产成本对项目投资效益的发挥会产生显著作用，生产成本高，则项目销售利润减少，项目投资效益降低；生产成本低，则项目销售利润增多，项目投资效益增加。

项目产品生产成本评价的内容和步骤如下：

①计算项目实际产品生产成本，包括生产总成本和单位生产成本。项目后评价时，产品生产成本可以从企业财务报表中查得。

②分析总成本的构成及变化情况。

③分析实际单位生产成本的构成及变化情况。

④与项目前评价或可行性研究中的预测成本相比较，计算实际生产成本变化率（包括生产总成本变化率和单位生产成本变化率），分析实际生产成本与预测成本的偏差及其产生的原因。

⑤项目实际生产成本发生变化对项目投资效益的影响程度有多大，降低项目实际生产成本的有效措施是什么。

5. 项目产品销售利润的评价

销售利润是综合反映项目投资效益的指标。

对项目产品销售利润进行评价的目的：考核项目的实际产品销售利润和投产后各年度产品销售利润额的变化情况，比较和分析实际产品销售利润与项目前评价或可行性研究中的预测销售利润的偏离程度及其原因，提出提高项目产品销售利润与提高项目投资效益的有效措施。

产品销售利润评价的内容和程序如下：

①计算投产后历年实际产品销售利润，考虑其各年的变化情况，并分析引起变化的原因。

②计算实际产品销售利润变化率。

③分析项目实际产品销售利润偏离预测产品销售利润的原因，计算各种因素对实际产品销售利润的影响程度。

④提出提高实际产品销售利润的对策和建议。

6. 项目经济后评价

项目经济后评价是项目后评价的核心内容之一。

项目经济后评价的目的:衡量项目投资的实际经济效果,比较和分析项目实际投资效益与预测投资效益的偏离程度及其原因;通过信息反馈,为今后提高项目决策科学化水平服务。

项目经济后评价分为项目财务后评价和国民经济后评价两项内容。项目经济评价对比分析的表格形式见表11.3所示,具体的评价内容、程序和方法可参阅本书前面各单元的有关内容。

表11.3 项目经济评价指标对比分析表

项目	前评价指标	后评价指标	前后差额	原因分析
项目总投资				
建设期				
投资利润率				
投资利税率				
资本金利润率				
内部收益率				
净现值				
投资回收期				
贷款偿还期				
偿债备付率				
利息备付率				

7. 对项目可行性研究水平进行综合评价

尽管在项目前期工作后评价和实施后评价中都已从某种角度对项目可行性研究水平作出过评价,但只有在项目运营后评价时,才有可能对项目可行性研究水平进行综合评价。

项目可行性研究水平评价主要是对项目可行性研究的内容和深度进行评价。

其评价的内容和步骤是:

①考核项目实施过程的实际情况与预测情况的偏差。

②考核项目预测因素的实际变化与预测情况的偏离程度,主要包括投资费用、产量、生产成本、销售收入、产品价格、市场需求、影子价格、国家参数和各项费率的偏差。

③考核可行性研究各种假设条件与实际情况的偏差,主要包括产品销售量、通货膨胀率、贷款利率的偏差。

④考核实际投资效益指标与预测投资效益指标的偏离程度,主要是实际投资利润率、实际投资利税率、实际净现值、实际投资回收期、实际贷款偿还期、实际内部收益率的变化。

⑤考核项目实际敏感性因素和敏感性水平。

⑥对可行性研究深度进行总体评价的方法是,通过上述各项的考查,综合计算预测情况与实际情况的偏差幅度,然后根据设定的标准,评价可行性研究的深度。根据国外项目

后评价情况，结合我国的实际，可行性研究深度的评价标准是：

a. 当偏离程度小于15%时，可行性研究深度符合合格要求。

b. 当偏离程度为15%～25%时，可行性研究深度相当于预可行性研究水平。

c. 当偏离程度为25%～35%时，可行性研究深度相当于编制项目建议书阶段的预测水平。

项目后评价可以全面总结项目投资管理中的经验教训，并为以后改进项目管理和制订科学的投资计划提供现实依据。

项目后评价是在项目建成投产并达到设计生产能力后，通过对项目前期工作、项目实施、项目运营情况的综合研究，衡量和分析项目的实际情况及其与预测情况的差距，确定有关项目预测和判断是否准确，并分析其原因，从项目完成过程中吸取经验教训，为提高投资项目决策科学化水平创造条件，为提高项目投资效益提出切实可行的对策措施的一个过程。

项目后评价与项目前评价有较大的差别。主要表现在评价的阶段不同、评价的依据不同、评价的作用不同、评价的内容不同和评价的主体不同。

项目后评价对提高建设项目决策科学化水平、改进项目管理和提高投资效益等方面发挥重要的作用。

项目的后评价应按“组织项目后评价机构→选择项目后评价的对象→收集资料和选取数据→分析和加工收集的资料→评价及编制项目后评价报告→上报项目后评价报告”的程序地循序渐进进行。

项目后评价的方法主要有“前后对比”法、“有无对比”法与逻辑框架法。

项目各阶段后评价包括项目前期工作后评价、项目实施后评价与项目运营后评价。

1. 阐述项目后评价的意义。
2. 阐述项目后评价的内容和方法。
3. 阐述项目前期工作后评价的内容。
4. 阐述项目运营后评价的内容。

项目十二　投资风险与投资环境分析

学习要求

（1）了解风险分析、风险决策的基本概念与风险决策的方法。
（2）熟悉风险管理的主要内容。

学习目的

培养风险与风险管理意识。

任务　投资环境分析

任务描述

投资环境是指投资经营者所面对的客观条件。投资，特别是国际间的投资的效果，与投资地点客观条件的好坏直接相关。对投资者来说，必须考察各国各地区不同的投资环境，把资金投向有利的环境中。对欢迎外来投资的国家和地区来说，要创造良好的投资环境，吸引各方面投资，以解决资金不足的困难，繁荣本国、本地经济。

（一）风险的含义

实际上，投资是一个过程。在这个过程中，由于市场上各种因素的作用，投资可能会朝着与投资者愿望相反的方向发展，以致出现投资者不愿看到的结果——损失。任何投资者都不愿意接受这样一个结果，没有一个投资者是为了损失而投资的。市场上各种影响投资的因素是客观存在的，这使投资过程复杂多变、难以把握，从而使投资的结果难以确定。

投资总是伴随着风险，这已成为共识。

那么，什么是风险呢？

美国学者威雷特博士1901年首次对风险作了实质性的分析，指出风险是关于不愿发生的事件发生的不确定性的客观体现。1921年，美国经济学家奈特在《风险、不确定性和利润》一书中，将风险与不确定性进行了重要的划分，认为风险是可以通过一定的途径、方法手段进行测定的不确定性，而不可测定性才是真正意义上的不确定性。20世纪中期，美国明尼苏达大学教授C. A. Willian和R. M. Hans进一步将风险与人们的主观认识联系起来。

本书认为，风险是在经济活动中由于各种难以预测因素的作用及影响，使得行为主体的期望目标与实际状况之间发生偏差，从而给行为主体造成经济损失的可能性。可见，风险强调的是一种面临着损失的可能状态，是要知道损失会不会发生，产生损失的可能性有多大及程度如何。所以，风险只是潜在的损失，这种损失有发生的可能，但是至今尚未发生，也许永远不会发生。

综上所述，风险的定义应具有四个基本要素：

(1) 损失暴露

损失就是降低或者丧失具有某种价值的事物的存在。

虽然损失是所有投资者都不愿看到的结果，但是，面对风险问题时，也只能客观地、理性地从“可能带来的损失有多大”开始，因此，投资的风险往往是与投资中遭受意料不到的损失联系在一起的。当然，风险还只是不利结果产生的可能性，一旦不利的结果成为现实，那就不是风险，而是损失了。

(2) 风险是客观存在的

风险是关于不愿发生的损失的客观体现，当人们对未来某事件的发生或变化有一致看法时，其风险就以客观存在的状况体现出来。风险是预期未来收益和某一特定结果相互作用形成的，是不会依人们的主观愿望而消逝的。

(3) 风险与不确定性

风险为投资的实际收益与期望的或要求的收益的偏差，它涉及变动和可能性，而变动常常又可以用标准方差来表示，用以描述分散的各种可能收益与均值偏离的程度。

一般说来，标准方差越小，各种可能收益的分布就越集中，投资风险也就较小；反之，标准方差越大，各种可能收益的分布就越分散，风险就越大。而不确定性，则意味着对于可能的情况无法估计其可能性。在这种情况下，对未来投资收益的估计就应该是定性的而非定量的。

(4) 风险可以被测算

风险具有可测定性。

对某一具体的投资项目，产生损失的可能性是符合一定的统计规律的，即可以通过概率来表示这种可能性的大小，且其有可能产生损失的最大值也是可以预先测定的。现代投资理论从各个方面对风险进行测定，建立了许多测量指标。

(二) 风险的特征

(1) 客观性

风险是由各种市场因素作用的结果，这些因素及其作用都是客观存在的，是不以人们的主观意志为转移的，人们无论愿意接受与否，都无法消除它，而只能通过一定的技术经济手段进行风险控制。

以股市为例，一国的宏观经济形势和经济政策是影响股市的长期、基本的因素，这是已经存在着的市场因素。此外，参与股市交易的各方，由于对未来预期存在着差异，在股市中的操作就大不相同，从而形成了各种市场力量。

(2) 负面性

风险主要涉及可能发生的损失，是一些消极的、负面的可能性。

一旦这种可能性发生，将会给投资者造成损失。这些损失包括：减少或者丧失占有的资产；未来收入的减少或者丧失；投资者的资金运用受到限制等。

(3) 偶然性

风险虽然是一种客观存在，但是它的发生是偶然的，是一种偶发事件。事件究竟发生与否，什么时候发生，以怎样的形式发生，其损失将会有多大等都是不确定的。

(4) 相对性与可变性

承受风险的主体不同，时空条件不同，则风险的含义也不同。汇率风险对于国际投资者来说可能是较大的风险，而对于国内投资者来说则算不上风险；同幅度的汇率的变化，由于人们主观上认识存在差异，使各类投资主体面临的风险也不相同。随着时空条件的变化，风险的形式和内容也会发生变化，这就是说，投资的风险是相对的。

目前，我国债券有固定利率和浮动利率，在交易市场买卖债券还要付交易费用，这些都将影响债券投资的收益率。

此外，风险又具有可变性。对股民而言，投资股票有可能被套牢。这个“套牢”实际上是账面亏损而非实际亏损。有经验的股民并不急于抛售手中的股票，而是等待时机解套。投资市场上各种因素的运动变化有时会使投资者遭受损失，有时又会使损失减少以至产生盈利。风险也就随着这种变化而增强、减弱，然而风险绝不会完全消失。

(5) 可测性与可控性

所谓可测性，是指根据过去的统计资料来判断某种风险发生的频率与风险造成经济损失的程度。风险的可测性为风险的控制提供了依据，人们可以根据对风险的认识和估计或评估，采取不同的手段对风险进行控制，进行风险管理。

(6) 风险与效益共生性

对投资而言，风险与效益共生性是指损失与效益的对立统一性，风险和效益是成正比的。人们可以根据对风险的认识和把握，选择适当的手段，实现其效益。风险越大，效益越高。对高效益的追求是现代风险投资蓬勃发展的内在动力。

(三) 投资风险

投资风险是指在特定环境和特定时期客观存在的、导致投资经济损失的可能性。

商场如战场，投资的过程复杂多变，即使全神贯注于其中，也难免遭受意想不到的损失，这便是投资的风险。投资的风险往往是与投资中遭受意料不到的损失联系在一起的。

一般而言，对投资风险作如下分类：

(1) 主观风险与客观风险

依据投资者认识的不同，投资风险可以分为主观风险和客观风险。

主观风险是投资者个人心理上对风险的判断和估价，在作出这种判断时，有时也是依据某些客观现象，但与风险本身有一定距离，存在着片面性，且难以用客观的尺度来衡量。主观风险更多地强调投资者个人对风险的心理承受力，与投资者的风险偏好程度有关。

主观风险虽然看起来难以捉摸，但是在管理上恰恰是至关重要的，因为每项具体投资都必须依靠人去评价、判断、决策、操作、管理，所以人对投资风险的判断与评价就显得非常重要。

与主观风险相对的是客观风险，即投资风险的客观存在。任何投资风险都是独立于人们的主观意识之外而客观存在的，是可以用科学的方法或客观的尺度衡量的。

(2) 纯粹风险和投机风险

英国学者莫伯莱最初提出了此种分类法。纯粹风险是指只有损失的可能性或没有损失的可能性，而不存在获利的可能性。

投机风险则存在三种可能性：①没有损失；②损失；③得利。这是按损失的性质来划分的。

纯粹风险有可能造成社会损失，但是符合一定规律，如大数法则，因此是可管理的。投机风险并不会减少原有的财产总量，只是重新分配原有的财产，从而造成有些人获利，有些人损失。由于投机风险存在着获利的机会，所以不少人甘愿承担风险。虽然投机风险不符合大数法则，但是投机风险仍然是可以管理的，只不过管理的方式不同。

(3) 静态风险和动态风险

静态风险是由于自然力量的不规则变动或由于人类的错误行为所致，动态风险是由于经济或社会结构的变动所引起的，前者多属于纯粹风险，危险事故的出现比较规则，也符合大数法则；后者则包括了纯粹风险和投机风险。

(4) 个体风险与总体风险

根据投资风险发生的范围来划分，可分为个体风险与总体风险。个体风险是指存在于个人、家庭或企业中的投资风险，而总体风险是指存在于政府或跨国公司中的投资风险。

(5) 市场风险与经营风险

市场风险，是指由于投资市场各种因素的变化，如利率升降、外汇涨跌、购买力强弱等因素而导致投资者的盈利或亏损，是由投资者市场环境变化引起的。经营风险主要是指企业或投资者个人在投资过程中对未来预期的偏差导致的决策不当、操作失误，使企业或投资者个人破产的可能性。经营风险强调企业或投资者个人在管理投资过程中因失误而遭受损失的可能性，是由于主观判断、操作及管理失误导致的；另外，经营风险强调不利结果发生时的严重程度，即可能导致企业或投资者个人破产。

(6) 自然风险、社会风险、经济风险及政治风险

根据损失发生的原因划分，投资风险分为自然风险、社会风险、经济风险及政治风险。

自然风险主要是指由物理的或物质的危险因素造成财产损失的风险，包括水灾、火灾、海啸、地震等。

社会风险是指由于个人行为反常或不可预料的集体行为所致的风险，包括盗窃、抢劫、罢工、动乱等。

经济风险是指在经济运行过程中，由于外部经济因素的变动或经营者的错误判断或

管理失误导致财产损失。

政治风险主要是指由种族宗教冲突、叛乱、战争等所引起的风险。

(7) 系统风险和非系统风险

系统风险是指某一投资领域内所有投资者都将共同面临的风险，是任何投资都无法回避的风险，如利率的变化对债券市场的影响，政府的某项政策将减少企业的收入，将对所有股票价格产生影响等。系统风险是由一些共同因素所致的，并且将影响某一系统内的所有投资对象，如股票、债券、期货、外汇等，不可能通过对系统内的投资品种进行多样化的组合来避免风险。

非系统风险又称剩余风险，是总风险中除了系统风险之外的那部分偶发性风险。非系统风险产生的原因是影响某一种投资品种收益的某些独特事件的发生，这种风险是可以通过投资多样化来避免的。

(四) 投资风险管理

投资风险管理是投资管理的核心问题之一，并将直接影响到一系列投资以及一定时期内投资成功与否。风险管理于 20 世纪 30 年代起源于美国，现已成为一门独立的学科，并广泛应用于投资管理、工程项目管理和企业管理等领域。

风险管理包括风险的辨识、评估、转移和控制等。

风险对投资行为具有相当重要的影响，一是使投资者根据投资风险的大小，确定其合理的投资收益水平，二是使投资者尽可能地回避、控制或转移风险。

1. 投资风险管理的原因

通过在金融市场上投入并经营一定量的资金，从而使资金增值获得收益，这是投资者的主观愿望。与此同时，金融市场上各种因素的变化会使这种希望或努力以失败而告终，这是市场本身的客观性。投资风险管理就是使这种主观愿望与客观存在统一起来，从而达到投资获利的目的。

(1) 投资风险的客观存在性是投资风险管理的第一个原因

投资者只要把资金投入金融市场进行经营，就将面临诸多风险。总体上说，他无法消除风险，只能选择承担哪个风险。

(2) 投资风险的负面性是投资风险管理的第二个原因

在金融投资中，投资风险的负面性表现得相当突出。在国际金融投资中，一般伴随着大量货币资金国际流动，一旦投资结束，本金和利润又将汇回母公司。在当前浮动汇率制下，前后汇率完全一致的情况极少，因此，投资者可能在投资过程中已经获利，但是汇率的变化会使本金和利润流回母国，由盈利变成亏损；即使在国外的投资结束后直接进入第二轮投资，而不把资金和利润汇回国内，那也可能产生风险。

(3) 投资风险的可管理性是投资风险管理的第三个原因

投资风险无法消除，又具有负面性，如何进行风险管理就显得非常重要。现实中，我们可以采用各种方法管理风险，即采用回避、保留或承担、预防与抑制、中和、转移、集合或组合等方法减少损失或增加利润。当然，这些只是一般意义上管理风险的方法，就某一金融投资而言，还有许多与该金融投资本身相联系的技术和手段。

2. 投资风险管理的目标

进行投资的目的不同，对风险的看法不同，对风险管理的目标认识也不同。

(1) 安全性是风险管理的基本目标

对投资者而言，首先是要保证投资资产的安全性。如果不能保证资产的安全性，不仅不可能获利，继续投资都会发生困难，这是任何投资者考虑问题的出发点。其次，要保证货币资金在投资过程中的安全。在金融投资市场上，其风险的主要表现形式是价格波动，投资者的盈亏更多地是由价格波动直接引起的。

(2) 安全性要服从金融投资的整体目标

金融投资的原则是：盈利性、流动性和安全性。

在安全性一定的情况下，如储蓄、债券的投资，其盈利性主要受到流动性影响。在储蓄中，活期储蓄流动性最强，所以其盈利性最差；定期储蓄的储蓄时间长，流动性小，其盈利就较大。在流动性一定的情况下，如股票、期货等投资，其盈利性将受到安全性的影响和制约。安全性较差或风险较大的领域，其盈利的可能性就较大。作为投资者，盈利性是追求的主要目标，而流动性和安全性则服从于这个目标，投资者不可能为了安全而把货币资金锁在保险柜里。因此，投资风险管理的目标就是要在投资盈利的前提下，尽量回避或转移风险。

(3) 投资风险管理的目标选择

一般而言，投资风险管理的目标选择就是投资的目标选择。投资者在正常情况下期望短时期内获得较高的收益时，就必须承担较大的风险。若投资者希望承担较小风险，其投资的收益就比较低。投资者总是在收益与风险之间徘徊，以便找到收益与风险的最佳组合，从而在最短的时间里，以最小的风险获得最大的收益。风险管理的目标选择其实是对投资目标综合评价的结果，这种评价除了在投资的风险与收益之间进行权衡之外，也包括对投资目标的流动性及其交易方式的评价。

3. 投资风险管理的范围

(1) 投资收益确定时的风险管理

投资者在投资中往往不断地进行分析和选择，以确定投资的风险和收益的最佳组合。投资的目标一经确定，其风险的大小、形式也就随之确定。

(2) 投资策略制订过程中的风险管理

在投资的目标收益确定以后，投资的对象也就比较明确了。此后，投资者还要就具体的投资品种、投资的时机、货币资金投入量、投资的先后顺序等作出一定的抉择，这就是投资的策略。制订投资策略的每一项内容都涉及风险管理，其中投资时机的选择是投资策略的核心内容。

(3) 投资操作过程中的风险管理

投资的操作过程是实现利润或遭受损失的过程。这一期间的风险管理主要是根据实际情况对投资收益的目标进行调整及在投资过程中进行投资策略的相应调整。投资的操作过程，并不完全是原定方案的实施过程，而是综合运用各种策略以实现利润最大化目标的过程，所以，一旦资金入市，就必须对市场的变化进行适时的跟踪、评估和判断。

(4) 损失发生时的风险管理

损失发生时，投资者面临两个大的选择：

一是继续投资，此时可能坚持原来的投资策略，或改变策略，或调整操作。

二是撤走投资，完全改变原来的投资目标、投资策略及投资操作。

4. 投资风险管理的方法

(1) 投资风险回避

风险回避是指事先预料风险产生的可能性程度，判断导致其实现的条件和因素，在投资活动中尽可能地回避或改变投资的方向。

风险回避是风险管理中进行风险控制的最彻底的方式，采取有效的风险回避措施可以完全消除某一特定风险，而其他风险控制手段仅在于通过降低风险概率和损失程度来减轻风险的潜在影响。

(2) 投资风险抑制

风险抑制是指采取各种措施降低风险实现概率及经济损失的程度。

风险抑制是投资者在分析风险的基础上，力图维持原有决策，实施风险对抗的积极措施。

(3) 投资风险自留

风险自留是指对一些无法回避和转移的风险采取现实的态度，在不影响投资者根本或大局利益的前提下承担下来。

这是一种积极的风险控制手段，它会使投资者为承受风险损失而事先做好种种准备工作，修改自己的行为方式，努力将风险损失降到最低程度。

(4) 投资风险集合

风险集合是指在大量同类风险发生的环境下，投资者联合行动分散风险损失，从而降低防范风险发生的成本，如国际贷款中的多边担保制。

(5) 投资风险转移

风险转移是指某风险承担者通过若干技术和经济手段将风险转移给他人承担。

风险转移分保险转移和非保险转移两种。

保险转移是指投资者向保险公司投保，以交纳保险费为代价，将投资风险转移给保险公司承担，当承保风险发生后，其损失由保险公司按约进行补偿；非保险转移是指不是向保险公司投保而是利用其他途径将风险转移给别人。

一、投资环境分析

(一) 投资环境的界定

任何投资活动都存在于某一特定的环境中，投资环境分析是分析投资风险、确定投资合理收益、安排投资计划的关键性工作。

投资环境作为实现投资目标的一项重要内容，是指在投资的一定区域内对投资所要达到的目标产生有利或不利影响的外部条件，包括对投资具有影响的区域范围内的社会政治、经济、法律、文化、自然地理、基础设施、服务等综合条件。

1. 构成投资环境系统的各种要素的分类

按投资环境存在的物质形态不同分为硬环境和软环境。

硬环境是指与投资活动直接相关的外部物质条件，主要包括城市和工业基础设施的结构及其状况、自然地理条件。

软环境是指对投资活动有重大影响的政治、经济、社会、人文诸方面的外部条件，主要包括政治条件、经济条件、管理条件、人口素质、政策性优惠条件等。

按投资环境存在的范围不同可以分为宏观、中观和微观投资环境。

宏观投资环境是从整个国家角度考察的投资环境，要通过国与国之间的比较才能正确予以评价，主要包括国家的政局和政策的稳定程度、国民经济管理体制、国民经济增长速度、生产力发展水平、涉外法律规章制度、社会思想文化观念等。

微观投资环境是指进行投资活动具体场所的自然条件、经济条件和社会条件，主要包括厂房、设备、水电等基本生产条件的完备程度，企业管理水平及其与生产经营需要的适应程度，企业职工素质及其工资水平，企业原材料来源及产品销路等。

中观投资环境介于宏观投资环境与微观投资环境之间，分为地区投资环境和行业投资环境。

地区投资环境是指一定投资区域内的自然、经济、社会条件，主要包括地区对外开放程度、地区经济发展及生产力水平、地方政府的管理水平和办事效率、地区基础设施状况、地区技术和劳动条件、地区自然资源条件等。

行业投资环境是指一定行业中有关投资的外部条件，主要包括行业发展规模与水平，行业产品的市场容量及竞争状况，行业优惠政策与限制政策，行业所需主要设备、原材料和能源的供应情况等。

按投资环境存在的内容不同可分为社会经济环境、物质技术环境、自然地理和资源环境。

社会经济环境又分为社会政治环境和经济环境。

社会政治环境包括社会政治制度及稳定性、社会结构、意识形态、风俗习惯等要素。社会经济环境包括经济结构与发展水平、经济体制、生产要素供应、吸收外资的条件和情况等要素。

物质技术环境主要包括交通运输和通信设施，煤、电、气、水的供应情况，福利设施等要素。

自然地理和资源环境包括地理位置、地质、水文、气候、资源状况等要素。

2. 投资环境的基本特征

(1) 系统性

投资环境是由各具体因素所构成的子系统，各个因素相互协调、相互作用形成一个完整的有机的投资环境系统。在这个系统中，只要某个或某一部分因素发生了变化，都会直接对投资的投入产生相斥或相吸的作用。

(2) 动态性

投资环境是一个动态平衡的开放系统，总是处在不停的运动之中。通过运动，投资环境各要素之间才能合理地作用、组合与分裂，才能体现出投资环境的运行水平，投资环境的评价标准也会因投资环境的变化而变化。

(3) 相对性

投资环境是一个开放的系统，同时又是国家或地区社会经济技术系统的一个子系统，其好坏与优劣程度是相对而言的，是以各国或地区横向对比作为参照的。

评判某个国家或地区投资环境的优劣，不能脱离同其他国家或地区的比较而孤立地进行，否则就失去了评判的意义。

(二) 投资环境分析

进行投资环境分析，首先是要弄清投资环境的全部结构和内容，有必要先将构成环境的要素加以分解。

构成投资环境的要素很多，一般包括社会政治、法律、经济、文化、自然地理、基础设施、社会服务等七大类。

1. 社会政治环境

社会政治环境主要包括政治稳定性、政策连续性、对外政策和战争风险四个方面。

政治稳定性首先要看一个国家的政权是否稳定，这是至关重要的，政权的非正常更迭必然导致政策的改变，这给投资者带来的损害是最大的。其次要看社会治安是否良好，优良的治安环境会对投资企业的正常经营带来方便。对外政策主要看是积极地吸引外资，还是有所限制，或是完全拒绝。

政策是否连续有两种情况：

一种是由于政权变更而引起政策突变，这属于政治稳定性的范畴；另一种是政权稳定但政策改变，这种情况会较多地产生不安定因素，同时还表现为政治决策者不成熟，这些都会使投资者兴趣下降。

2. 法律环境

法律环境主要包括法律完整性、法制稳定性和执法机构的公正性三个方面。

法律完整性主要看有关的法规是否健全，如金融、审计、经营、进出口贸易、投资专利等法规的全面性、完整性和配套性。一般而言，法规是否稳定与政治稳定性有关，政治稳定有助于法规稳定，而法规稳定则促进政治稳定。但是，即使一个国家的法制是稳定的，法律也是完备的，如果执法不公，投资者就会产生不安全感。因此，执法机构的公正性也是十分重要的。

3. 经济环境

(1) 宏观经济环境

宏观经济环境是指一个国家或地区的总体经济环境，主要体现在国民经济发展状况上，可以根据国民生产总值、国民收入总额以及这两项指标的人均值和增长速度进行定量分析；对外经济交流情况，可以用进出口贸易总额和外汇储备两个指标进行定量分析；经济政策，主要包括根据国民经济发展规划而制定的产业政策、消费政策、财政政策、金融政策和对外开放政策等。

(2) 市场环境

市场环境主要包括市场规模、分销网点和市场限制三个方面。

市场规模主要对产品内销的投资项目具有吸引力,市场规模越大,越有利于产品的销售。分销网点的多少也与产品内销项目关系甚大,分销网点多则有助于产品销售,网点少则不利于销售。国家对市场是否限制,限制多大,这是投资者极为关心的问题,外来投资者大多是为了扩大市场。

(3) 财务环境

财务环境是指投资项目在实施及经营中所遇到的资金、成本、利润、税收等方面的规定和财务资金运动的条件,主要包括资金筹措的可能性、投资成本、资本与利润外调的限制、汇率、税率和经营成本等六个方面。

(4) 技术与管理水平

技术与管理水平是经济环境的重要组成部分,标志着当地生产力水平的高低,对于增加投资产出有重要影响,主要包括劳动力文化素质与技术熟练程度、管理人员的经营管理水平、当地协作配套能力三个方面。这三个条件越好,越有利于资本的引进,特别是一些高技术产品项目把技术与管理水平作为一个极重要的投资环境要素。

(5) 生产要素供应

生产要素供应主要从劳动力和生产资料两方面来看。

劳动力的供应不仅是指数量,更重要的是指劳动力结构,包括年龄结构、性别结构、知识结构等。

生产资料供应主要是指投资项目所需的生产资料的供应。

这两大生产要素能否满足需求,是投资项目能否正常运行的重要前提。

4. 文化环境

文化环境主要包括两个方面内容:

①当地居民的风俗习惯与价值观念能否与投资者的习惯与观念相融合,如宗教信仰、生活方式、人际交往、对事物的看法等。

②当地对投资的态度,是欢迎,怀疑,还是反对。尤其对外资,双方文化习惯的差异越大,对投资者越不利。

5. 自然地理环境

这是一个在短期内难以改变的环境要素。项目投资的地理位置是否优越,关系到项目地点与市场的距离、资源供应的便利等方面,这对于降低经营成本有着重要意义。气候条件的好坏将会影响到生产的顺利进行,投资者总是愿意选择气候较好的地区作为投资地点,有些特殊产品的项目还需选择具有特定气候条件的地区进行投资。当地的人口状况关系到项目劳动力的供应和未来产品的销售,适当的人口结构会使投资者产生兴趣。

6. 基础设施

基础设施是构成投资物质技术环境的一个重要方面,主要包括能源、交通、邮电通信三个方面。

能源设施包括煤、电、水、气、燃料等的供应设施;交通设施包括水、陆、空三个方面的交通运输条件;邮电通信设施是指邮政、电报、电话、电传、卫星等方面的通信服务设施。基础设施的好坏对投资者具有很大的影响，是因为这些服务设施与投资项目的顺利运行有很大的关系。良好的基础设施有利于提高工作效率，降低成本，增加项目产出和盈利。

不断改善基础设施可以吸引更多的投资，这是受资方需要十分重视的环节。

7. 社会服务环境

能否向投资者提供最佳服务，对投资者的投资决策具有重大影响。

这是一项看似简单而实际上相当困难的工作，行政机构办事效率和金融服务质量往往源于传统习惯而难以改变，要提高这两方面的服务质量，需要花大力气，下决心实行变革。从另一个角度看，吸引投资实际也是对我们现有体制实行改革的一个促进，这是生产力发展推动上层建筑相应变革的客观要求，符合社会发展规律。

任务评价

风险是在经济活动中由于各种难以预测因素的作用及影响，使得行为主体的期望目标与实际状况之间发生偏差，从而给行为主体造成经济损失的可能性。

风险强调的是一种面临着损失的可能状态，是要知道损失会不会发生，产生损失的可能性有多大及程度如何。所以，风险只是潜在的损失，这种损失有发生的可能，也有可能永远不会发生。

项目小结

影响和决定投资环境的因素有很多：①社会政治因素。国家安定，国泰民安的国家和地区，因为投资风险小，自然会吸引投资者。②市场因素。市场是否健全、价格体系是否合理、市场结构与规模如何、居民的消费能力与消费习惯怎么样，都会直接影响投资效益。③资源因素。如矿产蕴藏量和开发水平、利用状况等。④交通运输通信信息因素。这是投资的循环和神经系统，若交通不便、通讯闭塞，就不能吸引投资者。⑤资金因素。包括资金的来源、途径等等。⑥劳动力因素。主要是指劳动力的数量和素质能否适应投资者的需要。⑦经营管理水平、吸收先进技术的能力、为生产经营服务的状况等。

按投资环境要素的物质形态属性不同，分为硬环境和软环境。硬环境是指那些具有物质形态的要素组合；软环境主要是指没有具体物质形态的要素。

按投资环境研究层次的不同，可分为宏观投资环境、中观投资环境和微观投资环境三种。宏观投资环境多指影响整个社会资本运动的宏观社会经济变量和历史文化现实，探索研究的内容是全国或大区域范围内的国民经济发展、商业周期兴衰、国家政治法律制度变革、文化传统习俗的嬗变，以及国家之间和区域之间的地缘关系等。微观投资环境则是指某个投资项目选址时考虑的具体的自然、经济和社会条件。中观投资环境多指地区投资环境和产业投资环境，是介于上述两者之间的一个层次，承上启下。

我们还可以从其他角度对投资环境进行分类。如按投资运动阶段不同可分为投资的投入环境、使用环境和回收环境；按投资的国别不同分为国内投资环境和国际投资环境；按照组成要素的不同，分为政治环境、基础设施环境、金融环境、科技环境、法律环境、自然地理环境等等。

1. 简述风险的定义和基本要素。
2. 风险的类型主要有哪些？
3. 投资风险管理的方法有哪些？
4. 简述投资环境分析的内容。

项目十三　工程项目国民经济评价

学习要求

（1）了解国民经济评价的基本概念。

（2）熟悉国民经济评价与财务评价的异同。

学习目的

对国民经济评价有基本的认识。

任务　国民经济评价指标及报表

任务描述

国民经济评价是从国家整体角度考查项目的效益与费用，分析和计算项目给国民经济带来的净效益，从而评价投资项目在经济上的合理性，为投资决策提供宏观决策依据。

一、国民经济评价概述

（一）效益与费用的识别

国民经济评价是从国家整体利益出发评价项目的经济合理性，不仅要识别项目本身的内部效果，而且需要识别项目对国民经济其他部门和单位产生的外部效果。

国民经济效益分为直接效益和间接效益；国民经济费用分为直接费用和间接费用。

直接效益和直接费用称为内部效果,间接效益和间接费用称为外部效果。

(1) 直接效益与直接费用

直接效益是指由项目产出物直接生成并在项目范围内计算的经济效益。直接费用是指项目使用投入物所产生并在项目范围内计算的经济费用。

(2) 间接效益与间接费用

间接效益与间接费用,或称外部效果,是指项目对国民经济作出的贡献与国民经济为项目付出的代价中,在直接效益与直接费用中未得到反映的那部分效益与费用。

(3) 转移支付

项目的某些财务收益和支出,从国民经济角度看并没有造成资源的实际增加或者减少,而是国民经济内部的"转移支付",不应计作项目的国民经济效益与费用。

转移支付的主要内容包括税金、政府补贴和国内外贷款的还本付息等。

总之,项目的效益、费用的划分是以项目实施后给国民经济整体带来的实际损益为原则,而与项目直接有关的税金、国内外借款利息、补贴等属于国民经济内部的转移支付,不计为项目的效益与收益。

(二) 国民经济评价的特点

国民经济评价与财务评价的共同之处在于:首先,它们都是经济效果评价,使用基本的经济评价理论和方法,寻求以最小的投入获取最大的产出,都要考虑资金的时间价值,采用内部收益率、净现值等经济盈利性指标进行经济效果分析;其次,两种分析都要在完成产品需求预测、工艺技术选择、投资估算、资金筹措方案选择等基础上进行。

国民经济评价与财务评价的区别在于:

①两种评价的基本出发点不同。

②费用和效益的含义和划分范围不同。

③财务评价与国民经济评价所使用价格体系不同。

④两种评价使用的参数不同。

⑤评价内容不同。

财务评价主要有两个方面,一是盈利能力分析,另一个是清偿能力分析。

二、国民经济评价的参数特征

(一) 国民经济评价的参数

国民经济评价参数是进行国民经济评价的基本依据,对选择优化方案具有重要作用。

国民经济评价的参数主要包括社会折现率、影子汇率和影子工资等,这些参数由专门机构组织测算、发布。

(1) 社会折现率

社会折现率是用以衡量资金时间价值的重要参数,代表社会资金被占用应获得的最低收益率,并用作不同年份价值换算的折现率。

社会折现率是国民经济评价中经济内部收益率的基准值。

(2) 影子汇率

汇率是指两个国家不同货币之间的比价或交换比率。

影子汇率是反映外汇真实价值的汇率。影子汇率主要依据一个国家或地区一段时期内进出口的结构和水平、外汇的机会成本及发展趋势、外汇供需状况等因素确定。一旦上述因素发生较大变化时，影子汇率值需作相应的调整。

在国民经济评价中，影子汇率通过影子汇率换算系数计算。影子汇率换算系数是影子汇率与国家外汇牌价的比值。

(3) 影子工资

影子工资是指项目使用劳动力时，社会为此付出的代价。影子工资由劳动力的机会成本和社会资源耗费两部分构成。

影子工资一般通过影子工资换算系数计算。影子工资换算系数是影子工资与项目财务评价中劳动力工资和福利费的比值。

（二）影子价格的确定

项目的国民经济评价应采用计算国民经济效益与费用时的专用价格，即影子价格。

影子价格是指依据一定原则确定的，能够反映投入物和产出物真实经济价值，反映市场供求状况，反映资源稀缺程度，使资源得到合理配置的价格。

确定影子价格时，对于投入物和产出物，首先要区分为市场定价货物、政府调控价格货物和特殊投入物三大类别，然后根据投入物和产出物对国民经济的影响分别处理。

1. 市场定价货物的影子价格

(1) 外贸货物影子价格

外贸货物是指生产或使用会直接或间接影响国家出口或进口的货物。原则上，石油、金属材料、金属矿物、木材及可出口的商品煤一般都划为外贸货物。

外贸货物影子价格的定价基础是国际市场价格。

外贸货物中的进口品应满足以下条件，否则不应进口。

国内生产成本＞到岸价格(CIF)

外贸货物中的出口品应满足以下条件，否则不应出口。

国内生产成本＜离岸价格(FOB)

到岸价格与离岸价格统称口岸价格。口岸价格应按本国货币计算，计算公式如下：

到岸价格＝美元结算的到岸价格×影子汇率

离岸价格＝美元结算的离岸价格×影子汇率

工程项目外贸货物的影子价格按下述公式计算：

产出物的影子价格(项目产出物的出厂价格) ＝ 离岸价格(FOB) × 影子汇率 － 国内运杂费 － 贸易费用　(13.1)

投入物的影子价格(项目投入物的到厂价格) ＝ 到岸价格(CIF) × 影子汇率 ＋ 国内运杂费 ＋ 贸易费用　(13.2)

贸易费用是指外经贸机构为进出口货物所耗用的、用影子价格计算的流通费用，包括货物的储运、再包装、短途运输、装卸、国内保险、检验等环节的费用支出以及资金占用的机会成本，但不包括长途运输费用。

(2) 非外贸货物影子价格

非外贸货物是指生产或使用不影响国家出口或进口的货物。根据不能外贸的原因，非外贸货物分为天然非外贸货物和非天然的非外贸货物。

天然非外贸货物是指使用和服务地限于国内。

非天然的非外贸货物是指由于经济原因或政策原因不能外贸的货物。

在忽略国内运输费用和贸易费用的前提下，由于经济性原因造成的非外贸货物满足以下条件：

$$离岸价格<国内生产成本<到岸价格$$

随着我国市场经济发展和贸易范围的扩大，大部分货物的价格由市场形成，价格可以近似反映其真实价值。进行国民经济评价可将这些货物的市场价格加上或者减去国内运杂费作为影子价格。工程项目非外贸货物的影子价格按下述公式计算：

$$产出物的影子价格(项目产出物的出厂价格) = 市场价格 - 国内运杂费 \quad (13.3)$$

$$投入物的影子价格(项目投入物的到厂价格) = 市场价格 + 国内运杂费 \quad (13.4)$$

2. 政府调控价格货物的影子价格

政府调控的货物或者服务的价格不能完全反映其真实价值，确定这些货物或者服务的影子价格的原则是：投入物按机会成本分解定价，产出物按对经济增长的边际贡献率与消费者支付意愿定价。

由政府主要调控的水、电等作为投入物和产出物时的影子价格的确定方法：

①水作为项目投入物的影子价格，按后备水源的边际成本分解定价，或者按恢复水资源存量的成本计算。水作为项目产出物的影子价格，按消费者支付意愿或者按消费者承受能力加政府补贴计算。

②电力作为项目投入物的影子价格，一般按完全成本分解定价，电力过剩时按可变成本分解定价。电力作为项目产出物的影子价格，可按电力对当地经济边际贡献率定价。

3. 特殊投入物的影子价格

工程项目的特殊投入物是指项目在建设、生产运营中使用的劳动力、土地和自然资源等。项目使用这些特殊投入物发生的国民经济费用，应分别采用下列方法确定其影子价格。

(1) 影子工资

影子工资主要包括劳动力的机会成本和新增资源耗费。劳动力的机会成本是指该劳动力不被拟建项目招用，而从事其他生产经营活动所创造的最大效益。新增资源耗费是指社会为劳动力就业而付出的，但职工又未得到的其他代价，如为劳动力就业而支付的搬迁费、培训费、城市交通费等。

影子工资与劳动力的技术熟练程度和供求状况(过剩与稀缺)有关，技术越熟练，稀缺程度越高，其机会成本越高，反之越低。

(2) 土地的影子价格

我国目前取得土地使用权的方式有:行政划拨、政府出让和转让。

土地的影子价格是建立在被放弃的最大收益这一机会成本概念上的。如果项目占用的土地是没有什么用处的荒山野岭,其机会成本可视为零;若项目所占用的是农业土地,其机会成本为原来的农业净收益、拆迁费用和劳动力安置费;如果项目占用城市用地,应以土地市场价格计算土地的影子价格,主要包括土地出让金、基础设施建设费、拆迁安置补偿费等。

(3) 自然资源的影子价格

各种自然资源是一种特殊的投入物,项目使用的矿产资源、水资源、森林资源等都是对国家资源的占用和消耗。

矿产等不可再生资源的影子价格按资源的机会成本计算。水和森林等可再生自然资源的影子价格按资源再生费用计算。

一、国民经济评价指标

国民经济评价以盈利能力为主,评价指标包括经济内部收益率和经济净现值。

(1) 经济内部收益率 $EIRR$

经济内部收益率是反映项目对国民经济净贡献的相对指标,是项目在计算期内各年经济净效益流量的现值累计等于零时的折现率。

其表达式为:

$$\sum_{t=1}^{n}(B-C)_t(1+EIRR)^{-t}=0 \tag{13.5}$$

式中,B——国民经济效益流量;

C——国民经济费用流量;

$(B-C)_t$——第 t 年的国民经济净效益流量;

n——计算期。

判别准则:经济内部收益率等于或大于社会折现率,表明项目对国民经济的净贡献达到或超过了要求的水平,这时应认为项目是可以接受的。否则,项目是不可以接受的。

(2) 经济净现值 $ENPV$

经济净现值是反映项目对国民经济净贡献的绝对指标,是指用社会折现率将项目计算期内各年的净收益流量折算到建设期初的现值之和。

其表达式为:

$$ENPV=\sum_{t=1}^{n}(B-C)_t(1+i_s)^{-t} \tag{13.6}$$

式中，i_s——社会折现率。其他符号意义同前。

判别准则：工程项目经济净现值等于或大于零，表示国家对拟建项目付出代价后，可以得到符合社会折现率的社会盈余，或除了得到符合社会折现率的社会盈余外，还可以得到以现值计算的超额社会盈余，这时就认为项目是可以考虑接受的。否则，项目是不可接受的。

按分析效益费用的口径不同，可分为整个项目的经济内部收益率和经济净现值、国内投资经济内部收益率和经济净现值。如果项目没有国外投资和国外借款，全部投资指标与国内投资指标相同；如果项目有国外资金流入与流出，应以国内投资的经济内部收益率和经济净现值作为项目国民经济评价的指标。

二、国民经济评价报表

国民经济评价的基本报表分为国民经济效益费用表（全部投资）和国民经济效益费用表（国内投资）。前者以全部投资作为计算的基础，用以计算全部投资经济内部收益率、经济净现值、经济净现值率等评价指标；后者以国内投资作为计算的基础，将国外贷款利息和本金的偿还作为现金流出，用以计算国内投资的经济内部收益率、经济净现值、经济净现值率等指标。

国民经济效益费用流量表的格式见表 13.1 所示，表中内容可根据实际情况增减。

表 13.1 国民经济效益费用流量表（国内投资）

序号	项目＼年份	建设期		投产期		达产期				合计
		1	2	3	4	5	6	…	n	
	生产负荷(%)									
1	效益流量									
1.1	产品销售收入									
1.2	回收固定资产余值									
1.3	回收流动资金									
1.4	项目间接效益									
2	费用流量									
2.1	固定资产投资中国内资金									
2.2	流动资金中国内资金									
2.3	经营费用									
2.4	流至国外的资金									
2.4.1	国外借款本金偿还									

（续　表）

序号	年份 项目	建设期		投产期		达产期				合计
		1	2	3	4	5	6	…	n	
2.4.2	国外借款利息支付									
2.4.3	其他									
2.5	项目间接费用									
3	净效益流量(1－2)									
计算指标：经济内部收益率 $EIRR$： 经济净现值 $ENPV(i_s=\ \ )$：										

任务评价

国民经济评价是按照资源合理配置的原则，从国家整体角度考查项目的效益和费用，用货物影子价格、影子汇率、影子工资和社会折现率等经济参数，分析计算项目对国民经济的净贡献，评价项目的经济合理性。

项目小结

国民经济评价是从国家角度衡量工程项目的宏观可行性。国民经济评价的关键是计算影子价格、影子汇率及项目未来的经济效益和费用，在此基础上根据社会折现率，对项目的净效益折现，计算出一系列评价指标，然后对项目进行国民经济评价。进行国民经济评价时，原则上应使用影子价格。影子价格的确定分为市场定价货物影子价格的确定、政府调控价格货物影子价格的确定和特殊投入物影子价格的确定三种类型。国民经济评价以盈利能力为主，评价指标包括经济内部收益率和经济净现值。国民经济评价的基本报表分为全部投资和国内投资国民经济效益费用表。

思考与练习

1. 简述效益与费用的识别。
2. 简述国民经济评价的特点。
3. 阐述国民经济评价与财务评价的区别在于哪些方面。
4. 国民经济评价的参数主要有哪些?
5. 外贸货物影子价格的定价基础是什么?
6. 国民经济评价以盈利能力为主，评价指标包括哪些?
7. 国民经济评价的基本报表分为哪些?
8. 某进口货物的国内价格为每吨 216 元，其影子价格换算系数为 2.36，国内运费及贸易费为每吨 38 元，人民币对某外币的汇率为 0.6，求该进口产品用外币表示的到岸价格 CIF。

附录　复利系数表

复利系数表

(i=1%)

年份	$(F/P,i,n)$	$(P/F,i,n)$	$(F/A,i,n)$	$(A/F,i,n)$	$(A/P,i,n)$	$(P/A,i,n)$
1	1.010 0	0.990 1	1.000 0	1.000 0	1.010 0	0.990 1
2	1.020 1	0.980 3	2.010 0	0.497 5	0.507 5	1.970 4
3	1.030 3	0.970 6	3.030 1	0.330 0	0.340 0	2.941 0
4	1.040 6	0.961 0	4.060 4	0.246 3	0.256 3	3.902 0
5	1.051 0	0.951 5	5.101 0	0.196 0	0.206 0	4.853 4
6	1.061 5	0.942 0	6.152 0	0.162 5	0.172 5	5.795 5
7	1.072 1	0.932 7	7.213 5	0.138 6	0.148 6	6.728 2
8	1.082 9	0.923 5	8.285 7	0.120 7	0.130 7	7.651 7
9	1.093 7	0.914 3	9.368 5	0.106 7	0.116 7	8.566 0
10	1.104 6	0.905 3	10.462 2	0.095 6	0.105 6	9.471 3
11	1.115 7	0.896 3	11.566 8	0.086 5	0.096 5	10.367 6
12	1.126 8	0.887 4	12.682 5	0.078 8	0.088 8	11.255 1
13	1.138 1	0.878 7	13.809 3	0.072 4	0.082 4	12.133 7
14	1.149 5	0.870 0	14.947 4	0.066 9	0.076 9	13.003 7
15	1.161 0	0.861 3	16.096 9	0.062 1	0.072 1	13.865 1
16	1.172 6	0.852 8	17.257 9	0.057 9	0.067 9	14.717 9
17	1.184 3	0.844 4	18.430 4	0.054 3	0.064 3	15.562 3
18	1.196 1	0.836 0	19.614 7	0.051 0	0.061 0	16.398 3
19	1.208 1	0.827 7	20.810 9	0.048 1	0.058 1	17.226 0
20	1.220 2	0.819 5	22.019 0	0.045 4	0.055 4	18.045 6
21	1.232 4	0.811 4	23.239 2	0.043 0	0.053 0	18.857 0
22	1.244 7	0.803 4	24.471 6	0.040 9	0.050 9	19.660 4

（续　表）

年份	$(F/P,i,n)$	$(P/F,i,n)$	$(F/A,i,n)$	$(A/F,i,n)$	$(A/P,i,n)$	$(P/A,i,n)$
23	1.257 2	0.795 4	25.716 3	0.038 9	0.048 9	20.455 8
24	1.269 7	0.787 6	26.973 5	0.037 1	0.047 1	21.243 4
25	1.282 4	0.779 8	28.243 2	0.035 4	0.045 4	22.023 2
26	1.295 3	0.772 0	29.525 6	0.033 9	0.043 9	22.795 2
27	1.308 2	0.764 4	30.820 9	0.032 4	0.042 4	23.559 6
28	1.321 3	0.756 8	32.129 1	0.031 1	0.041 1	24.316 4
29	1.334 5	0.749 3	33.450 4	0.029 9	0.039 9	25.065 8
30	1.347 8	0.741 9	34.784 9	0.028 7	0.038 7	25.807 7
31	1.361 3	0.734 6	36.132 7	0.027 7	0.037 7	26.542 3
32	1.374 9	0.727 3	37.494 1	0.026 7	0.036 7	27.269 6
33	1.388 7	0.720 1	38.869 0	0.025 7	0.035 7	27.989 7
34	1.402 6	0.713 0	40.257 7	0.024 8	0.034 8	28.702 7
35	1.416 6	0.705 9	41.660 3	0.024 0	0.034 0	29.408 6
36	1.430 8	0.698 9	43.076 9	0.023 2	0.033 2	30.107 5
37	1.445 1	0.692 0	44.507 6	0.022 5	0.032 5	30.799 5
38	1.459 5	0.685 2	45.952 7	0.021 8	0.031 8	31.484 7
39	1.474 1	0.678 4	47.412 3	0.021 1	0.031 1	32.163 0
40	1.488 9	0.671 7	48.886 4	0.020 5	0.030 5	32.834 7
41	1.503 8	0.665 0	50.375 2	0.019 9	0.029 9	33.499 7
42	1.518 8	0.658 4	51.879 0	0.019 3	0.029 3	34.158 1
43	1.534 0	0.651 9	53.397 8	0.018 7	0.028 7	34.810 0
44	1.549 3	0.645 4	54.931 8	0.018 2	0.028 2	35.455 5
45	1.564 8	0.639 1	56.481 1	0.017 7	0.027 7	36.094 5
46	1.580 5	0.632 7	58.045 9	0.017 2	0.027 2	36.727 2
47	1.596 3	0.626 5	59.626 3	0.016 8	0.026 8	37.353 7
48	1.612 2	0.620 3	61.222 6	0.016 3	0.026 3	37.974 0
49	1.628 3	0.614 1	62.834 8	0.015 9	0.025 9	38.588 1
50	1.644 6	0.608 0	64.463 2	0.015 5	0.025 5	39.196 1

复利系数表

（$i=2\%$）

年份	$(F/P,i,n)$	$(P/F,i,n)$	$(F/A,i,n)$	$(A/F,i,n)$	$(A/P,i,n)$	$(P/A,i,n)$
1	1.020 0	0.980 4	1.000 0	1.000 0	1.020 0	0.980 4
2	1.040 4	0.961 2	2.020 0	0.495 0	0.515 0	1.941 6
3	1.061 2	0.942 3	3.060 4	0.326 8	0.346 8	2.883 9
4	1.082 4	0.923 8	4.121 6	0.242 6	0.262 6	3.807 7
5	1.104 1	0.905 7	5.204 0	0.192 2	0.212 2	4.713 5
6	1.126 2	0.888 0	6.308 1	0.158 5	0.178 5	5.601 4
7	1.148 7	0.870 6	7.434 3	0.134 5	0.154 5	6.472 0
8	1.171 7	0.853 5	8.583 0	0.116 5	0.136 5	7.325 5
9	1.195 1	0.836 8	9.754 6	0.102 5	0.122 5	8.162 2
10	1.219 0	0.820 3	10.949 7	0.091 3	0.111 3	8.982 6
11	1.243 4	0.804 3	12.168 7	0.082 2	0.102 2	9.786 8
12	1.268 2	0.788 5	13.412 1	0.074 6	0.094 6	10.575 3
13	1.293 6	0.773 0	14.680 3	0.068 1	0.088 1	11.348 4
14	1.319 5	0.757 9	15.973 9	0.062 6	0.082 6	12.106 2
15	1.345 9	0.743 0	17.293 4	0.057 8	0.077 8	12.849 3
16	1.372 8	0.728 4	18.639 3	0.053 7	0.073 7	13.577 7
17	1.400 2	0.714 2	20.012 1	0.050 0	0.070 0	14.291 9
18	1.428 2	0.700 2	21.412 3	0.046 7	0.066 7	14.992 0
19	1.456 8	0.686 4	22.840 6	0.043 8	0.063 8	15.678 5
20	1.485 9	0.673 0	24.297 4	0.041 2	0.061 2	16.351 4
21	1.515 7	0.659 8	25.783 3	0.038 8	0.058 8	17.011 2
22	1.546 0	0.646 8	27.299 0	0.036 6	0.056 6	17.658 0
23	1.576 9	0.634 2	28.845 0	0.034 7	0.054 7	18.292 2
24	1.608 4	0.621 7	30.421 9	0.032 9	0.052 9	18.913 9
25	1.640 6	0.609 5	32.030 3	0.031 2	0.051 2	19.523 5
26	1.673 4	0.597 6	33.670 9	0.029 7	0.049 7	20.121 0
27	1.706 9	0.585 9	35.344 3	0.028 3	0.048 3	20.706 9
28	1.741 0	0.574 4	37.051 2	0.027 0	0.047 0	21.281 3
29	1.775 8	0.563 1	38.792 2	0.025 8	0.045 8	21.844 4

（续　表）

年份	$(F/P,i,n)$	$(P/F,i,n)$	$(F/A,i,n)$	$(A/F,i,n)$	$(A/P,i,n)$	$(P/A,i,n)$
30	1.811 4	0.552 1	40.568 1	0.024 6	0.044 6	22.396 5
31	1.847 6	0.541 2	42.379 4	0.023 6	0.043 6	22.937 7
32	1.884 5	0.530 6	44.227 0	0.022 6	0.042 6	23.468 3
33	1.922 2	0.520 2	46.111 6	0.021 7	0.041 7	23.988 6
34	1.960 7	0.510 0	48.033 8	0.020 8	0.040 8	24.498 6
35	1.999 9	0.500 0	49.994 5	0.020 0	0.040 0	24.998 6
36	2.039 9	0.490 2	51.994 4	0.019 2	0.039 2	25.488 8
37	2.080 7	0.480 6	54.034 3	0.018 5	0.038 5	25.969 5
38	2.122 3	0.471 2	56.114 9	0.017 8	0.037 8	26.440 6
39	2.164 7	0.461 9	58.237 2	0.017 2	0.037 2	26.902 6
40	2.208 0	0.452 9	60.402 0	0.016 6	0.036 6	27.355 5
41	2.252 2	0.444 0	62.610 0	0.016 0	0.036 0	27.799 5
42	2.297 2	0.435 3	64.862 2	0.015 4	0.035 4	28.234 8
43	2.343 2	0.426 8	67.159 5	0.014 9	0.034 9	28.661 6
44	2.390 1	0.418 4	69.502 7	0.014 4	0.034 4	29.080 0
45	2.437 9	0.410 2	71.892 7	0.013 9	0.033 9	29.490 2
46	2.486 6	0.402 2	74.330 6	0.013 5	0.033 5	29.892 3
47	2.536 3	0.394 3	76.817 2	0.013 0	0.033 0	30.286 6
48	2.587 1	0.386 5	79.353 5	0.012 6	0.032 6	30.673 1
49	2.638 8	0.379 0	81.940 6	0.012 2	0.032 2	31.052 1
50	2.691 6	0.371 5	84.579 4	0.011 8	0.031 8	31.423 6

复利系数表

（$i=3\%$）

年份	$(F/P,i,n)$	$(P/F,i,n)$	$(F/A,i,n)$	$(A/F,i,n)$	$(A/P,i,n)$	$(P/A,i,n)$
1	1.030 0	0.970 9	1.000 0	1.000 0	1.030 0	0.970 9
2	1.060 9	0.942 6	2.030 0	0.492 6	0.522 6	1.913 5
3	1.092 7	0.915 1	3.090 9	0.323 5	0.353 5	2.828 6
4	1.125 5	0.888 5	4.183 6	0.239 0	0.269 0	3.717 1
5	1.159 3	0.862 6	5.309 1	0.188 4	0.218 4	4.579 7
6	1.194 1	0.837 5	6.468 4	0.154 6	0.184 6	5.417 2
7	1.229 9	0.813 1	7.662 5	0.130 5	0.160 5	6.230 3
8	1.266 8	0.789 4	8.892 3	0.112 5	0.142 5	7.019 7
9	1.304 8	0.766 4	10.159 1	0.098 4	0.128 4	7.786 1
10	1.343 9	0.744 1	11.463 9	0.087 2	0.117 2	8.530 2
11	1.384 2	0.722 4	12.807 8	0.078 1	0.108 1	9.252 6
12	1.425 8	0.701 4	14.192 0	0.070 5	0.100 5	9.954 0
13	1.468 5	0.681 0	15.617 8	0.064 0	0.094 0	10.635 0
14	1.512 6	0.661 1	17.086 3	0.058 5	0.088 5	11.296 1
15	1.558 0	0.641 9	18.598 9	0.053 8	0.083 8	11.937 9
16	1.604 7	0.623 2	20.156 9	0.049 6	0.079 6	12.561 1
17	1.652 8	0.605 0	21.761 6	0.046 0	0.076 0	13.166 1
18	1.702 4	0.587 4	23.414 4	0.042 7	0.072 7	13.753 5
19	1.753 5	0.570 3	25.116 9	0.039 8	0.069 8	14.323 8
20	1.806 1	0.553 7	26.870 4	0.037 2	0.067 2	14.877 5
21	1.860 3	0.537 5	28.676 5	0.034 9	0.064 9	15.415 0
22	1.916 1	0.521 9	30.536 8	0.032 7	0.062 7	15.936 9
23	1.973 6	0.506 7	32.452 9	0.030 8	0.060 8	16.443 6
24	2.032 8	0.491 9	34.426 5	0.029 0	0.059 0	16.935 5
25	2.093 8	0.477 6	36.459 3	0.027 4	0.057 4	17.413 1
26	2.156 6	0.463 7	38.553 0	0.025 9	0.055 9	17.876 8
27	2.221 3	0.450 2	40.709 6	0.024 6	0.054 6	18.327 0
28	2.287 9	0.437 1	42.930 9	0.023 3	0.053 3	18.764 1
29	2.356 6	0.424 3	45.218 9	0.022 1	0.052 1	19.188 5

（续　表）

年份	$(F/P,i,n)$	$(P/F,i,n)$	$(F/A,i,n)$	$(A/F,i,n)$	$(A/P,i,n)$	$(P/A,i,n)$
30	2.427 3	0.412 0	47.575 4	0.021 0	0.051 0	19.600 4
31	2.500 1	0.400 0	50.002 7	0.020 0	0.050 0	20.000 4
32	2.575 1	0.388 3	52.502 8	0.019 0	0.049 0	20.388 8
33	2.652 3	0.377 0	55.077 8	0.018 2	0.048 2	20.765 8
34	2.731 9	0.366 0	57.730 2	0.017 3	0.047 3	21.131 8
35	2.813 9	0.355 4	60.462 1	0.016 5	0.046 5	21.487 2
36	2.898 3	0.345 0	63.275 9	0.015 8	0.045 8	21.832 3
37	2.985 2	0.335 0	66.174 2	0.015 1	0.045 1	22.167 2
38	3.074 8	0.325 2	69.159 4	0.014 5	0.044 5	22.492 5
39	3.167 0	0.315 8	72.234 2	0.013 8	0.043 8	22.808 2
40	3.262 0	0.306 6	75.401 3	0.013 3	0.043 3	23.114 8
41	3.359 9	0.297 6	78.663 3	0.012 7	0.042 7	23.412 4
42	3.460 7	0.289 0	82.023 2	0.012 2	0.042 2	23.701 4
43	3.564 5	0.280 5	85.483 9	0.011 7	0.041 7	23.981 9
44	3.671 5	0.272 4	89.048 4	0.011 2	0.041 2	24.254 3
45	3.781 6	0.264 4	92.719 9	0.010 8	0.040 8	24.518 7
46	3.895 0	0.256 7	96.501 5	0.010 4	0.040 4	24.775 4
47	4.011 9	0.249 3	100.396 5	0.010 0	0.040 0	25.024 7
48	4.132 3	0.242 0	104.408 4	0.009 6	0.039 6	25.266 7
49	4.256 2	0.235 0	108.540 6	0.009 2	0.039 2	25.501 7
50	4.383 9	0.228 1	112.796 9	0.008 9	0.038 9	25.729 8

复利系数表
（$i=4\%$）

年份	$(F/P,i,n)$	$(P/F,i,n)$	$(F/A,i,n)$	$(A/F,i,n)$	$(A/P,i,n)$	$(P/A,i,n)$
1	1.040 0	0.961 5	1.000 0	1.000 0	1.040 0	0.961 5
2	1.081 6	0.924 6	2.040 0	0.490 2	0.530 2	1.886 1
3	1.124 9	0.889 0	3.121 6	0.320 3	0.360 3	2.775 1
4	1.169 9	0.854 8	4.246 5	0.235 5	0.275 5	3.629 9
5	1.216 7	0.821 9	5.416 3	0.184 6	0.224 6	4.451 8
6	1.265 3	0.790 3	6.633 0	0.150 8	0.190 8	5.242 1
7	1.315 9	0.759 9	7.898 3	0.126 6	0.166 6	6.002 1
8	1.368 6	0.730 7	9.214 2	0.108 5	0.148 5	6.732 7
9	1.423 3	0.702 6	10.582 8	0.094 5	0.134 5	7.435 3
10	1.480 2	0.675 6	12.006 1	0.083 3	0.123 3	8.110 9
11	1.539 5	0.649 6	13.486 4	0.074 1	0.114 1	8.760 5
12	1.601 0	0.624 6	15.025 8	0.066 6	0.106 6	9.385 1
13	1.665 1	0.600 6	16.626 8	0.060 1	0.100 1	9.985 6
14	1.731 7	0.577 5	18.291 9	0.054 7	0.094 7	10.563 1
15	1.800 9	0.555 3	20.023 6	0.049 9	0.089 9	11.118 4
16	1.873 0	0.533 9	21.824 5	0.045 8	0.085 8	11.652 3
17	1.947 9	0.513 4	23.697 5	0.042 2	0.082 2	12.165 7
18	2.025 8	0.493 6	25.645 4	0.039 0	0.079 0	12.659 3
19	2.106 8	0.474 6	27.671 2	0.036 1	0.076 1	13.133 9
20	2.191 1	0.456 4	29.778 1	0.033 6	0.073 6	13.590 3
21	2.278 8	0.438 8	31.969 2	0.031 3	0.071 3	14.029 2
22	2.369 9	0.422 0	34.248 0	0.029 2	0.069 2	14.451 1
23	2.464 7	0.405 7	36.617 9	0.027 3	0.067 3	14.856 8
24	2.563 3	0.390 1	39.082 6	0.025 6	0.065 6	15.247 0
25	2.665 8	0.375 1	41.645 9	0.024 0	0.064 0	15.622 1
26	2.772 5	0.360 7	44.311 7	0.022 6	0.062 6	15.982 8
27	2.883 4	0.346 8	47.084 2	0.021 2	0.061 2	16.329 6
28	2.998 7	0.333 5	49.967 6	0.020 0	0.060 0	16.663 1
29	3.118 7	0.320 7	52.966 3	0.018 9	0.058 9	16.983 7

（续　表）

年份	$(F/P,i,n)$	$(P/F,i,n)$	$(F/A,i,n)$	$(A/F,i,n)$	$(A/P,i,n)$	$(P/A,i,n)$
30	3.243 4	0.308 3	56.084 9	0.017 8	0.057 8	17.292 0
31	3.373 1	0.296 5	59.328 3	0.016 9	0.056 9	17.588 5
32	3.508 1	0.285 1	62.701 5	0.015 9	0.055 9	17.873 6
33	3.648 4	0.274 1	66.209 5	0.015 1	0.055 1	18.147 6
34	3.794 3	0.263 6	69.857 9	0.014 3	0.054 3	18.411 2
35	3.946 1	0.253 4	73.652 2	0.013 6	0.053 6	18.664 6
36	4.103 9	0.243 7	77.598 3	0.012 9	0.052 9	18.908 3
37	4.268 1	0.234 3	81.702 2	0.012 2	0.052 2	19.142 6
38	4.438 8	0.225 3	85.970 3	0.011 6	0.051 6	19.367 9
39	4.616 4	0.216 6	90.409 1	0.011 1	0.051 1	19.584 5
40	4.801 0	0.208 3	95.025 5	0.010 5	0.050 5	19.792 8
41	4.993 1	0.200 3	99.826 5	0.010 0	0.050 0	19.993 1
42	5.192 8	0.192 6	104.819 6	0.009 5	0.049 5	20.185 6
43	5.400 5	0.185 2	110.012 4	0.009 1	0.049 1	20.370 8
44	5.616 5	0.178 0	115.412 9	0.008 7	0.048 7	20.548 8
45	5.841 2	0.171 2	121.029 4	0.008 3	0.048 3	20.720 0
46	6.074 8	0.164 6	126.870 6	0.007 9	0.047 9	20.884 7
47	6.317 8	0.158 3	132.945 4	0.007 5	0.047 5	21.042 9
48	6.570 5	0.152 2	139.263 2	0.007 2	0.047 2	21.195 1
49	6.833 3	0.146 3	145.833 7	0.006 9	0.046 9	21.341 5
50	7.106 7	0.140 7	152.667 1	0.006 6	0.046 6	21.482 2

复利系数表
（i=5%）

年份	$(F/P,i,n)$	$(P/F,i,n)$	$(F/A,i,n)$	$(A/F,i,n)$	$(A/P,i,n)$	$(P/A,i,n)$
1	1.050 0	0.952 4	1.000 0	1.000 0	1.050 0	0.952 4
2	1.102 5	0.907 0	2.050 0	0.487 8	0.537 8	1.859 4
3	1.157 6	0.863 8	3.152 5	0.317 2	0.367 2	2.723 2
4	1.215 5	0.822 7	4.310 1	0.232 0	0.282 0	3.546 0
5	1.276 3	0.783 5	5.525 6	0.181 0	0.231 0	4.329 5
6	1.340 1	0.746 2	6.801 9	0.147 0	0.197 0	5.075 7
7	1.407 1	0.710 7	8.142 0	0.122 8	0.172 8	5.786 4
8	1.477 5	0.676 8	9.549 1	0.104 7	0.154 7	6.463 2
9	1.551 3	0.644 6	11.026 6	0.090 7	0.140 7	7.107 8
10	1.628 9	0.613 9	12.577 9	0.079 5	0.129 5	7.721 7
11	1.710 3	0.584 7	14.206 8	0.070 4	0.120 4	8.306 4
12	1.795 9	0.556 8	15.917 1	0.062 8	0.112 8	8.863 3
13	1.885 6	0.530 3	17.713 0	0.056 5	0.106 5	9.393 6
14	1.979 9	0.505 1	19.598 6	0.051 0	0.101 0	9.898 6
15	2.078 9	0.481 0	21.578 6	0.046 3	0.096 3	10.379 7
16	2.182 9	0.458 1	23.657 5	0.042 3	0.092 3	10.837 8
17	2.292 0	0.436 3	25.840 4	0.038 7	0.088 7	11.274 1
18	2.406 6	0.415 5	28.132 4	0.035 5	0.085 5	11.689 6
19	2.527 0	0.395 7	30.539 0	0.032 7	0.082 7	12.085 3
20	2.653 3	0.376 9	33.066 0	0.030 2	0.080 2	12.462 2
21	2.786 0	0.358 9	35.719 3	0.028 0	0.078 0	12.821 2
22	2.925 3	0.341 8	38.505 2	0.026 0	0.076 0	13.163 0
23	3.071 5	0.325 6	41.430 5	0.024 1	0.074 1	13.488 6
24	3.225 1	0.310 1	44.502 0	0.022 5	0.072 5	13.798 6
25	3.386 4	0.295 3	47.727 1	0.021 0	0.071 0	14.093 9
26	3.555 7	0.281 2	51.113 5	0.019 6	0.069 6	14.375 2
27	3.733 5	0.267 8	54.669 1	0.018 3	0.068 3	14.643 0
28	3.920 1	0.255 1	58.402 6	0.017 1	0.067 1	14.898 1
29	4.116 1	0.242 9	62.322 7	0.016 0	0.066 0	15.141 1

（续　表）

年份	$(F/P,i,n)$	$(P/F,i,n)$	$(F/A,i,n)$	$(A/F,i,n)$	$(A/P,i,n)$	$(P/A,i,n)$
30	4.321 9	0.231 4	66.438 8	0.015 1	0.065 1	15.372 5
31	4.538 0	0.220 4	70.760 8	0.014 1	0.064 1	15.592 8
32	4.764 9	0.209 9	75.298 8	0.013 3	0.063 3	15.802 7
33	5.003 2	0.199 9	80.063 8	0.012 5	0.062 5	16.002 5
34	5.253 3	0.190 4	85.067 0	0.011 8	0.061 8	16.192 9
35	5.516 0	0.181 3	90.320 3	0.011 1	0.061 1	16.374 2
36	5.791 8	0.172 7	95.836 3	0.010 4	0.060 4	16.546 9
37	6.081 4	0.164 4	101.628 1	0.009 8	0.059 8	16.711 3
38	6.385 5	0.156 6	107.709 5	0.009 3	0.059 3	16.867 9
39	6.704 8	0.149 1	114.095 0	0.008 8	0.058 8	17.017 0
40	7.040 0	0.142 0	120.799 8	0.008 3	0.058 3	17.159 1
41	7.392 0	0.135 3	127.839 8	0.007 8	0.057 8	17.294 4
42	7.761 6	0.128 8	135.231 8	0.007 4	0.057 4	17.423 2
43	8.149 7	0.122 7	142.993 3	0.007 0	0.057 0	17.545 9
44	8.557 2	0.116 9	151.143 0	0.006 6	0.056 6	17.662 8
45	8.985 0	0.111 3	159.700 2	0.006 3	0.056 3	17.774 1
46	9.434 3	0.106 0	168.685 2	0.005 9	0.055 9	17.880 1
47	9.906 0	0.100 9	178.119 4	0.005 6	0.055 6	17.981 0
48	10.401 3	0.096 1	188.025 4	0.005 3	0.055 3	18.077 2
49	10.921 3	0.091 6	198.426 7	0.005 0	0.055 0	18.168 7
50	11.467 4	0.087 2	209.348 0	0.004 8	0.054 8	18.255 9

复利系数表
（$i=6\%$）

年份	$(F/P,i,n)$	$(P/F,i,n)$	$(F/A,i,n)$	$(A/F,i,n)$	$(A/P,i,n)$	$(P/A,i,n)$
1	1.060 0	0.943 4	1.000 0	1.000 0	1.060 0	0.943 4
2	1.123 6	0.890 0	2.060 0	0.485 4	0.545 4	1.833 4
3	1.191 0	0.839 6	3.183 6	0.314 1	0.374 1	2.673 0
4	1.262 5	0.792 1	4.374 6	0.228 6	0.288 6	3.465 1
5	1.338 2	0.747 3	5.637 1	0.177 4	0.237 4	4.212 4
6	1.418 5	0.705 0	6.975 3	0.143 4	0.203 4	4.917 3
7	1.503 6	0.665 1	8.393 8	0.119 1	0.179 1	5.582 4
8	1.593 8	0.627 4	9.897 5	0.101 0	0.161 0	6.209 8
9	1.689 5	0.591 9	11.491 3	0.087 0	0.147 0	6.801 7
10	1.790 8	0.558 4	13.180 8	0.075 9	0.135 9	7.360 1
11	1.898 3	0.526 8	14.971 6	0.066 8	0.126 8	7.886 9
12	2.012 2	0.497 0	16.869 9	0.059 3	0.119 3	8.383 8
13	2.132 9	0.468 8	18.882 1	0.053 0	0.113 0	8.852 7
14	2.260 9	0.442 3	21.015 1	0.047 6	0.107 6	9.295 0
15	2.396 6	0.417 3	23.276 0	0.043 0	0.103 0	9.712 2
16	2.540 4	0.393 6	25.672 5	0.039 0	0.099 0	10.105 9
17	2.692 8	0.371 4	28.212 9	0.035 4	0.095 4	10.477 3
18	2.854 3	0.350 3	30.905 7	0.032 4	0.092 4	10.827 6
19	3.025 6	0.330 5	33.760 0	0.029 6	0.089 6	11.158 1
20	3.207 1	0.311 8	36.785 6	0.027 2	0.087 2	11.469 9
21	3.399 6	0.294 2	39.992 7	0.025 0	0.085 0	11.764 1
22	3.603 5	0.277 5	43.392 3	0.023 0	0.083 0	12.041 6
23	3.819 7	0.261 8	46.995 8	0.021 3	0.081 3	12.303 4
24	4.048 9	0.247 0	50.815 6	0.019 7	0.079 7	12.550 4
25	4.291 9	0.233 0	54.864 5	0.018 2	0.078 2	12.783 4
26	4.549 4	0.219 8	59.156 4	0.016 9	0.076 9	13.003 2
27	4.822 3	0.207 4	63.705 8	0.015 7	0.075 7	13.210 5
28	5.111 7	0.195 6	68.528 1	0.014 6	0.074 6	13.406 2
29	5.418 4	0.184 6	73.639 8	0.013 6	0.073 6	13.590 7

（续　表）

年份	$(F/P,i,n)$	$(P/F,i,n)$	$(F/A,i,n)$	$(A/F,i,n)$	$(A/P,i,n)$	$(P/A,i,n)$
30	5.743 5	0.174 1	79.058 2	0.012 6	0.072 6	13.764 8
31	6.088 1	0.164 3	84.801 7	0.011 8	0.071 8	13.929 1
32	6.453 4	0.155 0	90.889 8	0.011 0	0.071 0	14.084 0
33	6.840 6	0.146 2	97.343 2	0.010 3	0.070 3	14.230 2
34	7.251 0	0.137 9	104.183 8	0.009 6	0.069 6	14.368 1
35	7.686 1	0.130 1	111.434 8	0.009 0	0.069 0	14.498 2
36	8.147 3	0.122 7	119.120 9	0.008 4	0.068 4	14.621 0
37	8.636 1	0.115 8	127.268 1	0.007 9	0.067 9	14.736 8
38	9.154 3	0.109 2	135.904 2	0.007 4	0.067 4	14.846 0
39	9.703 5	0.103 1	145.058 5	0.006 9	0.066 9	14.949 1
40	10.285 7	0.097 2	154.762 0	0.006 5	0.066 5	15.046 3
41	10.902 9	0.091 7	165.047 7	0.006 1	0.066 1	15.138 0
42	11.557 0	0.086 5	175.950 5	0.005 7	0.065 7	15.224 5
43	12.250 5	0.081 6	187.507 6	0.005 3	0.065 3	15.306 2
44	12.985 5	0.077 0	199.758 0	0.005 0	0.065 0	15.383 2
45	13.764 6	0.072 7	212.743 5	0.004 7	0.064 7	15.455 8
46	14.590 5	0.068 5	226.508 1	0.004 4	0.064 4	15.524 4
47	15.465 9	0.064 7	241.098 6	0.004 1	0.064 1	15.589 0
48	16.393 9	0.061 0	256.564 5	0.003 9	0.063 9	15.650 0
49	17.377 5	0.057 5	272.958 4	0.003 7	0.063 7	15.707 6
50	18.420 2	0.054 3	290.335 9	0.003 4	0.063 4	15.761 9

复利系数表
（i=7%）

年份	$(F/P,i,n)$	$(P/F,i,n)$	$(F/A,i,n)$	$(A/F,i,n)$	$(A/P,i,n)$	$(P/A,i,n)$
1	1.070 0	0.934 6	1.000 0	1.000 0	1.070 0	0.934 6
2	1.144 9	0.873 4	2.070 0	0.483 1	0.553 1	1.808 0
3	1.225 0	0.816 3	3.214 9	0.311 1	0.381 1	2.624 3
4	1.310 8	0.762 9	4.439 9	0.225 2	0.295 2	3.387 2
5	1.402 6	0.713 0	5.750 7	0.173 9	0.243 9	4.100 2
6	1.500 7	0.666 3	7.153 3	0.139 8	0.209 8	4.766 5
7	1.605 8	0.622 7	8.654 0	0.115 6	0.185 6	5.389 3
8	1.718 2	0.582 0	10.259 8	0.097 5	0.167 5	5.971 3
9	1.838 5	0.543 9	11.978 0	0.083 5	0.153 5	6.515 2
10	1.967 2	0.508 3	13.816 4	0.072 4	0.142 4	7.023 6
11	2.104 9	0.475 1	15.783 6	0.063 4	0.133 4	7.498 7
12	2.252 2	0.444 0	17.888 5	0.055 9	0.125 9	7.942 7
13	2.409 8	0.415 0	20.140 6	0.049 7	0.119 7	8.357 7
14	2.578 5	0.387 8	22.550 5	0.044 3	0.114 3	8.745 5
15	2.759 0	0.362 4	25.129 0	0.039 8	0.109 8	9.107 9
16	2.952 2	0.338 7	27.888 1	0.035 9	0.105 9	9.446 6
17	3.158 8	0.316 6	30.840 2	0.032 4	0.102 4	9.763 2
18	3.379 9	0.295 9	33.999 0	0.029 4	0.099 4	10.059 1
19	3.616 5	0.276 5	37.379 0	0.026 8	0.096 8	10.335 6
20	3.869 7	0.258 4	40.995 5	0.024 4	0.094 4	10.594 0
21	4.140 6	0.241 5	44.865 2	0.022 3	0.092 3	10.835 5
22	4.430 4	0.225 7	49.005 7	0.020 4	0.090 4	11.061 2
23	4.740 5	0.210 9	53.436 1	0.018 7	0.088 7	11.272 2
24	5.072 4	0.197 1	58.176 7	0.017 2	0.087 2	11.469 3
25	5.427 4	0.184 2	63.249 0	0.015 8	0.085 8	11.653 6
26	5.807 4	0.172 2	68.676 5	0.014 6	0.084 6	11.825 8
27	6.213 9	0.160 9	74.483 8	0.013 4	0.083 4	11.986 7
28	6.648 8	0.150 4	80.697 7	0.012 4	0.082 4	12.137 1
29	7.114 3	0.140 6	87.346 5	0.011 4	0.081 4	12.277 7

（续　表）

年份	$(F/P,i,n)$	$(P/F,i,n)$	$(F/A,i,n)$	$(A/F,i,n)$	$(A/P,i,n)$	$(P/A,i,n)$
30	7.612 3	0.131 4	94.460 8	0.010 6	0.080 6	12.409 0
31	8.145 1	0.122 8	102.073 0	0.009 8	0.079 8	12.531 8
32	8.715 3	0.114 7	110.218 2	0.009 1	0.079 1	12.646 6
33	9.325 3	0.107 2	118.933 4	0.008 4	0.078 4	12.753 8
34	9.978 1	0.100 2	128.258 8	0.007 8	0.077 8	12.854 0
35	10.676 6	0.093 7	138.236 9	0.007 2	0.077 2	12.947 7
36	11.423 9	0.087 5	148.913 5	0.006 7	0.076 7	13.035 2
37	12.223 6	0.081 8	160.337 4	0.006 2	0.076 2	13.117 0
38	13.079 3	0.076 5	172.561 0	0.005 8	0.075 8	13.193 5
39	13.994 8	0.071 5	185.640 3	0.005 4	0.075 4	13.264 9
40	14.974 5	0.066 8	199.635 1	0.005 0	0.075 0	13.331 7
41	16.022 7	0.062 4	214.609 6	0.004 7	0.074 7	13.394 1
42	17.144 3	0.058 3	230.632 2	0.004 3	0.074 3	13.452 4
43	18.344 4	0.054 5	247.776 5	0.004 0	0.074 0	13.507 0
44	19.628 5	0.050 9	266.120 9	0.003 8	0.073 8	13.557 9
45	21.002 5	0.047 6	285.749 3	0.003 5	0.073 5	13.605 5
46	22.472 6	0.044 5	306.751 8	0.003 3	0.073 3	13.650 0
47	24.045 7	0.041 6	329.224 4	0.003 0	0.073 0	13.691 6
48	25.728 9	0.038 9	353.270 1	0.002 8	0.072 8	13.730 5
49	27.529 9	0.036 3	378.999 0	0.002 6	0.072 6	13.766 8
50	29.457 0	0.033 9	406.528 9	0.002 5	0.072 5	13.800 7

复利系数表
（$i=8\%$）

年份	$(F/P,i,n)$	$(P/F,i,n)$	$(F/A,i,n)$	$(A/F,i,n)$	$(A/P,i,n)$	$(P/A,i,n)$
1	1.080 0	0.925 9	1.000 0	1.000 0	1.080 0	0.925 9
2	1.166 4	0.857 3	2.080 0	0.480 8	0.560 8	1.783 3
3	1.259 7	0.793 8	3.246 4	0.308 0	0.388 0	2.577 1
4	1.360 5	0.735 0	4.506 1	0.221 9	0.301 9	3.312 1
5	1.469 3	0.680 6	5.866 6	0.170 5	0.250 5	3.992 7
6	1.586 9	0.630 2	7.335 9	0.136 3	0.216 3	4.622 9
7	1.713 8	0.583 5	8.922 8	0.112 1	0.192 1	5.206 4
8	1.850 9	0.540 3	10.636 6	0.094 0	0.174 0	5.746 6
9	1.999 0	0.500 2	12.487 6	0.080 1	0.160 1	6.246 9
10	2.158 9	0.463 2	14.486 6	0.069 0	0.149 0	6.710 1
11	2.331 6	0.428 9	16.645 5	0.060 1	0.140 1	7.139 0
12	2.518 2	0.397 1	18.977 1	0.052 7	0.132 7	7.536 1
13	2.719 6	0.367 7	21.495 3	0.046 5	0.126 5	7.903 8
14	2.937 2	0.340 5	24.214 9	0.041 3	0.121 3	8.244 2
15	3.172 2	0.315 2	27.152 1	0.036 8	0.116 8	8.559 5
16	3.425 9	0.291 9	30.324 3	0.033 0	0.113 0	8.851 4
17	3.700 0	0.270 3	33.750 2	0.029 6	0.109 6	9.121 6
18	3.996 0	0.250 2	37.450 2	0.026 7	0.106 7	9.371 9
19	4.315 7	0.231 7	41.446 3	0.024 1	0.104 1	9.603 6
20	4.661 0	0.214 5	45.762 0	0.021 9	0.101 9	9.818 1
21	5.033 8	0.198 7	50.422 9	0.019 8	0.099 8	10.016 8
22	5.436 5	0.183 9	55.456 8	0.018 0	0.098 0	10.200 7
23	5.871 5	0.170 3	60.893 3	0.016 4	0.096 4	10.371 1
24	6.341 2	0.157 7	66.764 8	0.015 0	0.095 0	10.528 8
25	6.848 5	0.146 0	73.105 9	0.013 7	0.093 7	10.674 8
26	7.396 4	0.135 2	79.954 4	0.012 5	0.092 5	10.810 0
27	7.988 1	0.125 2	87.350 8	0.011 4	0.091 4	10.935 2
28	8.627 1	0.115 9	95.338 8	0.010 5	0.090 5	11.051 1
29	9.317 3	0.107 3	103.965 9	0.009 6	0.089 6	11.158 4

（续　表）

年份	$(F/P,i,n)$	$(P/F,i,n)$	$(F/A,i,n)$	$(A/F,i,n)$	$(A/P,i,n)$	$(P/A,i,n)$
30	10.062 7	0.099 4	113.283 2	0.008 8	0.088 8	11.257 8
31	10.867 7	0.092 0	123.345 9	0.008 1	0.088 1	11.349 8
32	11.737 1	0.085 2	134.213 5	0.007 5	0.087 5	11.435 0
33	12.676 0	0.078 9	145.950 6	0.006 9	0.086 9	11.513 9
34	13.690 1	0.073 0	158.626 7	0.006 3	0.086 3	11.586 9
35	14.785 3	0.067 6	172.316 8	0.005 8	0.085 8	11.654 6
36	15.968 2	0.062 6	187.102 1	0.005 3	0.085 3	11.717 2
37	17.245 6	0.058 0	203.070 3	0.004 9	0.084 9	11.775 2
38	18.625 3	0.053 7	220.315 9	0.004 5	0.084 5	11.828 9
39	20.115 3	0.049 7	238.941 2	0.004 2	0.084 2	11.878 6
40	21.724 5	0.046 0	259.056 5	0.003 9	0.083 9	11.924 6
41	23.462 5	0.042 6	280.781 0	0.003 6	0.083 6	11.967 2
42	25.339 5	0.039 5	304.243 5	0.003 3	0.083 3	12.006 7
43	27.366 6	0.036 5	329.583 0	0.003 0	0.083 0	12.043 2
44	29.556 0	0.033 8	356.949 6	0.002 8	0.082 8	12.077 1
45	31.920 4	0.031 3	386.505 6	0.002 6	0.082 6	12.108 4
46	34.474 1	0.029 0	418.426 1	0.002 4	0.082 4	12.137 4
47	37.232 0	0.026 9	452.900 2	0.002 2	0.082 2	12.164 3
48	40.210 6	0.024 9	490.132 2	0.002 0	0.082 0	12.189 1
49	43.427 4	0.023 0	530.342 7	0.001 9	0.081 9	12.212 2
50	46.901 6	0.021 3	573.770 2	0.001 7	0.081 7	12.233 5

复利系数表

（$i=9\%$）

年份	$(F/P,i,n)$	$(P/F,i,n)$	$(F/A,i,n)$	$(A/F,i,n)$	$(A/P,i,n)$	$(P/A,i,n)$
1	1.090 0	0.917 4	1.000 0	1.000 0	1.090 0	0.917 4
2	1.188 1	0.841 7	2.090 0	0.478 5	0.568 5	1.759 1
3	1.295 0	0.772 2	3.278 1	0.305 1	0.395 1	2.531 3
4	1.411 6	0.708 4	4.573 1	0.218 7	0.308 7	3.239 7
5	1.538 6	0.649 9	5.984 7	0.167 1	0.257 1	3.889 7
6	1.677 1	0.596 3	7.523 3	0.132 9	0.222 9	4.485 9
7	1.828 0	0.547 0	9.200 4	0.108 7	0.198 7	5.033 0
8	1.992 6	0.501 9	11.028 5	0.090 7	0.180 7	5.534 8
9	2.171 9	0.460 4	13.021 0	0.076 8	0.166 8	5.995 2
10	2.367 4	0.422 4	15.192 9	0.065 8	0.155 8	6.417 7
11	2.580 4	0.387 5	17.560 3	0.056 9	0.146 9	6.805 2
12	2.812 7	0.355 5	20.140 7	0.049 7	0.139 7	7.160 7
13	3.065 8	0.326 2	22.953 4	0.043 6	0.133 6	7.486 9
14	3.341 7	0.299 2	26.019 2	0.038 4	0.128 4	7.786 2
15	3.642 5	0.274 5	29.360 9	0.034 1	0.124 1	8.060 7
16	3.970 3	0.251 9	33.003 4	0.030 3	0.120 3	8.312 6
17	4.327 6	0.231 1	36.973 7	0.027 0	0.117 0	8.543 6
18	4.717 1	0.212 0	41.301 3	0.024 2	0.114 2	8.755 6
19	5.141 7	0.194 5	46.018 5	0.021 7	0.111 7	8.950 1
20	5.604 4	0.178 4	51.160 1	0.019 5	0.109 5	9.128 5
21	6.108 8	0.163 7	56.764 5	0.017 6	0.107 6	9.292 2
22	6.658 6	0.150 2	62.873 3	0.015 9	0.105 9	9.442 4
23	7.257 9	0.137 8	69.531 9	0.014 4	0.104 4	9.580 2
24	7.911 1	0.126 4	76.789 8	0.013 0	0.103 0	9.706 6
25	8.623 1	0.116 0	84.700 9	0.011 8	0.101 8	9.822 6
26	9.399 2	0.106 4	93.324 0	0.010 7	0.100 7	9.929 0
27	10.245 1	0.097 6	102.723 1	0.009 7	0.099 7	10.026 6
28	11.167 1	0.089 5	112.968 2	0.008 9	0.098 9	10.116 1
29	12.172 2	0.082 2	124.135 4	0.008 1	0.098 1	10.198 3

（续　表）

年份	$(F/P,i,n)$	$(P/F,i,n)$	$(F/A,i,n)$	$(A/F,i,n)$	$(A/P,i,n)$	$(P/A,i,n)$
30	13.267 7	0.075 4	136.307 5	0.007 3	0.097 3	10.273 7
31	14.461 8	0.069 1	149.575 2	0.006 7	0.096 7	10.342 8
32	15.763 3	0.063 4	164.037 0	0.006 1	0.096 1	10.406 2
33	17.182 0	0.058 2	179.800 3	0.005 6	0.095 6	10.464 4
34	18.728 4	0.053 4	196.982 3	0.005 1	0.095 1	10.517 8
35	20.414 0	0.049 0	215.710 8	0.004 6	0.094 6	10.566 8
36	22.251 2	0.044 9	236.124 7	0.004 2	0.094 2	10.611 8
37	24.253 8	0.041 2	258.375 9	0.003 9	0.093 9	10.653 0
38	26.436 7	0.037 8	282.629 8	0.003 5	0.093 5	10.690 8
39	28.816 0	0.034 7	309.066 5	0.003 2	0.093 2	10.725 5
40	31.409 4	0.031 8	337.882 4	0.003 0	0.093 0	10.757 4
41	34.236 3	0.029 2	369.291 9	0.002 7	0.092 7	10.786 6
42	37.317 5	0.026 8	403.528 1	0.002 5	0.092 5	10.813 4
43	40.676 1	0.024 6	440.845 7	0.002 3	0.092 3	10.838 0
44	44.337 0	0.022 6	481.521 8	0.002 1	0.092 1	10.860 5
45	48.327 3	0.020 7	525.858 7	0.001 9	0.091 9	10.881 2
46	52.676 7	0.019 0	574.186 0	0.001 7	0.091 7	10.900 2
47	57.417 6	0.017 4	626.862 8	0.001 6	0.091 6	10.917 6
48	62.585 2	0.016 0	684.280 4	0.001 5	0.091 5	10.933 6
49	68.217 9	0.014 7	746.865 6	0.001 3	0.091 3	10.948 2
50	74.357 5	0.013 4	815.083 6	0.001 2	0.091 2	10.961 7

复利系数表
（$i=10\%$）

年份	$(F/P,i,n)$	$(P/F,i,n)$	$(F/A,i,n)$	$(A/F,i,n)$	$(A/P,i,n)$	$(P/A,i,n)$
1	1.100 0	0.909 1	1.000 0	1.000 0	1.100 0	0.909 1
2	1.210 0	0.826 4	2.100 0	0.476 2	0.576 2	1.735 5
3	1.331 0	0.751 3	3.310 0	0.302 1	0.402 1	2.486 9
4	1.464 1	0.683 0	4.641 0	0.215 5	0.315 5	3.169 9
5	1.610 5	0.620 9	6.105 1	0.163 8	0.263 8	3.790 8
6	1.771 6	0.564 5	7.715 6	0.129 6	0.229 6	4.355 3
7	1.948 7	0.513 2	9.487 2	0.105 4	0.205 4	4.868 4
8	2.143 6	0.466 5	11.435 9	0.087 4	0.187 4	5.334 9
9	2.357 9	0.424 1	13.579 5	0.073 6	0.173 6	5.759 0
10	2.593 7	0.385 5	15.937 4	0.062 7	0.162 7	6.144 6
11	2.853 1	0.350 5	18.531 2	0.054 0	0.154 0	6.495 1
12	3.138 4	0.318 6	21.384 3	0.046 8	0.146 8	6.813 7
13	3.452 3	0.289 7	24.522 7	0.040 8	0.140 8	7.103 4
14	3.797 5	0.263 3	27.975 0	0.035 7	0.135 7	7.366 7
15	4.177 2	0.239 4	31.772 5	0.031 5	0.131 5	7.606 1
16	4.595 0	0.217 6	35.949 7	0.027 8	0.127 8	7.823 7
17	5.054 5	0.197 8	40.544 7	0.024 7	0.124 7	8.021 6
18	5.559 9	0.179 9	45.599 2	0.021 9	0.121 9	8.201 4
19	6.115 9	0.163 5	51.159 1	0.019 5	0.119 5	8.364 9
20	6.727 5	0.148 6	57.275 0	0.017 5	0.117 5	8.513 6
21	7.400 2	0.135 1	64.002 5	0.015 6	0.115 6	8.648 7
22	8.140 3	0.122 8	71.402 7	0.014 0	0.114 0	8.771 5
23	8.954 3	0.111 7	79.543 0	0.012 6	0.112 6	8.883 2
24	9.849 7	0.101 5	88.497 3	0.011 3	0.111 3	8.984 7
25	10.834 7	0.092 3	98.347 1	0.010 2	0.110 2	9.077 0
26	11.918 2	0.083 9	109.181 8	0.009 2	0.109 2	9.160 9
27	13.110 0	0.076 3	121.099 9	0.008 3	0.108 3	9.237 2
28	14.421 0	0.069 3	134.209 9	0.007 5	0.107 5	9.306 6
29	15.863 1	0.063 0	148.630 9	0.006 7	0.106 7	9.369 6

（续　表）

年份	$(F/P,i,n)$	$(P/F,i,n)$	$(F/A,i,n)$	$(A/F,i,n)$	$(A/P,i,n)$	$(P/A,i,n)$
30	17.449 4	0.057 3	164.494 0	0.006 1	0.106 1	9.426 9
31	19.194 3	0.052 1	181.943 4	0.005 5	0.105 5	9.479 0
32	21.113 8	0.047 4	201.137 8	0.005 0	0.105 0	9.526 4
33	23.225 2	0.043 1	222.251 5	0.004 5	0.104 5	9.569 4
34	25.547 7	0.039 1	245.476 7	0.004 1	0.104 1	9.608 6
35	28.102 4	0.035 6	271.024 4	0.003 7	0.103 7	9.644 2
36	30.912 7	0.032 3	299.126 8	0.003 3	0.103 3	9.676 5
37	34.003 9	0.029 4	330.039 5	0.003 0	0.103 0	9.705 9
38	37.404 3	0.026 7	364.043 4	0.002 7	0.102 7	9.732 7
39	41.144 8	0.024 3	401.447 8	0.002 5	0.102 5	9.757 0
40	45.259 3	0.022 1	442.592 6	0.002 3	0.102 3	9.779 1
41	49.785 2	0.020 1	487.851 8	0.002 0	0.102 0	9.799 1
42	54.763 7	0.018 3	537.637 0	0.001 9	0.101 9	9.817 4
43	60.240 1	0.016 6	592.400 7	0.001 7	0.101 7	9.834 0
44	66.264 1	0.015 1	652.640 8	0.001 5	0.101 5	9.849 1
45	72.890 5	0.013 7	718.904 8	0.001 4	0.101 4	9.862 8
46	80.179 5	0.012 5	791.795 3	0.001 3	0.101 3	9.875 3
47	88.197 5	0.011 3	871.974 9	0.001 1	0.101 1	9.886 6
48	97.017 2	0.010 3	960.172 3	0.001 0	0.101 0	9.896 9
49	106.719 0	0.009 4	1 057.189 6	0.000 9	0.100 9	9.906 3
50	117.390 9	0.008 5	1 163.908 5	0.000 9	0.100 9	9.914 8

复利系数表
(i=11%)

年份	($F/P,i,n$)	($P/F,i,n$)	($F/A,i,n$)	($A/F,i,n$)	($A/P,i,n$)	($P/A,i,n$)
1	1.110 0	0.900 9	1.000 0	1.000 0	1.110 0	0.900 9
2	1.232 1	0.811 6	2.110 0	0.473 9	0.583 9	1.712 5
3	1.367 6	0.731 2	3.342 1	0.299 2	0.409 2	2.443 7
4	1.518 1	0.658 7	4.709 7	0.212 3	0.322 3	3.102 4
5	1.685 1	0.593 5	6.227 8	0.160 6	0.270 6	3.695 9
6	1.870 4	0.534 6	7.912 9	0.126 4	0.236 4	4.230 5
7	2.076 2	0.481 7	9.783 3	0.102 2	0.212 2	4.712 2
8	2.304 5	0.433 9	11.859 4	0.084 3	0.194 3	5.146 1
9	2.558 0	0.390 9	14.164 0	0.070 6	0.180 6	5.537 0
10	2.839 4	0.352 2	16.722 0	0.059 8	0.169 8	5.889 2
11	3.151 8	0.317 3	19.561 4	0.051 1	0.161 1	6.206 5
12	3.498 5	0.285 8	22.713 2	0.044 0	0.154 0	6.492 4
13	3.883 3	0.257 5	26.211 6	0.038 2	0.148 2	6.749 9
14	4.310 4	0.232 0	30.094 9	0.033 2	0.143 2	6.981 9
15	4.784 6	0.209 0	34.405 4	0.029 1	0.139 1	7.190 9
16	5.310 9	0.188 3	39.189 9	0.025 5	0.135 5	7.379 2
17	5.895 1	0.169 6	44.500 8	0.022 5	0.132 5	7.548 8
18	6.543 6	0.152 8	50.395 9	0.019 8	0.129 8	7.701 6
19	7.263 3	0.137 7	56.939 5	0.017 6	0.127 6	7.839 3
20	8.062 3	0.124 0	64.202 8	0.015 6	0.125 6	7.963 3
21	8.949 2	0.111 7	72.265 1	0.013 8	0.123 8	8.075 1
22	9.933 6	0.100 7	81.214 3	0.012 3	0.122 3	8.175 7
23	11.026 3	0.090 7	91.147 9	0.011 0	0.121 0	8.266 4
24	12.239 2	0.081 7	102.174 2	0.009 8	0.119 8	8.348 1
25	13.585 5	0.073 6	114.413 3	0.008 7	0.118 7	8.421 7
26	15.079 9	0.066 3	127.998 8	0.007 8	0.117 8	8.488 1
27	16.738 6	0.059 7	143.078 6	0.007 0	0.117 0	8.547 8
28	18.579 9	0.053 8	159.817 3	0.006 3	0.116 3	8.601 6
29	20.623 7	0.048 5	178.397 2	0.005 6	0.115 6	8.650 1

（续　表）

年份	$(F/P,i,n)$	$(P/F,i,n)$	$(F/A,i,n)$	$(A/F,i,n)$	$(A/P,i,n)$	$(P/A,i,n)$
30	22.892 3	0.043 7	199.020 9	0.005 0	0.115 0	8.693 8
31	25.410 4	0.039 4	221.913 2	0.004 5	0.114 5	8.733 1
32	28.205 6	0.035 5	247.323 6	0.004 0	0.114 0	8.768 6
33	31.308 2	0.031 9	275.529 2	0.003 6	0.113 6	8.800 5
34	34.752 1	0.028 8	306.837 4	0.003 3	0.113 3	8.829 3
35	38.574 9	0.025 9	341.589 6	0.002 9	0.112 9	8.855 2
36	42.818 1	0.023 4	380.164 4	0.002 6	0.112 6	8.878 6
37	47.528 1	0.021 0	422.982 5	0.002 4	0.112 4	8.899 6
38	52.756 2	0.019 0	470.510 6	0.002 1	0.112 1	8.918 6
39	58.559 3	0.017 1	523.266 7	0.001 9	0.111 9	8.935 7
40	65.000 9	0.015 4	581.826 1	0.001 7	0.111 7	8.951 1
41	72.151 0	0.013 9	646.826 9	0.001 5	0.111 5	8.964 9
42	80.087 6	0.012 5	718.977 9	0.001 4	0.111 4	8.977 4
43	88.897 2	0.011 2	799.065 5	0.001 3	0.111 3	8.988 6
44	98.675 9	0.010 1	887.962 7	0.001 1	0.111 1	8.998 8
45	109.530 2	0.009 1	986.638 6	0.001 0	0.111 0	9.007 9
46	121.578 6	0.008 2	1 096.168 8	0.000 9	0.110 9	9.016 1
47	134.952 2	0.007 4	1 217.747 4	0.000 8	0.110 8	9.023 5
48	149.797 0	0.006 7	1 352.699 6	0.000 7	0.110 7	9.030 2
49	166.274 6	0.006 0	1 502.496 5	0.000 7	0.110 7	9.036 2
50	184.564 8	0.005 4	1 668.771 2	0.000 6	0.110 6	9.041 7

复利系数表
（i=12%）

年份	($F/P,i,n$)	($P/F,i,n$)	($F/A,i,n$)	($A/F,i,n$)	($A/P,i,n$)	($P/A,i,n$)
1	1.120 0	0.892 9	1.000 0	1.000 0	1.120 0	0.892 9
2	1.254 4	0.797 2	2.120 0	0.471 7	0.591 7	1.690 1
3	1.404 9	0.711 8	3.374 4	0.296 3	0.416 3	2.401 8
4	1.573 5	0.635 5	4.779 3	0.209 2	0.329 2	3.037 3
5	1.762 3	0.567 4	6.352 8	0.157 4	0.277 4	3.604 8
6	1.973 8	0.506 6	8.115 2	0.123 2	0.243 2	4.111 4
7	2.210 7	0.452 3	10.089 0	0.099 1	0.219 1	4.563 8
8	2.476 0	0.403 9	12.299 7	0.081 3	0.201 3	4.967 6
9	2.773 1	0.360 6	14.775 7	0.067 7	0.187 7	5.328 2
10	3.105 8	0.322 0	17.548 7	0.057 0	0.177 0	5.650 2
11	3.478 5	0.287 5	20.654 6	0.048 4	0.168 4	5.937 7
12	3.896 0	0.256 7	24.133 1	0.041 4	0.161 4	6.194 4
13	4.363 5	0.229 2	28.029 1	0.035 7	0.155 7	6.423 5
14	4.887 1	0.204 6	32.392 6	0.030 9	0.150 9	6.628 2
15	5.473 6	0.182 7	37.279 7	0.026 8	0.146 8	6.810 9
16	6.130 4	0.163 1	42.753 3	0.023 4	0.143 4	6.974 0
17	6.866 0	0.145 6	48.883 7	0.020 5	0.140 5	7.119 6
18	7.690 0	0.130 0	55.749 7	0.017 9	0.137 9	7.249 7
19	8.612 8	0.116 1	63.439 7	0.015 8	0.135 8	7.365 8
20	9.646 3	0.103 7	72.052 4	0.013 9	0.133 9	7.469 4
21	10.803 8	0.092 6	81.698 7	0.012 2	0.132 2	7.562 0
22	12.100 3	0.082 6	92.502 6	0.010 8	0.130 8	7.644 6
23	13.552 3	0.073 8	104.602 9	0.009 6	0.129 6	7.718 4
24	15.178 6	0.065 9	118.155 2	0.008 5	0.128 5	7.784 3
25	17.000 1	0.058 8	133.333 9	0.007 5	0.127 5	7.843 1
26	19.040 1	0.052 5	150.333 9	0.006 7	0.126 7	7.895 7
27	21.324 9	0.046 9	169.374 0	0.005 9	0.125 9	7.942 6
28	23.883 9	0.041 9	190.698 9	0.005 2	0.125 2	7.984 4
29	26.749 9	0.037 4	214.582 8	0.004 7	0.124 7	8.021 8

（续　表）

年份	(F/P,i,n)	(P/F,i,n)	(F/A,i,n)	(A/F,i,n)	(A/P,i,n)	(P/A,i,n)
30	29.959 9	0.033 4	241.332 7	0.004 1	0.124 1	8.055 2
31	33.555 1	0.029 8	271.292 6	0.003 7	0.123 7	8.085 0
32	37.581 7	0.026 6	304.847 7	0.003 3	0.123 3	8.111 6
33	42.091 5	0.023 8	342.429 4	0.002 9	0.122 9	8.135 4
34	47.142 5	0.021 2	384.521 0	0.002 6	0.122 6	8.156 6
35	52.799 6	0.018 9	431.663 5	0.002 3	0.122 3	8.175 5
36	59.135 6	0.016 9	484.463 1	0.002 1	0.122 1	8.192 4
37	66.231 8	0.015 1	543.598 7	0.001 8	0.121 8	8.207 5
38	74.179 7	0.013 5	609.830 5	0.001 6	0.121 6	8.221 0
39	83.081 2	0.012 0	684.010 2	0.001 5	0.121 5	8.233 0
40	93.051 0	0.010 7	767.091 4	0.001 3	0.121 3	8.243 8
41	104.217 1	0.009 6	860.142 4	0.001 2	0.121 2	8.253 4
42	116.723 1	0.008 6	964.359 5	0.001 0	0.121 0	8.261 9
43	130.729 9	0.007 6	1 081.082 6	0.000 9	0.120 9	8.269 6
44	146.417 5	0.006 8	1 211.812 5	0.000 8	0.120 8	8.276 4
45	163.987 6	0.006 1	1 358.230 0	0.000 7	0.120 7	8.282 5
46	183.666 1	0.005 4	1 522.217 6	0.000 7	0.120 7	8.288 0
47	205.706 1	0.004 9	1 705.883 8	0.000 6	0.120 6	8.292 8
48	230.390 8	0.004 3	1 911.589 8	0.000 5	0.120 5	8.297 2
49	258.037 7	0.003 9	2 141.980 6	0.000 5	0.120 5	8.301 0
50	289.002 2	0.003 5	2 400.018 2	0.000 4	0.120 4	8.304 5

复利系数表
（$i=13\%$）

年份	$(F/P,i,n)$	$(P/F,i,n)$	$(F/A,i,n)$	$(A/F,i,n)$	$(A/P,i,n)$	$(P/A,i,n)$
1	1.130 0	0.885 0	1.000 0	1.000 0	1.130 0	0.885 0
2	1.276 9	0.783 1	2.130 0	0.469 5	0.599 5	1.668 1
3	1.442 9	0.693 1	3.406 9	0.293 5	0.423 5	2.361 2
4	1.630 5	0.613 3	4.849 8	0.206 2	0.336 2	2.974 5
5	1.842 4	0.542 8	6.480 3	0.154 3	0.284 3	3.517 2
6	2.082 0	0.480 3	8.322 7	0.120 2	0.250 2	3.997 5
7	2.352 6	0.425 1	10.404 7	0.096 1	0.226 1	4.422 6
8	2.658 4	0.376 2	12.757 3	0.078 4	0.208 4	4.798 8
9	3.004 0	0.332 9	15.415 7	0.064 9	0.194 9	5.131 7
10	3.394 6	0.294 6	18.419 7	0.054 3	0.184 3	5.426 2
11	3.835 9	0.260 7	21.814 3	0.045 8	0.175 8	5.686 9
12	4.334 5	0.230 7	25.650 2	0.039 0	0.169 0	5.917 6
13	4.898 0	0.204 2	29.984 7	0.033 4	0.163 4	6.121 8
14	5.534 8	0.180 7	34.882 7	0.028 7	0.158 7	6.302 5
15	6.254 3	0.159 9	40.417 5	0.024 7	0.154 7	6.462 4
16	7.067 3	0.141 5	46.671 7	0.021 4	0.151 4	6.603 9
17	7.986 1	0.125 2	53.739 1	0.018 6	0.148 6	6.729 1
18	9.024 3	0.110 8	61.725 1	0.016 2	0.146 2	6.839 9
19	10.197 4	0.098 1	70.749 4	0.014 1	0.144 1	6.938 0
20	11.523 1	0.086 8	80.946 8	0.012 4	0.142 4	7.024 8
21	13.021 1	0.076 8	92.469 9	0.010 8	0.140 8	7.101 6
22	14.713 8	0.068 0	105.491 0	0.009 5	0.139 5	7.169 5
23	16.626 6	0.060 1	120.204 8	0.008 3	0.138 3	7.229 7
24	18.788 1	0.053 2	136.831 5	0.007 3	0.137 3	7.282 9
25	21.230 5	0.047 1	155.619 6	0.006 4	0.136 4	7.330 0
26	23.990 5	0.041 7	176.850 1	0.005 7	0.135 7	7.371 7
27	27.109 3	0.036 9	200.840 6	0.005 0	0.135 0	7.408 6
28	30.633 5	0.032 6	227.949 9	0.004 4	0.134 4	7.441 2
29	34.615 8	0.028 9	258.583 4	0.003 9	0.133 9	7.470 1

（续　表）

年份	$(F/P,i,n)$	$(P/F,i,n)$	$(F/A,i,n)$	$(A/F,i,n)$	$(A/P,i,n)$	$(P/A,i,n)$
30	39.115 9	0.025 6	293.199 2	0.003 4	0.133 4	7.495 7
31	44.201 0	0.022 6	332.315 1	0.003 0	0.133 0	7.518 3
32	49.947 1	0.020 0	376.516 1	0.002 7	0.132 7	7.538 3
33	56.440 2	0.017 7	426.463 2	0.002 3	0.132 3	7.556 0
34	63.777 4	0.015 7	482.903 4	0.002 1	0.132 1	7.571 7
35	72.068 5	0.013 9	546.680 8	0.001 8	0.131 8	7.585 6
36	81.437 4	0.012 3	618.749 3	0.001 6	0.131 6	7.597 9
37	92.024 3	0.010 9	700.186 7	0.001 4	0.131 4	7.608 7
38	103.987 4	0.009 6	792.211 0	0.001 3	0.131 3	7.618 3
39	117.505 8	0.008 5	896.198 4	0.001 1	0.131 1	7.626 8
40	132.781 6	0.007 5	1 013.704 2	0.001 0	0.131 0	7.634 4
41	150.043 2	0.006 7	1 146.485 8	0.000 9	0.130 9	7.641 0
42	169.548 8	0.005 9	1 296.528 9	0.000 8	0.130 8	7.646 9
43	191.590 1	0.005 2	1 466.077 7	0.000 7	0.130 7	7.652 2
44	216.496 8	0.004 6	1 657.667 8	0.000 6	0.130 6	7.656 8
45	244.641 4	0.004 1	1 874.164 6	0.000 5	0.130 5	7.660 9
46	276.444 8	0.003 6	2 118.806 0	0.000 5	0.130 5	7.664 5
47	312.382 6	0.003 2	2 395.250 8	0.000 4	0.130 4	7.667 7
48	352.992 3	0.002 8	2 707.633 4	0.000 4	0.130 4	7.670 5
49	398.881 3	0.002 5	3 060.625 8	0.000 3	0.130 3	7.673 0
50	450.735 9	0.002 2	3 459.507 1	0.000 3	0.130 3	7.675 2

复利系数表
（$i=14\%$）

年份	$(F/P,i,n)$	$(P/F,i,n)$	$(F/A,i,n)$	$(A/F,i,n)$	$(A/P,i,n)$	$(P/A,i,n)$
1	1.140 0	0.877 2	1.000 0	1.000 0	1.140 0	0.877 2
2	1.299 6	0.769 5	2.140 0	0.467 3	0.607 3	1.646 7
3	1.481 5	0.675 0	3.439 6	0.290 7	0.430 7	2.321 6
4	1.689 0	0.592 1	4.921 1	0.203 2	0.343 2	2.913 7
5	1.925 4	0.519 4	6.610 1	0.151 3	0.291 3	3.433 1
6	2.195 0	0.455 6	8.535 5	0.117 2	0.257 2	3.888 7
7	2.502 3	0.399 6	10.730 5	0.093 2	0.233 2	4.288 3
8	2.852 6	0.350 6	13.232 8	0.075 6	0.215 6	4.638 9
9	3.251 9	0.307 5	16.085 3	0.062 2	0.202 2	4.946 4
10	3.707 2	0.269 7	19.337 3	0.051 7	0.191 7	5.216 1
11	4.226 2	0.236 6	23.044 5	0.043 4	0.183 4	5.452 7
12	4.817 9	0.207 6	27.270 7	0.036 7	0.176 7	5.660 3
13	5.492 4	0.182 1	32.088 7	0.031 2	0.171 2	5.842 4
14	6.261 3	0.159 7	37.581 1	0.026 6	0.166 6	6.002 1
15	7.137 9	0.140 1	43.842 4	0.022 8	0.162 8	6.142 2
16	8.137 2	0.122 9	50.980 4	0.019 6	0.159 6	6.265 1
17	9.276 5	0.107 8	59.117 6	0.016 9	0.156 9	6.372 9
18	10.575 2	0.094 6	68.394 1	0.014 6	0.154 6	6.467 4
19	12.055 7	0.082 9	78.969 2	0.012 7	0.152 7	6.550 4
20	13.743 5	0.072 8	91.024 9	0.011 0	0.151 0	6.623 1
21	15.667 6	0.063 8	104.768 4	0.009 5	0.149 5	6.687 0
22	17.861 0	0.056 0	120.436 0	0.008 3	0.148 3	6.742 9
23	20.361 6	0.049 1	138.297 0	0.007 2	0.147 2	6.792 1
24	23.212 2	0.043 1	158.658 6	0.006 3	0.146 3	6.835 1
25	26.461 9	0.037 8	181.870 8	0.005 5	0.145 5	6.872 9
26	30.166 6	0.033 1	208.332 7	0.004 8	0.144 8	6.906 1
27	34.389 9	0.029 1	238.499 3	0.004 2	0.144 2	6.935 2
28	39.204 5	0.025 5	272.889 2	0.003 7	0.143 7	6.960 7
29	44.693 1	0.022 4	312.093 7	0.003 2	0.143 2	6.983 0

（续　表）

年份	$(F/P,i,n)$	$(P/F,i,n)$	$(F/A,i,n)$	$(A/F,i,n)$	$(A/P,i,n)$	$(P/A,i,n)$
30	50.950 2	0.019 6	356.786 8	0.002 8	0.142 8	7.002 7
31	58.083 2	0.017 2	407.737 0	0.002 5	0.142 5	7.019 9
32	66.214 8	0.015 1	465.820 2	0.002 1	0.142 1	7.035 0
33	75.484 9	0.013 2	532.035 0	0.001 9	0.141 9	7.048 2
34	86.052 8	0.011 6	607.519 9	0.001 6	0.141 6	7.059 9
35	98.100 2	0.010 2	693.572 7	0.001 4	0.141 4	7.070 0
36	111.834 2	0.008 9	791.672 9	0.001 3	0.141 3	7.079 0
37	127.491 0	0.007 8	903.507 1	0.001 1	0.141 1	7.086 8
38	145.339 7	0.006 9	1 030.998 1	0.001 0	0.141 0	7.093 7
39	165.687 3	0.006 0	1 176.337 8	0.000 9	0.140 9	7.099 7
40	188.883 5	0.005 3	1 342.025 1	0.000 7	0.140 7	7.105 0
41	215.327 2	0.004 6	1 530.908 6	0.000 7	0.140 7	7.109 7
42	245.473 0	0.004 1	1 746.235 8	0.000 6	0.140 6	7.113 8
43	279.839 2	0.003 6	1 991.708 8	0.000 5	0.140 5	7.117 3
44	319.016 7	0.003 1	2 271.548 1	0.000 4	0.140 4	7.120 5
45	363.679 1	0.002 7	2 590.564 8	0.000 4	0.140 4	7.123 2
46	414.594 1	0.002 4	2 954.243 9	0.000 3	0.140 3	7.125 6
47	472.637 3	0.002 1	3 368.838 0	0.000 3	0.140 3	7.127 7
48	538.806 5	0.001 9	3 841.475 3	0.000 3	0.140 3	7.129 6
49	614.239 5	0.001 6	4 380.281 9	0.000 2	0.140 2	7.131 2
50	700.233 0	0.001 4	4 994.521 3	0.000 2	0.140 2	7.132 7

复利系数表
（$i=15\%$）

年份	$(F/P,i,n)$	$(P/F,i,n)$	$(F/A,i,n)$	$(A/F,i,n)$	$(A/P,i,n)$	$(P/A,i,n)$
1	1.150 0	0.869 6	1.000 0	1.000 0	1.150 0	0.869 6
2	1.322 5	0.756 1	2.150 0	0.465 1	0.615 1	1.625 7
3	1.520 9	0.657 5	3.472 5	0.288 0	0.438 0	2.283 2
4	1.749 0	0.571 8	4.993 4	0.200 3	0.350 3	2.855 0
5	2.011 4	0.497 2	6.742 4	0.148 3	0.298 3	3.352 2
6	2.313 1	0.432 3	8.753 7	0.114 2	0.264 2	3.784 5
7	2.660 0	0.375 9	11.066 8	0.090 4	0.240 4	4.160 4
8	3.059 0	0.326 9	13.726 8	0.072 9	0.222 9	4.487 3
9	3.517 9	0.284 3	16.785 8	0.059 6	0.209 6	4.771 6
10	4.045 6	0.247 2	20.303 7	0.049 3	0.199 3	5.018 8
11	4.652 4	0.214 9	24.349 3	0.041 1	0.191 1	5.233 7
12	5.350 3	0.186 9	29.001 7	0.034 5	0.184 5	5.420 6
13	6.152 8	0.162 5	34.351 9	0.029 1	0.179 1	5.583 1
14	7.075 7	0.141 3	40.504 7	0.024 7	0.174 7	5.724 5
15	8.137 1	0.122 9	47.580 4	0.021 0	0.171 0	5.847 4
16	9.357 6	0.106 9	55.717 5	0.017 9	0.167 9	5.954 2
17	10.761 3	0.092 9	65.075 1	0.015 4	0.165 4	6.047 2
18	12.375 5	0.080 8	75.836 4	0.013 2	0.163 2	6.128 0
19	14.231 8	0.070 3	88.211 8	0.011 3	0.161 3	6.198 2
20	16.366 5	0.061 1	102.443 6	0.009 8	0.159 8	6.259 3
21	18.821 5	0.053 1	118.810 1	0.008 4	0.158 4	6.312 5
22	21.644 7	0.046 2	137.631 6	0.007 3	0.157 3	6.358 7
23	24.891 5	0.040 2	159.276 4	0.006 3	0.156 3	6.398 8
24	28.625 2	0.034 9	184.167 8	0.005 4	0.155 4	6.433 8
25	32.919 0	0.030 4	212.793 0	0.004 7	0.154 7	6.464 1
26	37.856 8	0.026 4	245.712 0	0.004 1	0.154 1	6.490 6
27	43.535 3	0.023 0	283.568 8	0.003 5	0.153 5	6.513 5
28	50.065 6	0.020 0	327.104 1	0.003 1	0.153 1	6.533 5
29	57.575 5	0.017 4	377.169 7	0.002 7	0.152 7	6.550 9

（续　表）

年份	$(F/P,i,n)$	$(P/F,i,n)$	$(F/A,i,n)$	$(A/F,i,n)$	$(A/P,i,n)$	$(P/A,i,n)$
30	66.211 8	0.015 1	434.745 1	0.002 3	0.152 3	6.566 0
31	76.143 5	0.013 1	500.956 9	0.002 0	0.152 0	6.579 1
32	87.565 1	0.011 4	577.100 5	0.001 7	0.151 7	6.590 5
33	100.699 8	0.009 9	664.665 5	0.001 5	0.151 5	6.600 5
34	115.804 8	0.008 6	765.365 4	0.001 3	0.151 3	6.609 1
35	133.175 5	0.007 5	881.170 2	0.001 1	0.151 1	6.616 6
36	153.151 9	0.006 5	1 014.345 7	0.001 0	0.151 0	6.623 1
37	176.124 6	0.005 7	1 167.497 5	0.000 9	0.150 9	6.628 8
38	202.543 3	0.004 9	1 343.622 2	0.000 7	0.150 7	6.633 8
39	232.924 8	0.004 3	1 546.165 5	0.000 6	0.150 6	6.638 0
40	267.863 5	0.003 7	1 779.090 3	0.000 6	0.150 6	6.641 8
41	308.043 1	0.003 2	2 046.953 9	0.000 5	0.150 5	6.645 0
42	354.249 5	0.002 8	2 354.996 9	0.000 4	0.150 4	6.647 8
43	407.387 0	0.002 5	2 709.246 5	0.000 4	0.150 4	6.650 3
44	468.495 0	0.002 1	3 116.633 4	0.000 3	0.150 3	6.652 4
45	538.769 3	0.001 9	3 585.128 5	0.000 3	0.150 3	6.654 3
46	619.584 7	0.001 6	4 123.897 7	0.000 2	0.150 2	6.655 9
47	712.522 4	0.001 4	4 743.482 4	0.000 2	0.150 2	6.657 3
48	819.400 7	0.001 2	5 456.004 7	0.000 2	0.150 2	6.658 5
49	942.310 8	0.001 1	6 275.405 5	0.000 2	0.150 2	6.659 6
50	1 083.657 4	0.000 9	7 217.716 3	0.000 1	0.150 1	6.660 5

复利系数表
（$i=16\%$）

年份	$(F/P,i,n)$	$(P/F,i,n)$	$(F/A,i,n)$	$(A/F,i,n)$	$(A/P,i,n)$	$(P/A,i,n)$
1	1.160 0	0.862 1	1.000 0	1.000 0	1.160 0	0.862 1
2	1.345 6	0.743 2	2.160 0	0.463 0	0.623 0	1.605 2
3	1.560 9	0.640 7	3.505 6	0.285 3	0.445 3	2.245 9
4	1.810 6	0.552 3	5.066 5	0.197 4	0.357 4	2.798 2
5	2.100 3	0.476 1	6.877 1	0.145 4	0.305 4	3.274 3
6	2.436 4	0.410 4	8.977 5	0.111 4	0.271 4	3.684 7
7	2.826 2	0.353 8	11.413 9	0.087 6	0.247 6	4.038 6
8	3.278 4	0.305 0	14.240 1	0.070 2	0.230 2	4.343 6
9	3.803 0	0.263 0	17.518 5	0.057 1	0.217 1	4.606 5
10	4.411 4	0.226 7	21.321 5	0.046 9	0.206 9	4.833 2
11	5.117 3	0.195 4	25.732 9	0.038 9	0.198 9	5.028 6
12	5.936 0	0.168 5	30.850 2	0.032 4	0.192 4	5.197 1
13	6.885 8	0.145 2	36.786 2	0.027 2	0.187 2	5.342 3
14	7.987 5	0.125 2	43.672 0	0.022 9	0.182 9	5.467 5
15	9.265 5	0.107 9	51.659 5	0.019 4	0.179 4	5.575 5
16	10.748 0	0.093 0	60.925 0	0.016 4	0.176 4	5.668 5
17	12.467 7	0.080 2	71.673 0	0.014 0	0.174 0	5.748 7
18	14.462 5	0.069 1	84.140 7	0.011 9	0.171 9	5.817 8
19	16.776 5	0.059 6	98.603 2	0.010 1	0.170 1	5.877 5
20	19.460 8	0.051 4	115.379 7	0.008 7	0.168 7	5.928 8
21	22.574 5	0.044 3	134.840 5	0.007 4	0.167 4	5.973 1
22	26.186 4	0.038 2	157.415 0	0.006 4	0.166 4	6.011 3
23	30.376 2	0.032 9	183.601 4	0.005 4	0.165 4	6.044 2
24	35.236 4	0.028 4	213.977 6	0.004 7	0.164 7	6.072 6
25	40.874 2	0.024 5	249.214 0	0.004 0	0.164 0	6.097 1
26	47.414 1	0.021 1	290.088 3	0.003 4	0.163 4	6.118 2
27	55.000 4	0.018 2	337.502 4	0.003 0	0.163 0	6.136 4
28	63.800 4	0.015 7	392.502 8	0.002 5	0.162 5	6.152 0
29	74.008 5	0.013 5	456.303 2	0.002 2	0.162 2	6.165 6

（续　表）

年份	$(F/P,i,n)$	$(P/F,i,n)$	$(F/A,i,n)$	$(A/F,i,n)$	$(A/P,i,n)$	$(P/A,i,n)$
30	85.849 9	0.011 6	530.311 7	0.001 9	0.161 9	6.177 2
31	99.585 9	0.010 0	616.161 6	0.001 6	0.161 6	6.187 2
32	115.519 6	0.008 7	715.747 5	0.001 4	0.161 4	6.195 9
33	134.002 7	0.007 5	831.267 1	0.001 2	0.161 2	6.203 4
34	155.443 2	0.006 4	965.269 8	0.001 0	0.161 0	6.209 8
35	180.314 1	0.005 5	1 120.713 0	0.000 9	0.160 9	6.215 3
36	209.164 3	0.004 8	1 301.027 0	0.000 8	0.160 8	6.220 1
37	242.630 6	0.004 1	1 510.191 4	0.000 7	0.160 7	6.224 2
38	281.451 5	0.003 6	1 752.822 0	0.000 6	0.160 6	6.227 8
39	326.483 8	0.003 1	2 034.273 5	0.000 5	0.160 5	6.230 9
40	378.721 2	0.002 6	2 360.757 2	0.000 4	0.160 4	6.233 5
41	439.316 5	0.002 3	2 739.478 4	0.000 4	0.160 4	6.235 8
42	509.607 2	0.002 0	3 178.794 9	0.000 3	0.160 3	6.237 7
43	591.144 3	0.001 7	3 688.402 1	0.000 3	0.160 3	6.239 4
44	685.727 4	0.001 5	4 279.546 5	0.000 2	0.160 2	6.240 9
45	795.443 8	0.001 3	4 965.273 9	0.000 2	0.160 2	6.242 1
46	922.714 8	0.001 1	5 760.717 7	0.000 2	0.160 2	6.243 2
47	1 070.349 2	0.000 9	6 683.432 6	0.000 1	0.160 1	6.244 2
48	1 241.605 1	0.000 8	7 753.781 8	0.000 1	0.160 1	6.245 0
49	1 440.261 9	0.000 7	8 995.386 9	0.000 1	0.160 1	6.245 7
50	1 670.703 8	0.000 6	10 435.648 8	0.000 1	0.160 1	6.246 3

复利系数表
（$i=17\%$）

年份	$(F/P,i,n)$	$(P/F,i,n)$	$(F/A,i,n)$	$(A/F,i,n)$	$(A/P,i,n)$	$(P/A,i,n)$
1	1.170 0	0.854 7	1.000 0	1.000 0	1.170 0	0.854 7
2	1.368 9	0.730 5	2.170 0	0.460 8	0.630 8	1.585 2
3	1.601 6	0.624 4	3.538 9	0.282 6	0.452 6	2.209 6
4	1.873 9	0.533 7	5.140 5	0.194 5	0.364 5	2.743 2
5	2.192 4	0.456 1	7.014 4	0.142 6	0.312 6	3.199 3
6	2.565 2	0.389 8	9.206 8	0.108 6	0.278 6	3.589 2
7	3.001 2	0.333 2	11.772 0	0.084 9	0.254 9	3.922 4
8	3.511 5	0.284 8	14.773 3	0.067 7	0.237 7	4.207 2
9	4.108 4	0.243 4	18.284 7	0.054 7	0.224 7	4.450 6
10	4.806 8	0.208 0	22.393 1	0.044 7	0.214 7	4.658 6
11	5.624 0	0.177 8	27.199 9	0.036 8	0.206 8	4.836 4
12	6.580 1	0.152 0	32.823 9	0.030 5	0.200 5	4.988 4
13	7.698 7	0.129 9	39.404 0	0.025 4	0.195 4	5.118 3
14	9.007 5	0.111 0	47.102 7	0.021 2	0.191 2	5.229 3
15	10.538 7	0.094 9	56.110 1	0.017 8	0.187 8	5.324 2
16	12.330 3	0.081 1	66.648 8	0.015 0	0.185 0	5.405 3
17	14.426 5	0.069 3	78.979 2	0.012 7	0.182 7	5.474 6
18	16.879 0	0.059 2	93.405 6	0.010 7	0.180 7	5.533 9
19	19.748 4	0.050 6	110.284 6	0.009 1	0.179 1	5.584 5
20	23.105 6	0.043 3	130.032 9	0.007 7	0.177 7	5.627 8
21	27.033 6	0.037 0	153.138 5	0.006 5	0.176 5	5.664 8
22	31.629 3	0.031 6	180.172 1	0.005 6	0.175 6	5.696 4
23	37.006 2	0.027 0	211.801 3	0.004 7	0.174 7	5.723 4
24	43.297 3	0.023 1	248.807 6	0.004 0	0.174 0	5.746 5
25	50.657 8	0.019 7	292.104 9	0.003 4	0.173 4	5.766 2
26	59.269 7	0.016 9	342.762 7	0.002 9	0.172 9	5.783 1
27	69.345 5	0.014 4	402.032 3	0.002 5	0.172 5	5.797 5
28	81.134 2	0.012 3	471.377 8	0.002 1	0.172 1	5.809 9
29	94.927 1	0.010 5	552.512 1	0.001 8	0.171 8	5.820 4

（续　表）

年份	$(F/P,i,n)$	$(P/F,i,n)$	$(F/A,i,n)$	$(A/F,i,n)$	$(A/P,i,n)$	$(P/A,i,n)$
30	111.064 7	0.009 0	647.439 1	0.001 5	0.171 5	5.829 4
31	129.945 6	0.007 7	758.503 8	0.001 3	0.171 3	5.837 1
32	152.036 4	0.006 6	888.449 4	0.001 1	0.171 1	5.843 7
33	177.882 6	0.005 6	1 040.485 8	0.001 0	0.171 0	5.849 3
34	208.122 6	0.004 8	1 218.368 4	0.000 8	0.170 8	5.854 1
35	243.503 5	0.004 1	1 426.491 0	0.000 7	0.170 7	5.858 2
36	284.899 1	0.003 5	1 669.994 5	0.000 6	0.170 6	5.861 7
37	333.331 9	0.003 0	1 954.893 6	0.000 5	0.170 5	5.864 7
38	389.998 3	0.002 6	2 288.225 5	0.000 4	0.170 4	5.867 3
39	456.298 0	0.002 2	2 678.223 8	0.000 4	0.170 4	5.869 5
40	533.868 7	0.001 9	3 134.521 8	0.000 3	0.170 3	5.871 3
41	624.626 4	0.001 6	3 668.390 6	0.000 3	0.170 3	5.872 9
42	730.812 9	0.001 4	4 293.016 9	0.000 2	0.170 2	5.874 3
43	855.051 1	0.001 2	5 023.829 8	0.000 2	0.170 2	5.875 5
44	1 000.409 8	0.001 0	5 878.880 9	0.000 2	0.170 2	5.876 5
45	1 170.479 4	0.000 9	6 879.290 7	0.000 1	0.170 1	5.877 3
46	1 369.460 9	0.000 7	8 049.770 1	0.000 1	0.170 1	5.878 1
47	1 602.269 3	0.000 6	9 419.231 0	0.000 1	0.170 1	5.878 7
48	1 874.655 0	0.000 5	11 021.500 2	0.000 1	0.170 1	5.879 2
49	2 193.346 4	0.000 5	12 896.155 3	0.000 1	0.170 1	5.879 7
50	2 566.215 3	0.000 4	15 089.501 7	0.000 1	0.170 1	5.880 1

复利系数表
（$i=18\%$）

年份	$(F/P,i,n)$	$(P/F,i,n)$	$(F/A,i,n)$	$(A/F,i,n)$	$(A/P,i,n)$	$(P/A,i,n)$
1	1.180 0	0.847 5	1.000 0	1.000 0	1.180 0	0.847 5
2	1.392 4	0.718 2	2.180 0	0.458 7	0.638 7	1.565 6
3	1.643 0	0.608 6	3.572 4	0.279 9	0.459 9	2.174 3
4	1.938 8	0.515 8	5.215 4	0.191 7	0.371 7	2.690 1
5	2.287 8	0.437 1	7.154 2	0.139 8	0.319 8	3.127 2
6	2.699 6	0.370 4	9.442 0	0.105 9	0.285 9	3.497 6
7	3.185 5	0.313 9	12.141 5	0.082 4	0.262 4	3.811 5
8	3.758 9	0.266 0	15.327 0	0.065 2	0.245 2	4.077 6
9	4.435 5	0.225 5	19.085 9	0.052 4	0.232 4	4.303 0
10	5.233 8	0.191 1	23.521 3	0.042 5	0.222 5	4.494 1
11	6.175 9	0.161 9	28.755 1	0.034 8	0.214 8	4.656 0
12	7.287 6	0.137 2	34.931 1	0.028 6	0.208 6	4.793 2
13	8.599 4	0.116 3	42.218 7	0.023 7	0.203 7	4.909 5
14	10.147 2	0.098 5	50.818 0	0.019 7	0.199 7	5.008 1
15	11.973 7	0.083 5	60.965 3	0.016 4	0.196 4	5.091 6
16	14.129 0	0.070 8	72.939 0	0.013 7	0.193 7	5.162 4
17	16.672 2	0.060 0	87.068 0	0.011 5	0.191 5	5.222 3
18	19.673 3	0.050 8	103.740 3	0.009 6	0.189 6	5.273 2
19	23.214 4	0.043 1	123.413 5	0.008 1	0.188 1	5.316 2
20	27.393 0	0.036 5	146.628 0	0.006 8	0.186 8	5.352 7
21	32.323 8	0.030 9	174.021 0	0.005 7	0.185 7	5.383 7
22	38.142 1	0.026 2	206.344 8	0.004 8	0.184 8	5.409 9
23	45.007 6	0.022 2	244.486 8	0.004 1	0.184 1	5.432 1
24	53.109 0	0.018 8	289.494 5	0.003 5	0.183 5	5.450 9
25	62.668 6	0.016 0	342.603 5	0.002 9	0.182 9	5.466 9
26	73.949 0	0.013 5	405.272 1	0.002 5	0.182 5	5.480 4
27	87.259 8	0.011 5	479.221 1	0.002 1	0.182 1	5.491 9
28	102.966 6	0.009 7	566.480 9	0.001 8	0.181 8	5.501 6
29	121.500 5	0.008 2	669.447 5	0.001 5	0.181 5	5.509 8

（续　表）

年份	$(F/P,i,n)$	$(P/F,i,n)$	$(F/A,i,n)$	$(A/F,i,n)$	$(A/P,i,n)$	$(P/A,i,n)$
30	143.370 6	0.007 0	790.948 0	0.001 3	0.181 3	5.516 8
31	169.177 4	0.005 9	934.318 6	0.001 1	0.181 1	5.522 7
32	199.629 3	0.005 0	1 103.496 0	0.000 9	0.180 9	5.527 7
33	235.562 5	0.004 2	1 303.125 3	0.000 8	0.180 8	5.532 0
34	277.963 8	0.003 6	1 538.687 8	0.000 6	0.180 6	5.535 6
35	327.997 3	0.003 0	1 816.651 6	0.000 6	0.180 6	5.538 6
36	387.036 8	0.002 6	2 144.648 9	0.000 5	0.180 5	5.541 2
37	456.703 4	0.002 2	2 531.685 7	0.000 4	0.180 4	5.543 4
38	538.910 0	0.001 9	2 988.389 1	0.000 3	0.180 3	5.545 2
39	635.913 9	0.001 6	3 527.299 2	0.000 3	0.180 3	5.546 8
40	750.378 3	0.001 3	4 163.213 0	0.000 2	0.180 2	5.548 2
41	885.446 4	0.001 1	4 913.591 4	0.000 2	0.180 2	5.549 3
42	1 044.826 8	0.001 0	5 799.037 8	0.000 2	0.180 2	5.550 2
43	1 232.895 6	0.000 8	6 843.864 6	0.000 1	0.180 1	5.551 0
44	1 454.816 8	0.000 7	8 076.760 3	0.000 1	0.180 1	5.551 7
45	1 716.683 9	0.000 6	9 531.577 1	0.000 1	0.180 1	5.552 3
46	2 025.687 0	0.000 5	11 248.261 0	0.000 1	0.180 1	5.552 8
47	2 390.310 6	0.000 4	13 273.948 0	0.000 1	0.180 1	5.553 2
48	2 820.566 5	0.000 4	15 664.258 6	0.000 1	0.180 1	5.553 6
49	3 328.268 5	0.000 3	18 484.825 1	0.000 1	0.180 1	5.553 9
50	3 927.356 9	0.000 3	21 813.093 7	0.000 0	0.180 0	5.554 1

复利系数表

（$i=19\%$）

年份	$(F/P,i,n)$	$(P/F,i,n)$	$(F/A,i,n)$	$(A/F,i,n)$	$(A/P,i,n)$	$(P/A,i,n)$
1	1.190 0	0.840 3	1.000 0	1.000 0	1.190 0	0.840 3
2	1.416 1	0.706 2	2.190 0	0.456 6	0.646 6	1.546 5
3	1.685 2	0.593 4	3.606 1	0.277 3	0.467 3	2.139 9
4	2.005 3	0.498 7	5.291 3	0.189 0	0.379 0	2.638 6
5	2.386 4	0.419 0	7.296 6	0.137 1	0.327 1	3.057 6
6	2.839 8	0.352 1	9.683 0	0.103 3	0.293 3	3.409 8
7	3.379 3	0.295 9	12.522 7	0.079 9	0.269 9	3.705 7
8	4.021 4	0.248 7	15.902 0	0.062 9	0.252 9	3.954 4
9	4.785 4	0.209 0	19.923 4	0.050 2	0.240 2	4.163 3
10	5.694 7	0.175 6	24.708 9	0.040 5	0.230 5	4.338 9
11	6.776 7	0.147 6	30.403 5	0.032 9	0.222 9	4.486 5
12	8.064 2	0.124 0	37.180 2	0.026 9	0.216 9	4.610 5
13	9.596 4	0.104 2	45.244 5	0.022 1	0.212 1	4.714 7
14	11.419 8	0.087 6	54.840 9	0.018 2	0.208 2	4.802 3
15	13.589 5	0.073 6	66.260 7	0.015 1	0.205 1	4.875 9
16	16.171 5	0.061 8	79.850 2	0.012 5	0.202 5	4.937 7
17	19.244 1	0.052 0	96.021 8	0.010 4	0.200 4	4.989 7
18	22.900 5	0.043 7	115.265 9	0.008 7	0.198 7	5.033 3
19	27.251 6	0.036 7	138.166 4	0.007 2	0.197 2	5.070 0
20	32.429 4	0.030 8	165.418 0	0.006 0	0.196 0	5.100 9
21	38.591 0	0.025 9	197.847 4	0.005 1	0.195 1	5.126 8
22	45.923 3	0.021 8	236.438 5	0.004 2	0.194 2	5.148 6
23	54.648 7	0.018 3	282.361 8	0.003 5	0.193 5	5.166 8
24	65.032 0	0.015 4	337.010 5	0.003 0	0.193 0	5.182 2
25	77.388 1	0.012 9	402.042 5	0.002 5	0.192 5	5.195 1
26	92.091 8	0.010 9	479.430 6	0.002 1	0.192 1	5.206 0
27	109.589 3	0.009 1	571.522 4	0.001 7	0.191 7	5.215 1
28	130.411 2	0.007 7	681.111 6	0.001 5	0.191 5	5.222 8
29	155.189 3	0.006 4	811.522 8	0.001 2	0.191 2	5.229 2

（续　表）

年份	$(F/P,i,n)$	$(P/F,i,n)$	$(F/A,i,n)$	$(A/F,i,n)$	$(A/P,i,n)$	$(P/A,i,n)$
30	184.675 3	0.005 4	966.712 2	0.001 0	0.191 0	5.234 7
31	219.763 6	0.004 6	1 151.387 5	0.000 9	0.190 9	5.239 2
32	261.518 7	0.003 8	1 371.151 1	0.000 7	0.190 7	5.243 0
33	311.207 3	0.003 2	1 632.669 8	0.000 6	0.190 6	5.246 2
34	370.336 6	0.002 7	1 943.877 1	0.000 5	0.190 5	5.248 9
35	440.700 6	0.002 3	2 314.213 7	0.000 4	0.190 4	5.251 2
36	524.433 7	0.001 9	2 754.914 3	0.000 4	0.190 4	5.253 1
37	624.076 1	0.001 6	3 279.348 1	0.000 3	0.190 3	5.254 7
38	742.650 6	0.001 3	3 903.424 2	0.000 3	0.190 3	5.256 1
39	883.754 2	0.001 1	4 646.074 8	0.000 2	0.190 2	5.257 2
40	1 051.667 5	0.001 0	5 529.829 0	0.000 2	0.190 2	5.258 2
41	1 251.484 3	0.000 8	6 581.496 5	0.000 2	0.190 2	5.259 0
42	1 489.266 4	0.000 7	7 832.980 8	0.000 1	0.190 1	5.259 6
43	1 772.227 0	0.000 6	9 322.247 2	0.000 1	0.190 1	5.260 2
44	2 108.950 1	0.000 5	11 094.474 1	0.000 1	0.190 1	5.260 7
45	2 509.650 6	0.000 4	13 203.424 2	0.000 1	0.190 1	5.261 1
46	2 986.484 2	0.000 3	15 713.074 8	0.000 1	0.190 1	5.261 4
47	3 553.916 2	0.000 3	18 699.559 0	0.000 1	0.190 1	5.261 7
48	4 229.160 3	0.000 2	22 253.475 3	0.000 0	0.190 0	5.261 9
49	5 032.700 8	0.000 2	26 482.635 6	0.000 0	0.190 0	5.262 1
50	5 988.913 9	0.000 2	31 515.336 3	0.000 0	0.190 0	5.262 3

复利系数表

(i=20%)

年份	$(F/P,i,n)$	$(P/F,i,n)$	$(F/A,i,n)$	$(A/F,i,n)$	$(A/P,i,n)$	$(P/A,i,n)$
1	1.200 0	0.833 3	1.000 0	1.000 0	1.200 0	0.833 3
2	1.440 0	0.694 4	2.200 0	0.454 5	0.654 5	1.527 8
3	1.728 0	0.578 7	3.640 0	0.274 7	0.474 7	2.106 5
4	2.073 6	0.482 3	5.368 0	0.186 3	0.386 3	2.588 7
5	2.488 3	0.401 9	7.441 6	0.134 4	0.334 4	2.990 6
6	2.986 0	0.334 9	9.929 9	0.100 7	0.300 7	3.325 5
7	3.583 2	0.279 1	12.915 9	0.077 4	0.277 4	3.604 6
8	4.299 8	0.232 6	16.499 1	0.060 6	0.260 6	3.837 2
9	5.159 8	0.193 8	20.798 9	0.048 1	0.248 1	4.031 0
10	6.191 7	0.161 5	25.958 7	0.038 5	0.238 5	4.192 5
11	7.430 1	0.134 6	32.150 4	0.031 1	0.231 1	4.327 1
12	8.916 1	0.112 2	39.580 5	0.025 3	0.225 3	4.439 2
13	10.699 3	0.093 5	48.496 6	0.020 6	0.220 6	4.532 7
14	12.839 2	0.077 9	59.195 9	0.016 9	0.216 9	4.610 6
15	15.407 0	0.064 9	72.035 1	0.013 9	0.213 9	4.675 5
16	18.488 4	0.054 1	87.442 1	0.011 4	0.211 4	4.729 6
17	22.186 1	0.045 1	105.930 6	0.009 4	0.209 4	4.774 6
18	26.623 3	0.037 6	128.116 7	0.007 8	0.207 8	4.812 2
19	31.948 0	0.031 3	154.740 0	0.006 5	0.206 5	4.843 5
20	38.337 6	0.026 1	186.688 0	0.005 4	0.205 4	4.869 6
21	46.005 1	0.021 7	225.025 6	0.004 4	0.204 4	4.891 3
22	55.206 1	0.018 1	271.030 7	0.003 7	0.203 7	4.909 4
23	66.247 4	0.015 1	326.236 9	0.003 1	0.203 1	4.924 5
24	79.496 8	0.012 6	392.484 2	0.002 5	0.202 5	4.937 1
25	95.396 2	0.010 5	471.981 1	0.002 1	0.202 1	4.947 6
26	114.475 5	0.008 7	567.377 3	0.001 8	0.201 8	4.956 3
27	137.370 6	0.007 3	681.852 8	0.001 5	0.201 5	4.963 6
28	164.844 7	0.006 1	819.223 3	0.001 2	0.201 2	4.969 7
29	197.813 6	0.005 1	984.068 0	0.001 0	0.201 0	4.974 7

（续　表）

年份	$(F/P,i,n)$	$(P/F,i,n)$	$(F/A,i,n)$	$(A/F,i,n)$	$(A/P,i,n)$	$(P/A,i,n)$
30	237.376 3	0.004 2	1 181.881 6	0.000 8	0.200 8	4.978 9
31	284.851 6	0.003 5	1 419.257 9	0.000 7	0.200 7	4.982 4
32	341.821 9	0.002 9	1 704.109 5	0.000 6	0.200 6	4.985 4
33	410.186 3	0.002 4	2 045.931 4	0.000 5	0.200 5	4.987 8
34	492.223 5	0.002 0	2 456.117 6	0.000 4	0.200 4	4.989 8
35	590.668 2	0.001 7	2 948.341 1	0.000 3	0.200 3	4.991 5
36	708.801 9	0.001 4	3 539.009 4	0.000 3	0.200 3	4.992 9
37	850.562 2	0.001 2	4 247.811 2	0.000 2	0.200 2	4.994 1
38	1 020.674 7	0.001 0	5 098.373 5	0.000 2	0.200 2	4.995 1
39	1 224.809 6	0.000 8	6 119.048 2	0.000 2	0.200 2	4.995 9
40	1 469.771 6	0.000 7	7 343.857 8	0.000 1	0.200 1	4.996 6
41	1 763.725 9	0.000 6	8 813.629 4	0.000 1	0.200 1	4.997 2
42	2 116.471 1	0.000 5	10 577.355 3	0.000 1	0.200 1	4.997 6
43	2 539.765 3	0.000 4	12 693.826 3	0.000 1	0.200 1	4.998 0
44	3 047.718 3	0.000 3	15 233.591 6	0.000 1	0.200 1	4.998 4
45	3 657.262 0	0.000 3	18 281.309 9	0.000 1	0.200 1	4.998 6
46	4 388.714 4	0.000 2	21 938.571 9	0.000 0	0.200 0	4.998 9
47	5 266.457 3	0.000 2	26 327.286 3	0.000 0	0.200 0	4.999 1
48	6 319.748 7	0.000 2	31 593.743 6	0.000 0	0.200 0	4.999 2
49	7 583.698 5	0.000 1	37 913.492 3	0.000 0	0.200 0	4.999 3
50	9 100.438 2	0.000 1	45 497.190 8	0.000 0	0.200 0	4.999 5

复利系数表

（i=21%）

年份	$(F/P,i,n)$	$(P/F,i,n)$	$(F/A,i,n)$	$(A/F,i,n)$	$(A/P,i,n)$	$(P/A,i,n)$
1	1.210 0	0.826 4	1.000 0	1.000 0	1.210 0	0.826 4
2	1.464 1	0.683 0	2.210 0	0.452 5	0.662 5	1.509 5
3	1.771 6	0.564 5	3.674 1	0.272 2	0.482 2	2.073 9
4	2.143 6	0.466 5	5.445 7	0.183 6	0.393 6	2.540 4
5	2.593 7	0.385 5	7.589 2	0.131 8	0.341 8	2.926 0
6	3.138 4	0.318 6	10.183 0	0.098 2	0.308 2	3.244 6
7	3.797 5	0.263 3	13.321 4	0.075 1	0.285 1	3.507 9
8	4.595 0	0.217 6	17.118 9	0.058 4	0.268 4	3.725 6
9	5.559 9	0.179 9	21.713 9	0.046 1	0.256 1	3.905 4
10	6.727 5	0.148 6	27.273 8	0.036 7	0.246 7	4.054 1
11	8.140 3	0.122 8	34.001 3	0.029 4	0.239 4	4.176 9
12	9.849 7	0.101 5	42.141 6	0.023 7	0.233 7	4.278 4
13	11.918 2	0.083 9	51.991 3	0.019 2	0.229 2	4.362 4
14	14.421 0	0.069 3	63.909 5	0.015 6	0.225 6	4.431 7
15	17.449 4	0.057 3	78.330 5	0.012 8	0.222 8	4.489 0
16	21.113 8	0.047 4	95.779 9	0.010 4	0.220 4	4.536 4
17	25.547 7	0.039 1	116.893 7	0.008 6	0.218 6	4.575 5
18	30.912 7	0.032 3	142.441 3	0.007 0	0.217 0	4.607 9
19	37.404 3	0.026 7	173.354 0	0.005 8	0.215 8	4.634 6
20	45.259 3	0.022 1	210.758 4	0.004 7	0.214 7	4.656 7
21	54.763 7	0.018 3	256.017 6	0.003 9	0.213 9	4.675 0
22	66.264 1	0.015 1	310.781 3	0.003 2	0.213 2	4.690 0
23	80.179 5	0.012 5	377.045 4	0.002 7	0.212 7	4.702 5
24	97.017 2	0.010 3	457.224 9	0.002 2	0.212 2	4.712 8
25	117.390 9	0.008 5	554.242 2	0.001 8	0.211 8	4.721 3
26	142.042 9	0.007 0	671.633 0	0.001 5	0.211 5	4.728 4
27	171.871 9	0.005 8	813.675 9	0.001 2	0.211 2	4.734 2
28	207.965 1	0.004 8	985.547 9	0.001 0	0.211 0	4.739 0
29	251.637 7	0.004 0	1 193.512 9	0.000 8	0.210 8	4.743 0

（续　表）

年份	(F/P,i,n)	(P/F,i,n)	(F/A,i,n)	(A/F,i,n)	(A/P,i,n)	(P/A,i,n)
30	304.481 6	0.003 3	1 445.150 7	0.000 7	0.210 7	4.746 3
31	368.422 8	0.002 7	1 749.632 3	0.000 6	0.210 6	4.749 0
32	445.791 6	0.002 2	2 118.055 1	0.000 5	0.210 5	4.751 2
33	539.407 8	0.001 9	2 563.846 7	0.000 4	0.210 4	4.753 1
34	652.683 4	0.001 5	3 103.254 5	0.000 3	0.210 3	4.754 6
35	789.747 0	0.001 3	3 755.937 9	0.000 3	0.210 3	4.755 9
36	955.593 8	0.001 0	4 545.684 8	0.000 2	0.210 2	4.756 9
37	1 156.268 5	0.000 9	5 501.278 7	0.000 2	0.210 2	4.757 8
38	1 399.084 9	0.000 7	6 657.547 2	0.000 2	0.210 2	4.758 5
39	1 692.892 7	0.000 6	8 056.632 1	0.000 1	0.210 1	4.759 1
40	2 048.400 2	0.000 5	9 749.524 8	0.000 1	0.210 1	4.759 6
41	2 478.564 3	0.000 4	11 797.925 0	0.000 1	0.210 1	4.760 0
42	2 999.062 8	0.000 3	14 276.489 3	0.000 1	0.210 1	4.760 3
43	3 628.865 9	0.000 3	17 275.552 1	0.000 1	0.210 1	4.760 6
44	4 390.927 8	0.000 2	20 904.418 0	0.000 0	0.210 0	4.760 8
45	5 313.022 6	0.000 2	25 295.345 8	0.000 0	0.210 0	4.761 0
46	6 428.757 4	0.000 2	30 608.368 4	0.000 0	0.210 0	4.761 2
47	7 778.796 4	0.000 1	37 037.125 7	0.000 0	0.210 0	4.761 3
48	9 412.343 7	0.000 1	44 815.922 1	0.000 0	0.210 0	4.761 4
49	11 388.935 8	0.000 1	54 228.265 8	0.000 0	0.210 0	4.761 5
50	13 780.612 3	0.000 1	65 617.201 6	0.000 0	0.210 0	4.761 6

复利系数表

（$i=22\%$）

年份	$(F/P,i,n)$	$(P/F,i,n)$	$(F/A,i,n)$	$(A/F,i,n)$	$(A/P,i,n)$	$(P/A,i,n)$
1	1.220 0	0.819 7	1.000 0	1.000 0	1.220 0	0.819 7
2	1.488 4	0.671 9	2.220 0	0.450 5	0.670 5	1.491 5
3	1.815 8	0.550 7	3.708 4	0.269 7	0.489 7	2.042 2
4	2.215 3	0.451 4	5.524 2	0.181 0	0.401 0	2.493 6
5	2.702 7	0.370 0	7.739 6	0.129 2	0.349 2	2.863 6
6	3.297 3	0.303 3	10.442 3	0.095 8	0.315 8	3.166 9
7	4.022 7	0.248 6	13.739 6	0.072 8	0.292 8	3.415 5
8	4.907 7	0.203 8	17.762 3	0.056 3	0.276 3	3.619 3
9	5.987 4	0.167 0	22.670 0	0.044 1	0.264 1	3.786 3
10	7.304 6	0.136 9	28.657 4	0.034 9	0.254 9	3.923 2
11	8.911 7	0.112 2	35.962 0	0.027 8	0.247 8	4.035 4
12	10.872 2	0.092 0	44.873 7	0.022 3	0.242 3	4.127 4
13	13.264 1	0.075 4	55.745 9	0.017 9	0.237 9	4.202 8
14	16.182 2	0.061 8	69.010 0	0.014 5	0.234 5	4.264 6
15	19.742 3	0.050 7	85.192 2	0.011 7	0.231 7	4.315 2
16	24.085 6	0.041 5	104.934 5	0.009 5	0.229 5	4.356 7
17	29.384 4	0.034 0	129.020 1	0.007 8	0.227 8	4.390 8
18	35.849 0	0.027 9	158.404 5	0.006 3	0.226 3	4.418 7
19	43.735 8	0.022 9	194.253 5	0.005 1	0.225 1	4.441 5
20	53.357 6	0.018 7	237.989 3	0.004 2	0.224 2	4.460 3
21	65.096 3	0.015 4	291.346 9	0.003 4	0.223 4	4.475 6
22	79.417 5	0.012 6	356.443 2	0.002 8	0.222 8	4.488 2
23	96.889 4	0.010 3	435.860 7	0.002 3	0.222 3	4.498 5
24	118.205 0	0.008 5	532.750 1	0.001 9	0.221 9	4.507 0
25	144.210 1	0.006 9	650.955 1	0.001 5	0.221 5	4.513 9
26	175.936 4	0.005 7	795.165 3	0.001 3	0.221 3	4.519 6
27	214.642 4	0.004 7	971.101 6	0.001 0	0.221 0	4.524 3
28	261.863 7	0.003 8	1 185.744 0	0.000 8	0.220 8	4.528 1
29	319.473 7	0.003 1	1 447.607 7	0.000 7	0.220 7	4.531 2

（续 表）

年份	$(F/P,i,n)$	$(P/F,i,n)$	$(F/A,i,n)$	$(A/F,i,n)$	$(A/P,i,n)$	$(P/A,i,n)$
30	389.757 9	0.002 6	1 767.081 3	0.000 6	0.220 6	4.533 8
31	475.504 6	0.002 1	2 156.839 2	0.000 5	0.220 5	4.535 9
32	580.115 6	0.001 7	2 632.343 9	0.000 4	0.220 4	4.537 6
33	707.741 1	0.001 4	3 212.459 5	0.000 3	0.220 3	4.539 0
34	863.444 1	0.001 2	3 920.200 6	0.000 3	0.220 3	4.540 2
35	1 053.401 8	0.000 9	4 783.644 7	0.000 2	0.220 2	4.541 1
36	1 285.150 2	0.000 8	5 837.046 6	0.000 2	0.220 2	4.541 9
37	1 567.883 3	0.000 6	7 122.196 8	0.000 1	0.220 1	4.542 6
38	1 912.817 6	0.000 5	8 690.080 1	0.000 1	0.220 1	4.543 1
39	2 333.637 5	0.000 4	10 602.897 8	0.000 1	0.220 1	4.543 5
40	2 847.037 8	0.000 4	12 936.535 3	0.000 1	0.220 1	4.543 9
41	3 473.386 1	0.000 3	15 783.573 0	0.000 1	0.220 1	4.544 1
42	4 237.531 0	0.000 2	19 256.959 1	0.000 1	0.220 1	4.544 4
43	5 169.787 8	0.000 2	23 494.490 1	0.000 0	0.220 0	4.544 6
44	6 307.141 1	0.000 2	28 664.277 9	0.000 0	0.220 0	4.544 7
45	7 694.712 2	0.000 1	34 971.419 1	0.000 0	0.220 0	4.544 9
46	9 387.548 9	0.000 1	42 666.131 2	0.000 0	0.220 0	4.545 0
47	11 452.809 6	0.000 1	52 053.680 1	0.000 0	0.220 0	4.545 1
48	13 972.427 7	0.000 1	63 506.489 7	0.000 0	0.220 0	4.545 1
49	17 046.361 8	0.000 1	77 478.917 5	0.000 0	0.220 0	4.545 2
50	20 796.561 5	0.000 0	94 525.279 3	0.000 0	0.220 0	4.545 2

复利系数表
（$i=23\%$）

年份	$(F/P,i,n)$	$(P/F,i,n)$	$(F/A,i,n)$	$(A/F,i,n)$	$(A/P,i,n)$	$(P/A,i,n)$
1	1.230 0	0.813 0	1.000 0	1.000 0	1.230 0	0.813 0
2	1.512 9	0.661 0	2.230 0	0.448 4	0.678 4	1.474 0
3	1.860 9	0.537 4	3.742 9	0.267 2	0.497 2	2.011 4
4	2.288 9	0.436 9	5.603 8	0.178 5	0.408 5	2.448 3
5	2.815 3	0.355 2	7.892 6	0.126 7	0.356 7	2.803 5
6	3.462 8	0.288 8	10.707 9	0.093 4	0.323 4	3.092 3
7	4.259 3	0.234 8	14.170 8	0.070 6	0.300 6	3.327 0
8	5.238 9	0.190 9	18.430 0	0.054 3	0.284 3	3.517 9
9	6.443 9	0.155 2	23.669 0	0.042 2	0.272 2	3.673 1
10	7.925 9	0.126 2	30.112 8	0.033 2	0.263 2	3.799 3
11	9.748 9	0.102 6	38.038 8	0.026 3	0.256 3	3.901 8
12	11.991 2	0.083 4	47.787 7	0.020 9	0.250 9	3.985 2
13	14.749 1	0.067 8	59.778 8	0.016 7	0.246 7	4.053 0
14	18.141 4	0.055 1	74.528 0	0.013 4	0.243 4	4.108 2
15	22.314 0	0.044 8	92.669 4	0.010 8	0.240 8	4.153 0
16	27.446 2	0.036 4	114.983 4	0.008 7	0.238 7	4.189 4
17	33.758 8	0.029 6	142.429 5	0.007 0	0.237 0	4.219 0
18	41.523 3	0.024 1	176.188 3	0.005 7	0.235 7	4.243 1
19	51.073 7	0.019 6	217.711 6	0.004 6	0.234 6	4.262 7
20	62.820 6	0.015 9	268.785 3	0.003 7	0.233 7	4.278 6
21	77.269 4	0.012 9	331.605 9	0.003 0	0.233 0	4.291 6
22	95.041 3	0.010 5	408.875 3	0.002 4	0.232 4	4.302 1
23	116.900 8	0.008 6	503.916 6	0.002 0	0.232 0	4.310 6
24	143.788 0	0.007 0	620.817 4	0.001 6	0.231 6	4.317 6
25	176.859 3	0.005 7	764.605 4	0.001 3	0.231 3	4.323 2
26	217.536 9	0.004 6	941.464 7	0.001 1	0.231 1	4.327 8
27	267.570 4	0.003 7	1 159.001 6	0.000 9	0.230 9	4.331 6
28	329.111 5	0.003 0	1 426.571 9	0.000 7	0.230 7	4.334 6
29	404.807 2	0.002 5	1 755.683 5	0.000 6	0.230 6	4.337 1

（续 表）

年份	(F/P,i,n)	(P/F,i,n)	(F/A,i,n)	(A/F,i,n)	(A/P,i,n)	(P/A,i,n)
30	497.912 9	0.002 0	2 160.490 7	0.000 5	0.230 5	4.339 1
31	612.432 8	0.001 6	2 658.403 6	0.000 4	0.230 4	4.340 7
32	753.292 4	0.001 3	3 270.836 4	0.000 3	0.230 3	4.342 1
33	926.549 6	0.001 1	4 024.128 7	0.000 2	0.230 2	4.343 1
34	1 139.656 0	0.000 9	4 950.678 3	0.000 2	0.230 2	4.344 0
35	1 401.776 9	0.000 7	6 090.334 4	0.000 2	0.230 2	4.344 7
36	1 724.185 6	0.000 6	7 492.111 3	0.000 1	0.230 1	4.345 3
37	2 120.748 3	0.000 5	9 216.296 9	0.000 1	0.230 1	4.345 8
38	2 608.520 4	0.000 4	11 337.045 1	0.000 1	0.230 1	4.346 2
39	3 208.480 1	0.000 3	13 945.565 5	0.000 1	0.230 1	4.346 5
40	3 946.430 5	0.000 3	17 154.045 6	0.000 1	0.230 1	4.346 7
41	4 854.109 5	0.000 2	21 100.476 1	0.000 0	0.230 0	4.346 9
42	5 970.554 7	0.000 2	25 954.585 6	0.000 0	0.230 0	4.347 1
43	7 343.782 3	0.000 1	31 925.140 3	0.000 0	0.230 0	4.347 2
44	9 032.852 2	0.000 1	39 268.922 5	0.000 0	0.230 0	4.347 3
45	11 110.408 2	0.000 1	48 301.774 7	0.000 0	0.230 0	4.347 4
46	13 665.802 1	0.000 1	59 412.182 9	0.000 0	0.230 0	4.347 5
47	16 808.936 5	0.000 1	73 077.985 0	0.000 0	0.230 0	4.347 6
48	20 674.991 9	0.000 0	89 886.921 5	0.000 0	0.230 0	4.347 6
49	25 430.240 1	0.000 0	110 561.913 5	0.000 0	0.230 0	4.347 7
50	31 279.195 3	0.000 0	135 992.153 6	0.000 0	0.230 0	4.347 7

复利系数表
（$i=24\%$）

年份	$(F/P,i,n)$	$(P/F,i,n)$	$(F/A,i,n)$	$(A/F,i,n)$	$(A/P,i,n)$	$(P/A,i,n)$
1	1.240 0	0.806 5	1.000 0	1.000 0	1.240 0	0.806 5
2	1.537 6	0.650 4	2.240 0	0.446 4	0.686 4	1.456 8
3	1.906 6	0.524 5	3.777 6	0.264 7	0.504 7	1.981 3
4	2.364 2	0.423 0	5.684 2	0.175 9	0.415 9	2.404 3
5	2.931 6	0.341 1	8.048 4	0.124 2	0.364 2	2.745 4
6	3.635 2	0.275 1	10.980 1	0.091 1	0.331 1	3.020 5
7	4.507 7	0.221 8	14.615 3	0.068 4	0.308 4	3.242 3
8	5.589 5	0.178 9	19.122 9	0.052 3	0.292 3	3.421 2
9	6.931 0	0.144 3	24.712 5	0.040 5	0.280 5	3.565 5
10	8.594 4	0.116 4	31.643 4	0.031 6	0.271 6	3.681 9
11	10.657 1	0.093 8	40.237 9	0.024 9	0.264 9	3.775 7
12	13.214 8	0.075 7	50.895 0	0.019 6	0.259 6	3.851 4
13	16.386 3	0.061 0	64.109 7	0.015 6	0.255 6	3.912 4
14	20.319 1	0.049 2	80.496 1	0.012 4	0.252 4	3.961 6
15	25.195 6	0.039 7	100.815 1	0.009 9	0.249 9	4.001 3
16	31.242 6	0.032 0	126.010 8	0.007 9	0.247 9	4.033 3
17	38.740 8	0.025 8	157.253 4	0.006 4	0.246 4	4.059 1
18	48.038 6	0.020 8	195.994 2	0.005 1	0.245 1	4.079 9
19	59.567 9	0.016 8	244.032 8	0.004 1	0.244 1	4.096 7
20	73.864 1	0.013 5	303.600 6	0.003 3	0.243 3	4.110 3
21	91.591 5	0.010 9	377.464 8	0.002 6	0.242 6	4.121 2
22	113.573 5	0.008 8	469.056 3	0.002 1	0.242 1	4.130 0
23	140.831 2	0.007 1	582.629 8	0.001 7	0.241 7	4.137 1
24	174.630 6	0.005 7	723.461 0	0.001 4	0.241 4	4.142 8
25	216.542 0	0.004 6	898.091 6	0.001 1	0.241 1	4.147 4
26	268.512 1	0.003 7	1 114.633 6	0.000 9	0.240 9	4.151 1
27	332.955 0	0.003 0	1 383.145 7	0.000 7	0.240 7	4.154 2
28	412.864 2	0.002 4	1 716.100 7	0.000 6	0.240 6	4.156 6
29	511.951 6	0.002 0	2 128.964 8	0.000 5	0.240 5	4.158 5

（续　表）

年份	$(F/P,i,n)$	$(P/F,i,n)$	$(F/A,i,n)$	$(A/F,i,n)$	$(A/P,i,n)$	$(P/A,i,n)$
30	634.819 9	0.001 6	2 640.916 4	0.000 4	0.240 4	4.160 1
31	787.176 7	0.001 3	3 275.736 3	0.000 3	0.240 3	4.161 4
32	976.099 1	0.001 0	4 062.913 0	0.000 2	0.240 2	4.162 4
33	1 210.362 9	0.000 8	5 039.012 2	0.000 2	0.240 2	4.163 2
34	1 500.850 0	0.000 7	6 249.375 1	0.000 2	0.240 2	4.163 9
35	1 861.054 0	0.000 5	7 750.225 1	0.000 1	0.240 1	4.164 4
36	2 307.707 0	0.000 4	9 611.279 1	0.000 1	0.240 1	4.164 9
37	2 861.556 7	0.000 3	11 918.986 1	0.000 1	0.240 1	4.165 2
38	3 548.330 3	0.000 3	14 780.542 8	0.000 1	0.240 1	4.165 5
39	4 399.929 5	0.000 2	18 328.873 1	0.000 1	0.240 1	4.165 7
40	5 455.912 6	0.000 2	22 728.802 6	0.000 0	0.240 0	4.165 9
41	6 765.331 7	0.000 1	28 184.715 2	0.000 0	0.240 0	4.166 1
42	8 389.011 3	0.000 1	34 950.046 9	0.000 0	0.240 0	4.166 2
43	10 402.374 0	0.000 1	43 339.058 1	0.000 0	0.240 0	4.166 3
44	12 898.943 7	0.000 1	53 741.432 1	0.000 0	0.240 0	4.166 3
45	15 994.690 2	0.000 1	66 640.375 8	0.000 0	0.240 0	4.166 4
46	19 833.415 8	0.000 1	82 635.066 0	0.000 0	0.240 0	4.166 5
47	24 593.435 6	0.000 0	102 468.481 8	0.000 0	0.240 0	4.166 5
48	30 495.860 2	0.000 0	127 061.917 4	0.000 0	0.240 0	4.166 5
49	37 814.866 6	0.000 0	157 557.777 6	0.000 0	0.240 0	4.166 6
50	46 890.434 6	0.000 0	195 372.644 2	0.000 0	0.240 0	4.166 6

复利系数表
（i=25%）

年份	$(F/P,i,n)$	$(P/F,i,n)$	$(F/A,i,n)$	$(A/F,i,n)$	$(A/P,i,n)$	$(P/A,i,n)$
1	1.250 0	0.800 0	1.000 0	1.000 0	1.250 0	0.800 0
2	1.562 5	0.640 0	2.250 0	0.444 4	0.694 4	1.440 0
3	1.953 1	0.512 0	3.812 5	0.262 3	0.512 3	1.952 0
4	2.441 4	0.409 6	5.765 6	0.173 4	0.423 4	2.361 6
5	3.051 8	0.327 7	8.207 0	0.121 8	0.371 8	2.689 3
6	3.814 7	0.262 1	11.258 8	0.088 8	0.338 8	2.951 4
7	4.768 4	0.209 7	15.073 5	0.066 3	0.316 3	3.161 1
8	5.960 5	0.167 8	19.841 9	0.050 4	0.300 4	3.328 9
9	7.450 6	0.134 2	25.802 3	0.038 8	0.288 8	3.463 1
10	9.313 2	0.107 4	33.252 9	0.030 1	0.280 1	3.570 5
11	11.641 5	0.085 9	42.566 1	0.023 5	0.273 5	3.656 4
12	14.551 9	0.068 7	54.207 7	0.018 4	0.268 4	3.725 1
13	18.189 9	0.055 0	68.759 6	0.014 5	0.264 5	3.780 1
14	22.737 4	0.044 0	86.949 5	0.011 5	0.261 5	3.824 1
15	28.421 7	0.035 2	109.686 8	0.009 1	0.259 1	3.859 3
16	35.527 1	0.028 1	138.108 5	0.007 2	0.257 2	3.887 4
17	44.408 9	0.022 5	173.635 7	0.005 8	0.255 8	3.909 9
18	55.511 2	0.018 0	218.044 6	0.004 6	0.254 6	3.927 9
19	69.388 9	0.014 4	273.555 8	0.003 7	0.253 7	3.942 4
20	86.736 2	0.011 5	342.944 7	0.002 9	0.252 9	3.953 9
21	108.420 2	0.009 2	429.680 9	0.002 3	0.252 3	3.963 1
22	135.525 3	0.007 4	538.101 1	0.001 9	0.251 9	3.970 5
23	169.406 6	0.005 9	673.626 4	0.001 5	0.251 5	3.976 4
24	211.758 2	0.004 7	843.032 9	0.001 2	0.251 2	3.981 1
25	264.697 8	0.003 8	1 054.791 2	0.000 9	0.250 9	3.984 9
26	330.872 2	0.003 0	1 319.489 0	0.000 8	0.250 8	3.987 9
27	413.590 3	0.002 4	1 650.361 2	0.000 6	0.250 6	3.990 3
28	516.987 9	0.001 9	2 063.951 5	0.000 5	0.250 5	3.992 3
29	646.234 9	0.001 5	2 580.939 4	0.000 4	0.250 4	3.993 8

（续　表）

年份	(F/P,i,n)	(P/F,i,n)	(F/A,i,n)	(A/F,i,n)	(A/P,i,n)	(P/A,i,n)
30	807.793 6	0.001 2	3 227.174 3	0.000 3	0.250 3	3.995 0
31	1 009.742 0	0.001 0	4 034.967 8	0.000 2	0.250 2	3.996 0
32	1 262.177 4	0.000 8	5 044.709 8	0.000 2	0.250 2	3.996 8
33	1 577.721 8	0.000 6	6 306.887 2	0.000 2	0.250 2	3.997 5
34	1 972.152 3	0.000 5	7 884.609 1	0.000 1	0.250 1	3.998 0
35	2 465.190 3	0.000 4	9 856.761 3	0.000 1	0.250 1	3.998 4
36	3 081.487 9	0.000 3	12 321.951 6	0.000 1	0.250 1	3.998 7
37	3 851.859 9	0.000 3	15 403.439 6	0.000 1	0.250 1	3.999 0
38	4 814.824 9	0.000 2	19 255.299 4	0.000 1	0.250 1	3.999 2
39	6 018.531 1	0.000 2	24 070.124 3	0.000 0	0.250 0	3.999 3
40	7 523.163 8	0.000 1	30 088.655 4	0.000 0	0.250 0	3.999 5
41	9 403.954 8	0.000 1	37 611.819 2	0.000 0	0.250 0	3.999 6
42	11 754.943 5	0.000 1	47 015.774 0	0.000 0	0.250 0	3.999 7
43	14 693.679 4	0.000 1	58 770.717 5	0.000 0	0.250 0	3.999 7
44	18 367.099 2	0.000 1	73 464.396 9	0.000 0	0.250 0	3.999 8
45	22 958.874 0	0.000 0	91 831.496 2	0.000 0	0.250 0	3.999 8
46	28 698.592 5	0.000 0	114 790.370 2	0.000 0	0.250 0	3.999 9
47	35 873.240 7	0.000 0	143 488.962 7	0.000 0	0.250 0	3.999 9
48	44 841.550 9	0.000 0	179 362.203 4	0.000 0	0.250 0	3.999 9
49	56 051.938 6	0.000 0	224 203.754 3	0.000 0	0.250 0	3.999 9
50	70 064.923 2	0.000 0	280 255.692 9	0.000 0	0.250 0	3.999 9

复利系数表
（i=26%）

年份	$(F/P,i,n)$	$(P/F,i,n)$	$(F/A,i,n)$	$(A/F,i,n)$	$(A/P,i,n)$	$(P/A,i,n)$
1	1.260 0	0.793 7	1.000 0	1.000 0	1.260 0	0.793 7
2	1.587 6	0.629 9	2.260 0	0.442 5	0.702 5	1.423 5
3	2.000 4	0.499 9	3.847 6	0.259 9	0.519 9	1.923 4
4	2.520 5	0.396 8	5.848 0	0.171 0	0.431 0	2.320 2
5	3.175 8	0.314 9	8.368 4	0.119 5	0.379 5	2.635 1
6	4.001 5	0.249 9	11.544 2	0.086 6	0.346 6	2.885 0
7	5.041 9	0.198 3	15.545 8	0.064 3	0.324 3	3.083 3
8	6.352 8	0.157 4	20.587 6	0.048 6	0.308 6	3.240 7
9	8.004 5	0.124 9	26.940 4	0.037 1	0.297 1	3.365 7
10	10.085 7	0.099 2	34.944 9	0.028 6	0.288 6	3.464 8
11	12.708 0	0.078 7	45.030 6	0.022 2	0.282 2	3.543 5
12	16.012 0	0.062 5	57.738 6	0.017 3	0.277 3	3.605 9
13	20.175 2	0.049 6	73.750 6	0.013 6	0.273 6	3.655 5
14	25.420 7	0.039 3	93.925 8	0.010 6	0.270 6	3.694 9
15	32.030 1	0.031 2	119.346 5	0.008 4	0.268 4	3.726 1
16	40.357 9	0.024 8	151.376 6	0.006 6	0.266 6	3.750 9
17	50.851 0	0.019 7	191.734 5	0.005 2	0.265 2	3.770 5
18	64.072 2	0.015 6	242.585 5	0.004 1	0.264 1	3.786 1
19	80.731 0	0.012 4	306.657 7	0.003 3	0.263 3	3.798 5
20	101.721 1	0.009 8	387.388 7	0.002 6	0.262 6	3.808 3
21	128.168 5	0.007 8	489.109 8	0.002 0	0.262 0	3.816 1
22	161.492 4	0.006 2	617.278 3	0.001 6	0.261 6	3.822 3
23	203.480 4	0.004 9	778.770 7	0.001 3	0.261 3	3.827 3
24	256.385 3	0.003 9	982.251 1	0.001 0	0.261 0	3.831 2
25	323.045 4	0.003 1	1 238.636 3	0.000 8	0.260 8	3.834 2
26	407.037 3	0.002 5	1 561.681 8	0.000 6	0.260 6	3.836 7
27	512.867 0	0.001 9	1 968.719 1	0.000 5	0.260 5	3.838 7
28	646.212 4	0.001 5	2 481.586 0	0.000 4	0.260 4	3.840 2
29	814.227 6	0.001 2	3 127.798 4	0.000 3	0.260 3	3.841 4

（续　表）

年份	$(F/P,i,n)$	$(P/F,i,n)$	$(F/A,i,n)$	$(A/F,i,n)$	$(A/P,i,n)$	$(P/A,i,n)$
30	1 025.926 7	0.001 0	3 942.026 0	0.000 3	0.260 3	3.842 4
31	1 292.667 7	0.000 8	4 967.952 7	0.000 2	0.260 2	3.843 2
32	1 628.761 3	0.000 6	6 260.620 4	0.000 2	0.260 2	3.843 8
33	2 052.239 2	0.000 5	7 889.381 7	0.000 1	0.260 1	3.844 3
34	2 585.821 5	0.000 4	9 941.621 0	0.000 1	0.260 1	3.844 7
35	3 258.135 0	0.000 3	12 527.442 4	0.000 1	0.260 1	3.845 0
36	4 105.250 1	0.000 2	15 785.577 4	0.000 1	0.260 1	3.845 2
37	5 172.615 2	0.000 2	19 890.827 6	0.000 1	0.260 1	3.845 4
38	6 517.495 1	0.000 2	25 063.442 8	0.000 0	0.260 0	3.845 6
39	8 212.043 8	0.000 1	31 580.937 9	0.000 0	0.260 0	3.845 7
40	10 347.175 2	0.000 1	39 792.981 7	0.000 0	0.260 0	3.845 8
41	13 037.440 8	0.000 1	50 140.157 0	0.000 0	0.260 0	3.845 9
42	16 427.175 4	0.000 1	63 177.597 8	0.000 0	0.260 0	3.845 9
43	20 698.241 0	0.000 0	79 604.773 2	0.000 0	0.260 0	3.846 0
44	26 079.783 7	0.000 0	100 303.014 2	0.000 0	0.260 0	3.846 0
45	32 860.527 5	0.000 0	126 382.797 9	0.000 0	0.260 0	3.846 0
46	41 404.264 6	0.000 0	159 243.325 4	0.000 0	0.260 0	3.846 1
47	52 169.373 4	0.000 0	200 647.590 0	0.000 0	0.260 0	3.846 1
48	65 733.410 5	0.000 0	252 816.963 4	0.000 0	0.260 0	3.846 1
49	82 824.097 2	0.000 0	318 550.373 9	0.000 0	0.260 0	3.846 1
50	104 358.362 5	0.000 0	401 374.471 1	0.000 0	0.260 0	3.846 1

复利系数表

（$i=27\%$）

年份	$(F/P,i,n)$	$(P/F,i,n)$	$(F/A,i,n)$	$(A/F,i,n)$	$(A/P,i,n)$	$(P/A,i,n)$
1	1.270 0	0.787 4	1.000 0	1.000 0	1.270 0	0.787 4
2	1.612 9	0.620 0	2.270 0	0.440 5	0.710 5	1.407 4
3	2.048 4	0.488 2	3.882 9	0.257 5	0.527 5	1.895 6
4	2.601 4	0.384 4	5.931 3	0.168 6	0.438 6	2.280 0
5	3.303 8	0.302 7	8.532 7	0.117 2	0.387 2	2.582 7
6	4.195 9	0.238 3	11.836 6	0.084 5	0.354 5	2.821 0
7	5.328 8	0.187 7	16.032 4	0.062 4	0.332 4	3.008 7
8	6.767 5	0.147 8	21.361 2	0.046 8	0.316 8	3.156 4
9	8.594 8	0.116 4	28.128 7	0.035 6	0.305 6	3.272 8
10	10.915 3	0.091 6	36.723 5	0.027 2	0.297 2	3.364 4
11	13.862 5	0.072 1	47.638 8	0.021 0	0.291 0	3.436 5
12	17.605 3	0.056 8	61.501 3	0.016 3	0.286 3	3.493 3
13	22.358 8	0.044 7	79.106 6	0.012 6	0.282 6	3.538 1
14	28.395 7	0.035 2	101.465 4	0.009 9	0.279 9	3.573 3
15	36.062 5	0.027 7	129.861 1	0.007 7	0.277 7	3.601 0
16	45.799 4	0.021 8	165.923 6	0.006 0	0.276 0	3.622 8
17	58.165 2	0.017 2	211.723 0	0.004 7	0.274 7	3.640 0
18	73.869 8	0.013 5	269.888 2	0.003 7	0.273 7	3.653 6
19	93.814 7	0.010 7	343.758 0	0.002 9	0.272 9	3.664 2
20	119.144 6	0.008 4	437.572 6	0.002 3	0.272 3	3.672 6
21	151.313 7	0.006 6	556.717 3	0.001 8	0.271 8	3.679 2
22	192.168 3	0.005 2	708.030 9	0.001 4	0.271 4	3.684 4
23	244.053 8	0.004 1	900.199 3	0.001 1	0.271 1	3.688 5
24	309.948 3	0.003 2	1 144.253 1	0.000 9	0.270 9	3.691 8
25	393.634 4	0.002 5	1 454.201 4	0.000 7	0.270 7	3.694 3
26	499.915 7	0.002 0	1 847.835 8	0.000 5	0.270 5	3.696 3
27	634.892 9	0.001 6	2 347.751 5	0.000 4	0.270 4	3.697 9
28	806.314 0	0.001 2	2 982.644 3	0.000 3	0.270 3	3.699 1
29	1 024.018 7	0.001 0	3 788.958 3	0.000 3	0.270 3	3.700 1

（续　表）

年份	(F/P,i,n)	(P/F,i,n)	(F/A,i,n)	(A/F,i,n)	(A/P,i,n)	(P/A,i,n)
30	1 300.503 8	0.000 8	4 812.977 1	0.000 2	0.270 2	3.700 9
31	1 651.639 8	0.000 6	6 113.480 9	0.000 2	0.270 2	3.701 5
32	2 097.582 6	0.000 5	7 765.120 7	0.000 1	0.270 1	3.701 9
33	2 663.929 9	0.000 4	9 862.703 3	0.000 1	0.270 1	3.702 3
34	3 383.191 0	0.000 3	12 526.633 2	0.000 1	0.270 1	3.702 6
35	4 296.652 5	0.000 2	15 909.824 2	0.000 1	0.270 1	3.702 8
36	5 456.748 7	0.000 2	20 206.476 7	0.000 0	0.270 0	3.703 0
37	6 930.070 9	0.000 1	25 663.225 4	0.000 0	0.270 0	3.703 2
38	8 801.190 0	0.000 1	32 593.296 3	0.000 0	0.270 0	3.703 3
39	11 177.511 3	0.000 1	41 394.486 3	0.000 0	0.270 0	3.703 4
40	14 195.439 3	0.000 1	52 571.997 6	0.000 0	0.270 0	3.703 4
41	18 028.208 0	0.000 1	66 767.436 9	0.000 0	0.270 0	3.703 5
42	22 895.824 1	0.000 0	84 795.644 9	0.000 0	0.270 0	3.703 5
43	29 077.696 6	0.000 0	107 691.469 0	0.000 0	0.270 0	3.703 6
44	36 928.674 7	0.000 0	136 769.165 6	0.000 0	0.270 0	3.703 6
45	46 899.416 9	0.000 0	173 697.840 3	0.000 0	0.270 0	3.703 6
46	59 562.259 4	0.000 0	220 597.257 2	0.000 0	0.270 0	3.703 6
47	75 644.069 5	0.000 0	280 159.516 6	0.000 0	0.270 0	3.703 7
48	96 067.968 3	0.000 0	355 803.586 1	0.000 0	0.270 0	3.703 7
49	122 006.319 7	0.000 0	451 871.554 4	0.000 0	0.270 0	3.703 7
50	154 948.026 0	0.000 0	573 877.874 1	0.000 0	0.270 0	3.703 7

复利系数表

（i=28%）

年份	$(F/P,i,n)$	$(P/F,i,n)$	$(F/A,i,n)$	$(A/F,i,n)$	$(A/P,i,n)$	$(P/A,i,n)$
1	1.280 0	0.781 3	1.000 0	1.000 0	1.280 0	0.781 3
2	1.638 4	0.610 4	2.280 0	0.438 6	0.718 6	1.391 6
3	2.097 2	0.476 8	3.918 4	0.255 2	0.535 2	1.868 4
4	2.684 4	0.372 5	6.015 6	0.166 2	0.446 2	2.241 0
5	3.436 0	0.291 0	8.699 9	0.114 9	0.394 9	2.532 0
6	4.398 0	0.227 4	12.135 9	0.082 4	0.362 4	2.759 4
7	5.629 5	0.177 6	16.533 9	0.060 5	0.340 5	2.937 0
8	7.205 8	0.138 8	22.163 4	0.045 1	0.325 1	3.075 8
9	9.223 4	0.108 4	29.369 2	0.034 0	0.314 0	3.184 2
10	11.805 9	0.084 7	38.592 6	0.025 9	0.305 9	3.268 9
11	15.111 6	0.066 2	50.398 5	0.019 8	0.299 8	3.335 1
12	19.342 8	0.051 7	65.510 0	0.015 3	0.295 3	3.386 8
13	24.758 8	0.040 4	84.852 9	0.011 8	0.291 8	3.427 2
14	31.691 3	0.031 6	109.611 7	0.009 1	0.289 1	3.458 7
15	40.564 8	0.024 7	141.302 9	0.007 1	0.287 1	3.483 4
16	51.923 0	0.019 3	181.867 7	0.005 5	0.285 5	3.502 6
17	66.461 4	0.015 0	233.790 7	0.004 3	0.284 3	3.517 7
18	85.070 6	0.011 8	300.252 1	0.003 3	0.283 3	3.529 4
19	108.890 4	0.009 2	385.322 7	0.002 6	0.282 6	3.538 6
20	139.379 7	0.007 2	494.213 1	0.002 0	0.282 0	3.545 8
21	178.406 0	0.005 6	633.592 7	0.001 6	0.281 6	3.551 4
22	228.359 6	0.004 4	811.998 7	0.001 2	0.281 2	3.555 8
23	292.300 3	0.003 4	1 040.358 3	0.001 0	0.281 0	3.559 2
24	374.144 4	0.002 7	1 332.658 6	0.000 8	0.280 8	3.561 9
25	478.904 9	0.002 1	1 706.803 1	0.000 6	0.280 6	3.564 0
26	612.998 2	0.001 6	2 185.707 9	0.000 5	0.280 5	3.565 6
27	784.637 7	0.001 3	2 798.706 1	0.000 4	0.280 4	3.566 9
28	1 004.336 3	0.001 0	3 583.343 8	0.000 3	0.280 3	3.567 9
29	1 285.550 4	0.000 8	4 587.680 1	0.000 2	0.280 2	3.568 7

（续　表）

年份	$(F/P,i,n)$	$(P/F,i,n)$	$(F/A,i,n)$	$(A/F,i,n)$	$(A/P,i,n)$	$(P/A,i,n)$
30	1 645.504 6	0.000 6	5 873.230 6	0.000 2	0.280 2	3.569 3
31	2 106.245 8	0.000 5	7 518.735 1	0.000 1	0.280 1	3.569 7
32	2 695.994 7	0.000 4	9 624.981 0	0.000 1	0.280 1	3.570 1
33	3 450.873 2	0.000 3	12 320.975 6	0.000 1	0.280 1	3.570 4
34	4 417.117 7	0.000 2	15 771.848 8	0.000 1	0.280 1	3.570 6
35	5 653.910 6	0.000 2	20 188.966 5	0.000 0	0.280 0	3.570 8
36	7 237.005 6	0.000 1	25 842.877 1	0.000 0	0.280 0	3.570 9
37	9 263.367 1	0.000 1	33 079.882 6	0.000 0	0.280 0	3.571 0
38	11 857.109 9	0.000 1	42 343.249 8	0.000 0	0.280 0	3.571 1
39	15 177.100 7	0.000 1	54 200.359 7	0.000 0	0.280 0	3.571 2
40	19 426.688 9	0.000 1	69 377.460 4	0.000 0	0.280 0	3.571 2
41	24 866.161 8	0.000 0	88 804.149 4	0.000 0	0.280 0	3.571 3
42	31 828.687 1	0.000 0	113 670.311 2	0.000 0	0.280 0	3.571 3
43	40 740.719 5	0.000 0	145 498.998 3	0.000 0	0.280 0	3.571 3
44	52 148.121 0	0.000 0	186 239.717 8	0.000 0	0.280 0	3.571 4
45	66 749.594 9	0.000 0	238 387.838 8	0.000 0	0.280 0	3.571 4
46	85 439.481 4	0.000 0	305 137.433 7	0.000 0	0.280 0	3.571 4
47	109 362.536 2	0.000 0	390 576.915 1	0.000 0	0.280 0	3.571 4
48	139 984.046 4	0.000 0	499 939.451 4	0.000 0	0.280 0	3.571 4
49	179 179.579 4	0.000 0	639 923.497 8	0.000 0	0.280 0	3.571 4
50	229 349.861 6	0.000 0	819 103.077 1	0.000 0	0.280 0	3.571 4

复利系数表
（$i=29\%$）

年份	$(F/P,i,n)$	$(P/F,i,n)$	$(F/A,i,n)$	$(A/F,i,n)$	$(A/P,i,n)$	$(P/A,i,n)$
1	1.290 0	0.775 2	1.000 0	1.000 0	1.290 0	0.775 2
2	1.664 1	0.600 9	2.290 0	0.436 7	0.726 7	1.376 1
3	2.146 7	0.465 8	3.954 1	0.252 9	0.542 9	1.842 0
4	2.769 2	0.361 1	6.100 8	0.163 9	0.453 9	2.203 1
5	3.572 3	0.279 9	8.870 0	0.112 7	0.402 7	2.483 0
6	4.608 3	0.217 0	12.442 3	0.080 4	0.370 4	2.700 0
7	5.944 7	0.168 2	17.050 6	0.058 6	0.348 6	2.868 2
8	7.668 6	0.130 4	22.995 3	0.043 5	0.333 5	2.998 6
9	9.892 5	0.101 1	30.663 9	0.032 6	0.322 6	3.099 7
10	12.761 4	0.078 4	40.556 4	0.024 7	0.314 7	3.178 1
11	16.462 2	0.060 7	53.317 8	0.018 8	0.308 8	3.238 8
12	21.236 2	0.047 1	69.780 0	0.014 3	0.304 3	3.285 9
13	27.394 7	0.036 5	91.016 1	0.011 0	0.301 0	3.322 4
14	35.339 1	0.028 3	118.410 8	0.008 4	0.298 4	3.350 7
15	45.587 5	0.021 9	153.750 0	0.006 5	0.296 5	3.372 6
16	58.807 9	0.017 0	199.337 4	0.005 0	0.295 0	3.389 6
17	75.862 1	0.013 2	258.145 3	0.003 9	0.293 9	3.402 8
18	97.862 2	0.010 2	334.007 4	0.003 0	0.293 0	3.413 0
19	126.242 2	0.007 9	431.869 6	0.002 3	0.292 3	3.421 0
20	162.852 4	0.006 1	558.111 8	0.001 8	0.291 8	3.427 1
21	210.079 6	0.004 8	720.964 2	0.001 4	0.291 4	3.431 9
22	271.002 7	0.003 7	931.043 8	0.001 1	0.291 1	3.435 6
23	349.593 5	0.002 9	1 202.046 5	0.000 8	0.290 8	3.438 4
24	450.975 6	0.002 2	1 551.640 0	0.000 6	0.290 6	3.440 6
25	581.758 5	0.001 7	2 002.615 6	0.000 5	0.290 5	3.442 3
26	750.468 5	0.001 3	2 584.374 1	0.000 4	0.290 4	3.443 7
27	968.104 4	0.001 0	3 334.842 6	0.000 3	0.290 3	3.444 7
28	1 248.854 6	0.000 8	4 302.947 0	0.000 2	0.290 2	3.445 5
29	1 611.022 5	0.000 6	5 551.801 6	0.000 2	0.290 2	3.446 1

（续　表）

年份	$(F/P,i,n)$	$(P/F,i,n)$	$(F/A,i,n)$	$(A/F,i,n)$	$(A/P,i,n)$	$(P/A,i,n)$
30	2 078.219 0	0.000 5	7 162.824 1	0.000 1	0.290 1	3.446 6
31	2 680.902 5	0.000 4	9 241.043 1	0.000 1	0.290 1	3.447 0
32	3 458.364 2	0.000 3	11 921.945 6	0.000 1	0.290 1	3.447 3
33	4 461.289 8	0.000 2	15 380.309 8	0.000 1	0.290 1	3.447 5
34	5 755.063 9	0.000 2	19 841.599 7	0.000 1	0.290 1	3.447 7
35	7 424.032 4	0.000 1	25 596.663 6	0.000 0	0.290 0	3.447 8
36	9 577.001 8	0.000 1	33 020.696 0	0.000 0	0.290 0	3.447 9
37	12 354.332 4	0.000 1	42 597.697 8	0.000 0	0.290 0	3.448 0
38	15 937.088 8	0.000 1	54 952.030 2	0.000 0	0.290 0	3.448 1
39	20 558.844 5	0.000 0	70 889.119 0	0.000 0	0.290 0	3.448 1
40	26 520.909 4	0.000 0	91 447.963 5	0.000 0	0.290 0	3.448 1
41	34 211.973 1	0.000 0	117 968.872 9	0.000 0	0.290 0	3.448 2
42	44 133.445 3	0.000 0	152 180.846 0	0.000 0	0.290 0	3.448 2
43	56 932.144 5	0.000 0	196 314.291 3	0.000 0	0.290 0	3.448 2
44	73 442.466 4	0.000 0	253 246.435 8	0.000 0	0.290 0	3.448 2
45	94 740.781 6	0.000 0	326 688.902 2	0.000 0	0.290 0	3.448 2
46	122 215.608 3	0.000 0	421 429.683 8	0.000 0	0.290 0	3.448 2
47	157 658.134 7	0.000 0	543 645.292 2	0.000 0	0.290 0	3.448 3
48	203 378.993 8	0.000 0	701 303.426 9	0.000 0	0.290 0	3.448 3
49	262 358.902 0	0.000 0	904 682.420 7	0.000 0	0.290 0	3.448 3
50	338 442.983 6	0.000 0	1 167 041.322 7	0.000 0	0.290 0	3.448 3

复利系数表
（i=30%）

年份	$(F/P,i,n)$	$(P/F,i,n)$	$(F/A,i,n)$	$(A/F,i,n)$	$(A/P,i,n)$	$(P/A,i,n)$
1	1.300 0	0.769 2	1.000 0	1.000 0	1.300 0	0.769 2
2	1.690 0	0.591 7	2.300 0	0.434 8	0.734 8	1.360 9
3	2.197 0	0.455 2	3.990 0	0.250 6	0.550 6	1.816 1
4	2.856 1	0.350 1	6.187 0	0.161 6	0.461 6	2.166 2
5	3.712 9	0.269 3	9.043 1	0.110 6	0.410 6	2.435 6
6	4.826 8	0.207 2	12.756 0	0.078 4	0.378 4	2.642 7
7	6.274 9	0.159 4	17.582 8	0.056 9	0.356 9	2.802 1
8	8.157 3	0.122 6	23.857 7	0.041 9	0.341 9	2.924 7
9	10.604 5	0.094 3	32.015 0	0.031 2	0.331 2	3.019 0
10	13.785 8	0.072 5	42.619 5	0.023 5	0.323 5	3.091 5
11	17.921 6	0.055 8	56.405 3	0.017 7	0.317 7	3.147 3
12	23.298 1	0.042 9	74.327 0	0.013 5	0.313 5	3.190 3
13	30.287 5	0.033 0	97.625 0	0.010 2	0.310 2	3.223 3
14	39.373 8	0.025 4	127.912 5	0.007 8	0.307 8	3.248 7
15	51.185 9	0.019 5	167.286 3	0.006 0	0.306 0	3.268 2
16	66.541 7	0.015 0	218.472 2	0.004 6	0.304 6	3.283 2
17	86.504 2	0.011 6	285.013 9	0.003 5	0.303 5	3.294 8
18	112.455 4	0.008 9	371.518 0	0.002 7	0.302 7	3.303 7
19	146.192 0	0.006 8	483.973 4	0.002 1	0.302 1	3.310 5
20	190.049 6	0.005 3	630.165 5	0.001 6	0.301 6	3.315 8
21	247.064 5	0.004 0	820.215 1	0.001 2	0.301 2	3.319 8
22	321.183 9	0.003 1	1 067.279 6	0.000 9	0.300 9	3.323 0
23	417.539 1	0.002 4	1 388.463 5	0.000 7	0.300 7	3.325 4
24	542.800 8	0.001 8	1 806.002 6	0.000 6	0.300 6	3.327 2
25	705.641 0	0.001 4	2 348.803 3	0.000 4	0.300 4	3.328 6
26	917.333 3	0.001 1	3 054.444 3	0.000 3	0.300 3	3.329 7
27	1 192.533 3	0.000 8	3 971.777 6	0.000 3	0.300 3	3.330 5
28	1 550.293 3	0.000 6	5 164.310 9	0.000 2	0.300 2	3.331 2
29	2 015.381 3	0.000 5	6 714.604 2	0.000 1	0.300 1	3.331 7

（续　表）

年份	$(F/P,i,n)$	$(P/F,i,n)$	$(F/A,i,n)$	$(A/F,i,n)$	$(A/P,i,n)$	$(P/A,i,n)$
30	2 619.995 6	0.000 4	8 729.985 5	0.000 1	0.300 1	3.332 1
31	3 405.994 3	0.000 3	11 349.981 1	0.000 1	0.300 1	3.332 4
32	4 427.792 6	0.000 2	14 755.975 5	0.000 1	0.300 1	3.332 6
33	5 756.130 4	0.000 2	19 183.768 1	0.000 1	0.300 1	3.332 8
34	7 482.969 6	0.000 1	24 939.898 5	0.000 0	0.300 0	3.332 9
35	9 727.860 4	0.000 1	32 422.868 1	0.000 0	0.300 0	3.333 0
36	12 646.218 6	0.000 1	42 150.728 5	0.000 0	0.300 0	3.333 1
37	16 440.084 1	0.000 1	54 796.947 1	0.000 0	0.300 0	3.333 1
38	21 372.109 4	0.000 0	71 237.031 2	0.000 0	0.300 0	3.333 2
39	27 783.742 2	0.000 0	92 609.140 5	0.000 0	0.300 0	3.333 2
40	36 118.864 8	0.000 0	120 392.882 7	0.000 0	0.300 0	3.333 2
41	46 954.524 3	0.000 0	156 511.747 5	0.000 0	0.300 0	3.333 3
42	61 040.881 5	0.000 0	203 466.271 8	0.000 0	0.300 0	3.333 3
43	79 353.146 0	0.000 0	264 507.153 3	0.000 0	0.300 0	3.333 3
44	103 159.089 8	0.000 0	343 860.299 3	0.000 0	0.300 0	3.333 3
45	134 106.816 7	0.000 0	447 019.389 0	0.000 0	0.300 0	3.333 3
46	174 338.861 7	0.000 0	581 126.205 8	0.000 0	0.300 0	3.333 3
47	226 640.520 2	0.000 0	755 465.067 5	0.000 0	0.300 0	3.333 3
48	294 632.676 3	0.000 0	982 105.587 7	0.000 0	0.300 0	3.333 3
49	383 022.479 2	0.000 0	1 276 738.264 0	0.000 0	0.300 0	3.333 3
50	497 929.223 0	0.000 0	1 659 760.743 3	0.000 0	0.300 0	3.333 3

复利系数表

（i=31%）

年份	$(F/P,i,n)$	$(P/F,i,n)$	$(F/A,i,n)$	$(A/F,i,n)$	$(A/P,i,n)$	$(P/A,i,n)$
1	1.310 0	0.763 4	1.000 0	1.000 0	1.310 0	0.763 4
2	1.716 1	0.582 7	2.310 0	0.432 9	0.742 9	1.346 1
3	2.248 1	0.444 8	4.026 1	0.248 4	0.558 4	1.790 9
4	2.945 0	0.339 6	6.274 2	0.159 4	0.469 4	2.130 5
5	3.857 9	0.259 2	9.219 2	0.108 5	0.418 5	2.389 7
6	5.053 9	0.197 9	13.077 1	0.076 5	0.386 5	2.587 5
7	6.620 6	0.151 0	18.131 1	0.055 2	0.365 2	2.738 6
8	8.673 0	0.115 3	24.751 7	0.040 4	0.350 4	2.853 9
9	11.361 7	0.088 0	33.424 7	0.029 9	0.339 9	2.941 9
10	14.883 8	0.067 2	44.786 4	0.022 3	0.332 3	3.009 1
11	19.497 7	0.051 3	59.670 1	0.016 8	0.326 8	3.060 4
12	25.542 0	0.039 2	79.167 9	0.012 6	0.322 6	3.099 5
13	33.460 1	0.029 9	104.709 9	0.009 6	0.319 6	3.129 4
14	43.832 7	0.022 8	138.170 0	0.007 2	0.317 2	3.152 2
15	57.420 8	0.017 4	182.002 7	0.005 5	0.315 5	3.169 6
16	75.221 3	0.013 3	239.423 5	0.004 2	0.314 2	3.182 9
17	98.539 9	0.010 1	314.644 8	0.003 2	0.313 2	3.193 1
18	129.087 2	0.007 7	413.184 7	0.002 4	0.312 4	3.200 8
19	169.104 3	0.005 9	542.271 9	0.001 8	0.311 8	3.206 7
20	221.526 6	0.004 5	711.376 2	0.001 4	0.311 4	3.211 2
21	290.199 9	0.003 4	932.902 8	0.001 1	0.311 1	3.214 7
22	380.161 8	0.002 6	1 223.102 7	0.000 8	0.310 8	3.217 3
23	498.012 0	0.002 0	1 603.264 5	0.000 6	0.310 6	3.219 3
24	652.395 7	0.001 5	2 101.276 5	0.000 5	0.310 5	3.220 9
25	854.638 4	0.001 2	2 753.672 2	0.000 4	0.310 4	3.222 0
26	1 119.576 3	0.000 9	3 608.310 6	0.000 3	0.310 3	3.222 9
27	1 466.644 9	0.000 7	4 727.886 8	0.000 2	0.310 2	3.223 6
28	1 921.304 8	0.000 5	6 194.531 8	0.000 2	0.310 2	3.224 1
29	2 516.909 3	0.000 4	8 115.836 6	0.000 1	0.310 1	3.224 5

（续　表）

年份	$(F/P,i,n)$	$(P/F,i,n)$	$(F/A,i,n)$	$(A/F,i,n)$	$(A/P,i,n)$	$(P/A,i,n)$
30	3 297. 151 2	0. 000 3	10 632. 746 0	0. 000 1	0. 310 1	3. 224 8
31	4 319. 268 1	0. 000 2	13 929. 897 2	0. 000 1	0. 310 1	3. 225 1
32	5 658. 241 3	0. 000 2	18 249. 165 3	0. 000 1	0. 310 1	3. 225 2
33	7 412. 296 0	0. 000 1	23 907. 406 6	0. 000 0	0. 310 0	3. 225 4
34	9 710. 107 8	0. 000 1	31 319. 702 6	0. 000 0	0. 310 0	3. 225 5
35	12 720. 241 2	0. 000 1	41 029. 810 5	0. 000 0	0. 310 0	3. 225 6
36	16 663. 516 0	0. 000 1	53 750. 051 7	0. 000 0	0. 310 0	3. 225 6
37	21 829. 206 0	0. 000 0	70 413. 567 7	0. 000 0	0. 310 0	3. 225 7
38	28 596. 259 9	0. 000 0	92 242. 773 7	0. 000 0	0. 310 0	3. 225 7
39	37 461. 100 4	0. 000 0	120 839. 033 6	0. 000 0	0. 310 0	3. 225 7
40	49 074. 041 5	0. 000 0	158 300. 134 0	0. 000 0	0. 310 0	3. 225 7
41	64 286. 994 4	0. 000 0	207 374. 175 6	0. 000 0	0. 310 0	3. 225 8
42	84 215. 962 7	0. 000 0	271 661. 170 0	0. 000 0	0. 310 0	3. 225 8
43	110 322. 911 1	0. 000 0	355 877. 132 7	0. 000 0	0. 310 0	3. 225 8
44	144 523. 013 6	0. 000 0	466 200. 043 8	0. 000 0	0. 310 0	3. 225 8
45	189 325. 147 8	0. 000 0	610 723. 057 4	0. 000 0	0. 310 0	3. 225 8
46	248 015. 943 6	0. 000 0	800 048. 205 2	0. 000 0	0. 310 0	3. 225 8
47	324 900. 886 1	0. 000 0	1 048 064. 148 8	0. 000 0	0. 310 0	3. 225 8
48	425 620. 160 8	0. 000 0	1 372 965. 034 9	0. 000 0	0. 310 0	3. 225 8
49	557 562. 410 7	0. 000 0	1 798 585. 195 7	0. 000 0	0. 310 0	3. 225 8
50	730 406. 758 0	0. 000 0	2 356 147. 606 4	0. 000 0	0. 310 0	3. 225 8

复利系数表
（i=32%）

年份	($F/P,i,n$)	($P/F,i,n$)	($F/A,i,n$)	($A/F,i,n$)	($A/P,i,n$)	($P/A,i,n$)
1	1.320 0	0.757 6	1.000 0	1.000 0	1.320 0	0.757 6
2	1.742 4	0.573 9	2.320 0	0.431 0	0.751 0	1.331 5
3	2.300 0	0.434 8	4.062 4	0.246 2	0.566 2	1.766 3
4	3.036 0	0.329 4	6.362 4	0.157 2	0.477 2	2.095 7
5	4.007 5	0.249 5	9.398 3	0.106 4	0.426 4	2.345 2
6	5.289 9	0.189 0	13.405 8	0.074 6	0.394 6	2.534 2
7	6.982 6	0.143 2	18.695 6	0.053 5	0.373 5	2.677 5
8	9.217 0	0.108 5	25.678 2	0.038 9	0.358 9	2.786 0
9	12.166 5	0.082 2	34.895 3	0.028 7	0.348 7	2.868 1
10	16.059 8	0.062 3	47.061 8	0.021 2	0.341 2	2.930 4
11	21.198 9	0.047 2	63.121 5	0.015 8	0.335 8	2.977 6
12	27.982 5	0.035 7	84.320 4	0.011 9	0.331 9	3.013 3
13	36.937 0	0.027 1	112.303 0	0.008 9	0.328 9	3.040 4
14	48.756 8	0.020 5	149.239 9	0.006 7	0.326 7	3.060 9
15	64.359 0	0.015 5	197.996 7	0.005 1	0.325 1	3.076 4
16	84.953 8	0.011 8	262.355 7	0.003 8	0.323 8	3.088 2
17	112.139 0	0.008 9	347.309 5	0.002 9	0.322 9	3.097 1
18	148.023 5	0.006 8	459.448 5	0.002 2	0.322 2	3.103 9
19	195.391 1	0.005 1	607.472 1	0.001 6	0.321 6	3.109 0
20	257.916 2	0.003 9	802.863 1	0.001 2	0.321 2	3.112 9
21	340.449 4	0.002 9	1 060.779 3	0.000 9	0.320 9	3.115 8
22	449.393 2	0.002 2	1 401.228 7	0.000 7	0.320 7	3.118 0
23	593.199 0	0.001 7	1 850.621 9	0.000 5	0.320 5	3.119 7
24	783.022 7	0.001 3	2 443.820 9	0.000 4	0.320 4	3.121 0
25	1 033.590 0	0.001 0	3 226.843 6	0.000 3	0.320 3	3.122 0
26	1 364.338 7	0.000 7	4 260.433 6	0.000 2	0.320 2	3.122 7
27	1 800.927 1	0.000 6	5 624.772 3	0.000 2	0.320 2	3.123 3
28	2 377.223 8	0.000 4	7 425.699 4	0.000 1	0.320 1	3.123 7
29	3 137.935 4	0.000 3	9 802.923 3	0.000 1	0.320 1	3.124 0

（续　表）

年份	$(F/P,i,n)$	$(P/F,i,n)$	$(F/A,i,n)$	$(A/F,i,n)$	$(A/P,i,n)$	$(P/A,i,n)$
30	4 142.074 8	0.000 2	12 940.858 7	0.000 1	0.320 1	3.124 2
31	5 467.538 7	0.000 2	17 082.933 5	0.000 1	0.320 1	3.124 4
32	7 217.151 1	0.000 1	22 550.472 2	0.000 0	0.320 0	3.124 6
33	9 526.639 5	0.000 1	29 767.623 3	0.000 0	0.320 0	3.124 7
34	12 575.164 1	0.000 1	39 294.262 8	0.000 0	0.320 0	3.124 8
35	16 599.216 6	0.000 1	51 869.426 9	0.000 0	0.320 0	3.124 8
36	21 910.965 9	0.000 0	68 468.643 5	0.000 0	0.320 0	3.124 9
37	28 922.475 0	0.000 0	90 379.609 4	0.000 0	0.320 0	3.124 9
38	38 177.667 0	0.000 0	119 302.084 4	0.000 0	0.320 0	3.124 9
39	50 394.520 5	0.000 0	157 479.751 5	0.000 0	0.320 0	3.124 9
40	66 520.767 0	0.000 0	207 874.271 9	0.000 0	0.320 0	3.125 0
41	87 807.412 5	0.000 0	274 395.039 0	0.000 0	0.320 0	3.125 0
42	115 905.784 5	0.000 0	362 202.451 4	0.000 0	0.320 0	3.125 0
43	152 995.635 5	0.000 0	478 108.235 9	0.000 0	0.320 0	3.125 0
44	201 954.238 8	0.000 0	631 103.871 4	0.000 0	0.320 0	3.125 0
45	266 579.595 3	0.000 0	833 058.110 2	0.000 0	0.320 0	3.125 0
46	351 885.065 8	0.000 0	1 099 637.705 5	0.000 0	0.320 0	3.125 0
47	464 488.286 8	0.000 0	1 451 522.771 2	0.000 0	0.320 0	3.125 0
48	613 124.538 6	0.000 0	1 916 011.058 0	0.000 0	0.320 0	3.125 0
49	809 324.390 9	0.000 0	2 529 135.596 6	0.000 0	0.320 0	3.125 0
50	1 068 308.196 0	0.000 0	3 338 459.987 5	0.000 0	0.320 0	3.125 0

复利系数表

（$i=33\%$）

年份	$(F/P,i,n)$	$(P/F,i,n)$	$(F/A,i,n)$	$(A/F,i,n)$	$(A/P,i,n)$	$(P/A,i,n)$
1	1.330 0	0.751 9	1.000 0	1.000 0	1.330 0	0.751 9
2	1.768 9	0.565 3	2.330 0	0.429 2	0.759 2	1.317 2
3	2.352 6	0.425 1	4.098 9	0.244 0	0.574 0	1.742 3
4	3.129 0	0.319 6	6.451 5	0.155 0	0.485 0	2.061 8
5	4.161 6	0.240 3	9.580 5	0.104 4	0.434 4	2.302 1
6	5.534 9	0.180 7	13.742 1	0.072 8	0.402 8	2.482 8
7	7.361 4	0.135 8	19.277 0	0.051 9	0.381 9	2.618 7
8	9.790 7	0.102 1	26.638 4	0.037 5	0.367 5	2.720 8
9	13.021 6	0.076 8	36.429 1	0.027 5	0.357 5	2.797 6
10	17.318 7	0.057 7	49.450 7	0.020 2	0.350 2	2.855 3
11	23.033 9	0.043 4	66.769 5	0.015 0	0.345 0	2.898 7
12	30.635 1	0.032 6	89.803 4	0.011 1	0.341 1	2.931 4
13	40.744 7	0.024 5	120.438 5	0.008 3	0.338 3	2.955 9
14	54.190 5	0.018 5	161.183 3	0.006 2	0.336 2	2.974 4
15	72.073 3	0.013 9	215.373 7	0.004 6	0.334 6	2.988 3
16	95.857 5	0.010 4	287.447 1	0.003 5	0.333 5	2.998 7
17	127.490 5	0.007 8	383.304 6	0.002 6	0.332 6	3.006 5
18	169.562 4	0.005 9	510.795 1	0.002 0	0.332 0	3.012 4
19	225.518 0	0.004 4	680.357 5	0.001 5	0.331 5	3.016 9
20	299.938 9	0.003 3	905.875 5	0.001 1	0.331 1	3.020 2
21	398.918 8	0.002 5	1 205.814 4	0.000 8	0.330 8	3.022 7
22	530.562 0	0.001 9	1 604.733 2	0.000 6	0.330 6	3.024 6
23	705.647 4	0.001 4	2 135.295 1	0.000 5	0.330 5	3.026 0
24	938.511 0	0.001 1	2 840.942 5	0.000 4	0.330 4	3.027 1
25	1 248.219 7	0.000 8	3 779.453 6	0.000 3	0.330 3	3.027 9
26	1 660.132 2	0.000 6	5 027.673 2	0.000 2	0.330 2	3.028 5
27	2 207.975 8	0.000 5	6 687.805 4	0.000 1	0.330 1	3.028 9
28	2 936.607 8	0.000 3	8 895.781 2	0.000 1	0.330 1	3.029 3
29	3 905.688 4	0.000 3	11 832.389 0	0.000 1	0.330 1	3.029 5

（续　表）

年份	$(F/P,i,n)$	$(P/F,i,n)$	$(F/A,i,n)$	$(A/F,i,n)$	$(A/P,i,n)$	$(P/A,i,n)$
30	5 194.565 5	0.000 2	15 738.077 4	0.000 1	0.330 1	3.029 7
31	6 908.772 2	0.000 1	20 932.642 9	0.000 0	0.330 0	3.029 9
32	9 188.667 0	0.000 1	27 841.415 0	0.000 0	0.330 0	3.030 0
33	12 220.927 1	0.000 1	37 030.082 0	0.000 0	0.330 0	3.030 1
34	16 253.833 0	0.000 1	49 251.009 0	0.000 0	0.330 0	3.030 1
35	21 617.597 9	0.000 0	65 504.842 0	0.000 0	0.330 0	3.030 2
36	28 751.405 2	0.000 0	87 122.439 9	0.000 0	0.330 0	3.030 2
37	38 239.368 9	0.000 0	115 873.845 1	0.000 0	0.330 0	3.030 2
38	50 858.360 6	0.000 0	154 113.213 9	0.000 0	0.330 0	3.030 2
39	67 641.619 6	0.000 0	204 971.574 5	0.000 0	0.330 0	3.030 3
40	89 963.354 1	0.000 0	272 613.194 1	0.000 0	0.330 0	3.030 3
41	119 651.260 9	0.000 0	362 576.548 2	0.000 0	0.330 0	3.030 3
42	159 136.177 0	0.000 0	482 227.809 1	0.000 0	0.330 0	3.030 3
43	211 651.115 4	0.000 0	641 363.986 1	0.000 0	0.330 0	3.030 3
44	281 495.983 5	0.000 0	853 015.101 5	0.000 0	0.330 0	3.030 3
45	374 389.658 1	0.000 0	1 134 511.085 0	0.000 0	0.330 0	3.030 3
46	497 938.245 2	0.000 0	1 508 900.743 1	0.000 0	0.330 0	3.030 3
47	662 257.866 2	0.000 0	2 006 838.988 3	0.000 0	0.330 0	3.030 3
48	880 802.962 0	0.000 0	2 669 096.854 5	0.000 0	0.330 0	3.030 3
49	1 171 467.939 4	0.000 0	3 549 899.816 5	0.000 0	0.330 0	3.030 3
50	1 558 052.359 4	0.000 0	4 721 367.755 9	0.000 0	0.330 0	3.030 3

复利系数表

（$i=34\%$）

年份	$(F/P,i,n)$	$(P/F,i,n)$	$(F/A,i,n)$	$(A/F,i,n)$	$(A/P,i,n)$	$(P/A,i,n)$
1	1.340 0	0.746 3	1.000 0	1.000 0	1.340 0	0.746 3
2	1.795 6	0.556 9	2.340 0	0.427 4	0.767 4	1.303 2
3	2.406 1	0.415 6	4.135 6	0.241 8	0.581 8	1.718 8
4	3.224 2	0.310 2	6.541 7	0.152 9	0.492 9	2.029 0
5	4.320 4	0.231 5	9.765 9	0.102 4	0.442 4	2.260 4
6	5.789 3	0.172 7	14.086 3	0.071 0	0.411 0	2.433 1
7	7.757 7	0.128 9	19.875 6	0.050 3	0.390 3	2.562 0
8	10.395 3	0.096 2	27.633 3	0.036 2	0.376 2	2.658 2
9	13.929 7	0.071 8	38.028 7	0.026 3	0.366 3	2.730 0
10	18.665 9	0.053 6	51.958 4	0.019 2	0.359 2	2.783 6
11	25.012 3	0.040 0	70.624 3	0.014 2	0.354 2	2.823 6
12	33.516 4	0.029 8	95.636 5	0.010 5	0.350 5	2.853 4
13	44.912 0	0.022 3	129.152 9	0.007 7	0.347 7	2.875 7
14	60.182 1	0.016 6	174.064 9	0.005 7	0.345 7	2.892 3
15	80.644 0	0.012 4	234.247 0	0.004 3	0.344 3	2.904 7
16	108.062 9	0.009 3	314.891 0	0.003 2	0.343 2	2.914 0
17	144.804 3	0.006 9	422.953 9	0.002 4	0.342 4	2.920 9
18	194.037 8	0.005 2	567.758 3	0.001 8	0.341 8	2.926 0
19	260.010 7	0.003 8	761.796 1	0.001 3	0.341 3	2.929 9
20	348.414 3	0.002 9	1 021.806 8	0.001 0	0.341 0	2.932 7
21	466.875 2	0.002 1	1 370.221 1	0.000 7	0.340 7	2.934 9
22	625.612 7	0.001 6	1 837.096 2	0.000 5	0.340 5	2.936 5
23	838.321 0	0.001 2	2 462.708 9	0.000 4	0.340 4	2.937 7
24	1 123.350 2	0.000 9	3 301.030 0	0.000 3	0.340 3	2.938 6
25	1 505.289 2	0.000 7	4 424.380 1	0.000 2	0.340 2	2.939 2
26	2 017.087 6	0.000 5	5 929.669 4	0.000 2	0.340 2	2.939 7
27	2 702.897 4	0.000 4	7 946.757 0	0.000 1	0.340 1	2.940 1
28	3 621.882 5	0.000 3	10 649.654 3	0.000 1	0.340 1	2.940 4
29	4 853.322 5	0.000 2	14 271.536 8	0.000 1	0.340 1	2.940 6

（续　表）

年份	$(F/P,i,n)$	$(P/F,i,n)$	$(F/A,i,n)$	$(A/F,i,n)$	$(A/P,i,n)$	$(P/A,i,n)$
30	6 503.452 2	0.000 2	19 124.859 3	0.000 1	0.340 1	2.940 7
31	8 714.625 9	0.000 1	25 628.311 5	0.000 0	0.340 0	2.940 8
32	11 677.598 7	0.000 1	34 342.937 4	0.000 0	0.340 0	2.940 9
33	15 647.982 3	0.000 1	46 020.536 2	0.000 0	0.340 0	2.941 0
34	20 968.296 3	0.000 0	61 668.518 5	0.000 0	0.340 0	2.941 0
35	28 097.517 0	0.000 0	82 636.814 7	0.000 0	0.340 0	2.941 1
36	37 650.672 8	0.000 0	110 734.331 7	0.000 0	0.340 0	2.941 1
37	50 451.901 5	0.000 0	148 385.004 5	0.000 0	0.340 0	2.941 1
38	67 605.548 1	0.000 0	198 836.906 1	0.000 0	0.340 0	2.941 1
39	90 591.434 4	0.000 0	266 442.454 1	0.000 0	0.340 0	2.941 1
40	121 392.522 1	0.000 0	357 033.888 5	0.000 0	0.340 0	2.941 2
41	162 665.979 6	0.000 0	478 426.410 6	0.000 0	0.340 0	2.941 2
42	217 972.412 7	0.000 0	641 092.390 2	0.000 0	0.340 0	2.941 2
43	292 083.033 0	0.000 0	859 064.802 9	0.000 0	0.340 0	2.941 2
44	391 391.264 2	0.000 0	1 151 147.835 9	0.000 0	0.340 0	2.941 2
45	524 464.294 0	0.000 0	1 542 539.100 1	0.000 0	0.340 0	2.941 2
46	702 782.154 0	0.000 0	2 067 003.394 2	0.000 0	0.340 0	2.941 2
47	941 728.086 4	0.000 0	2 769 785.548 2	0.000 0	0.340 0	2.941 2
48	1 261 915.635 8	0.000 0	3 711 513.634 6	0.000 0	0.340 0	2.941 2
49	1 690 966.951 9	0.000 0	4 973 429.270 4	0.000 0	0.340 0	2.941 2
50	2 265 895.715 6	0.000 0	6 664 396.222 3	0.000 0	0.340 0	2.941 2

复利系数表
（i=35%）

年份	$(F/P,i,n)$	$(P/F,i,n)$	$(F/A,i,n)$	$(A/F,i,n)$	$(A/P,i,n)$	$(P/A,i,n)$
1	1.350 0	0.740 7	1.000 0	1.000 0	1.350 0	0.740 7
2	1.822 5	0.548 7	2.350 0	0.425 5	0.775 5	1.289 4
3	2.460 4	0.406 4	4.172 5	0.239 7	0.589 7	1.695 9
4	3.321 5	0.301 1	6.632 9	0.150 8	0.500 8	1.996 9
5	4.484 0	0.223 0	9.954 4	0.100 5	0.450 5	2.220 0
6	6.053 4	0.165 2	14.438 4	0.069 3	0.419 3	2.385 2
7	8.172 2	0.122 4	20.491 9	0.048 8	0.398 8	2.507 5
8	11.032 4	0.090 6	28.664 0	0.034 9	0.384 9	2.598 2
9	14.893 7	0.067 1	39.696 4	0.025 2	0.375 2	2.665 3
10	20.106 6	0.049 7	54.590 2	0.018 3	0.368 3	2.715 0
11	27.143 9	0.036 8	74.696 7	0.013 4	0.363 4	2.751 9
12	36.644 2	0.027 3	101.840 6	0.009 8	0.359 8	2.779 2
13	49.469 7	0.020 2	138.484 8	0.007 2	0.357 2	2.799 4
14	66.784 1	0.015 0	187.954 4	0.005 3	0.355 3	2.814 4
15	90.158 5	0.011 1	254.738 5	0.003 9	0.353 9	2.825 5
16	121.713 9	0.008 2	344.897 0	0.002 9	0.352 9	2.833 7
17	164.313 8	0.006 1	466.610 9	0.002 1	0.352 1	2.839 8
18	221.823 6	0.004 5	630.924 7	0.001 6	0.351 6	2.844 3
19	299.461 9	0.003 3	852.748 3	0.001 2	0.351 2	2.847 6
20	404.273 6	0.002 5	1 152.210 3	0.000 9	0.350 9	2.850 1
21	545.769 3	0.001 8	1 556.483 8	0.000 6	0.350 6	2.851 9
22	736.788 6	0.001 4	2 102.253 2	0.000 5	0.350 5	2.853 3
23	994.664 6	0.001 0	2 839.041 8	0.000 4	0.350 4	2.854 3
24	1 342.797 3	0.000 7	3 833.706 4	0.000 3	0.350 3	2.855 0
25	1 812.776 3	0.000 6	5 176.503 7	0.000 2	0.350 2	2.855 6
26	2 447.248 0	0.000 4	6 989.280 0	0.000 1	0.350 1	2.856 0
27	3 303.784 8	0.000 3	9 436.528 0	0.000 1	0.350 1	2.856 3
28	4 460.109 5	0.000 2	12 740.312 8	0.000 1	0.350 1	2.856 5
29	6 021.147 8	0.000 2	17 200.422 2	0.000 1	0.350 1	2.856 7

（续　表）

年份	$(F/P,i,n)$	$(P/F,i,n)$	$(F/A,i,n)$	$(A/F,i,n)$	$(A/P,i,n)$	$(P/A,i,n)$
30	8 128.549 5	0.000 1	23 221.570 0	0.000 0	0.350 0	2.856 8
31	10 973.541 8	0.000 1	31 350.119 5	0.000 0	0.350 0	2.856 9
32	14 814.281 5	0.000 1	42 323.661 3	0.000 0	0.350 0	2.856 9
33	19 999.280 0	0.000 1	57 137.942 8	0.000 0	0.350 0	2.857 0
34	26 999.028 0	0.000 0	77 137.222 8	0.000 0	0.350 0	2.857 0
35	36 448.687 8	0.000 0	104 136.250 8	0.000 0	0.350 0	2.857 1
36	49 205.728 5	0.000 0	140 584.938 5	0.000 0	0.350 0	2.857 1
37	66 427.733 4	0.000 0	189 790.667 0	0.000 0	0.350 0	2.857 1
38	89 677.440 2	0.000 0	256 218.400 4	0.000 0	0.350 0	2.857 1
39	121 064.544 2	0.000 0	345 895.840 6	0.000 0	0.350 0	2.857 1
40	163 437.134 7	0.000 0	466 960.384 8	0.000 0	0.350 0	2.857 1
41	220 640.131 8	0.000 0	630 397.519 5	0.000 0	0.350 0	2.857 1
42	297 864.178 0	0.000 0	851 037.651 3	0.000 0	0.350 0	2.857 1
43	402 116.640 2	0.000 0	1 148 901.829 3	0.000 0	0.350 0	2.857 1
44	542 857.464 3	0.000 0	1 551 018.469 5	0.000 0	0.350 0	2.857 1
45	732 857.576 8	0.000 0	2 093 875.933 8	0.000 0	0.350 0	2.857 1
46	989 357.728 7	0.000 0	2 826 733.510 7	0.000 0	0.350 0	2.857 1
47	1 335 632.933 8	0.000 0	3 816 091.239 4	0.000 0	0.350 0	2.857 1
48	1 803 104.460 6	0.000 0	5 151 724.173 2	0.000 0	0.350 0	2.857 1
49	2 434 191.021 8	0.000 0	6 954 828.633 8	0.000 0	0.350 0	2.857 1
50	3 286 157.879 5	0.000 0	9 389 019.655 6	0.000 0	0.350 0	2.857 1

复利系数表

(i=36%)

年份	$(F/P,i,n)$	$(P/F,i,n)$	$(F/A,i,n)$	$(A/F,i,n)$	$(A/P,i,n)$	$(P/A,i,n)$
1	1.360 0	0.735 3	1.000 0	1.000 0	1.360 0	0.735 3
2	1.849 6	0.540 7	2.360 0	0.423 7	0.783 7	1.276 0
3	2.515 5	0.397 5	4.209 6	0.237 6	0.597 6	1.673 5
4	3.421 0	0.292 3	6.725 1	0.148 7	0.508 7	1.965 8
5	4.652 6	0.214 9	10.146 1	0.098 6	0.458 6	2.180 7
6	6.327 5	0.158 0	14.798 7	0.067 6	0.427 6	2.338 8
7	8.605 4	0.116 2	21.126 2	0.047 3	0.407 3	2.455 0
8	11.703 4	0.085 4	29.731 6	0.033 6	0.393 6	2.540 4
9	15.916 6	0.062 8	41.435 0	0.024 1	0.384 1	2.603 3
10	21.646 6	0.046 2	57.351 6	0.017 4	0.377 4	2.649 5
11	29.439 3	0.034 0	78.998 2	0.012 7	0.372 7	2.683 4
12	40.037 5	0.025 0	108.437 5	0.009 2	0.369 2	2.708 4
13	54.451 0	0.018 4	148.475 0	0.006 7	0.366 7	2.726 8
14	74.053 4	0.013 5	202.926 0	0.004 9	0.364 9	2.740 3
15	100.712 6	0.009 9	276.979 3	0.003 6	0.363 6	2.750 2
16	136.969 1	0.007 3	377.691 9	0.002 6	0.362 6	2.757 5
17	186.277 9	0.005 4	514.661 0	0.001 9	0.361 9	2.762 9
18	253.338 0	0.003 9	700.938 9	0.001 4	0.361 4	2.766 8
19	344.539 7	0.002 9	954.276 9	0.001 0	0.361 0	2.769 7
20	468.574 0	0.002 1	1 298.816 6	0.000 8	0.360 8	2.771 8
21	637.260 6	0.001 6	1 767.390 6	0.000 6	0.360 6	2.773 4
22	866.674 4	0.001 2	2 404.651 2	0.000 4	0.360 4	2.774 6
23	1 178.677 2	0.000 8	3 271.325 6	0.000 3	0.360 3	2.775 4
24	1 603.001 0	0.000 6	4 450.002 9	0.000 2	0.360 2	2.776 0
25	2 180.081 4	0.000 5	6 053.003 9	0.000 2	0.360 2	2.776 5
26	2 964.910 7	0.000 3	8 233.085 3	0.000 1	0.360 1	2.776 8
27	4 032.278 6	0.000 2	11 197.996 0	0.000 1	0.360 1	2.777 1
28	5 483.898 8	0.000 2	15 230.274 5	0.000 1	0.360 1	2.777 3
29	7 458.102 4	0.000 1	20 714.173 4	0.000 0	0.360 0	2.777 4

（续　表）

年份	$(F/P,i,n)$	$(P/F,i,n)$	$(F/A,i,n)$	$(A/F,i,n)$	$(A/P,i,n)$	$(P/A,i,n)$
30	10 143.019 3	0.000 1	28 172.275 8	0.000 0	0.360 0	2.777 5
31	13 794.506 2	0.000 1	38 315.295 1	0.000 0	0.360 0	2.777 6
32	18 760.528 5	0.000 1	52 109.801 3	0.000 0	0.360 0	2.777 6
33	25 514.318 7	0.000 0	70 870.329 8	0.000 0	0.360 0	2.777 7
34	34 699.473 4	0.000 0	96 384.648 5	0.000 0	0.360 0	2.777 7
35	47 191.283 9	0.000 0	131 084.121 9	0.000 0	0.360 0	2.777 7
36	64 180.146 1	0.000 0	178 275.405 8	0.000 0	0.360 0	2.777 7
37	87 284.998 7	0.000 0	242 455.551 9	0.000 0	0.360 0	2.777 7
38	118 707.598 2	0.000 0	329 740.550 6	0.000 0	0.360 0	2.777 8
39	161 442.333 6	0.000 0	448 448.148 8	0.000 0	0.360 0	2.777 8
40	219 561.573 6	0.000 0	609 890.482 4	0.000 0	0.360 0	2.777 8
41	298 603.740 2	0.000 0	829 452.056 0	0.000 0	0.360 0	2.777 8
42	406 101.086 6	0.000 0	1 128 055.796 2	0.000 0	0.360 0	2.777 8
43	552 297.477 8	0.000 0	1 534 156.882 8	0.000 0	0.360 0	2.777 8
44	751 124.569 8	0.000 0	2 086 454.360 6	0.000 0	0.360 0	2.777 8
45	1 021 529.414 9	0.000 0	2 837 578.930 4	0.000 0	0.360 0	2.777 8
46	1 389 280.004 3	0.000 0	3 859 108.345 3	0.000 0	0.360 0	2.777 8
47	1 889 420.805 9	0.000 0	5 248 388.349 7	0.000 0	0.360 0	2.777 8
48	2 569 612.296 0	0.000 0	7 137 809.155 5	0.000 0	0.360 0	2.777 8
49	3 494 672.722 6	0.000 0	9 707 421.451 5	0.000 0	0.360 0	2.777 8
50	4 752 754.902 7	0.000 0	13 202 094.174 1	0.000 0	0.360 0	2.777 8

复利系数表

（i=37%）

年份	$(F/P,i,n)$	$(P/F,i,n)$	$(F/A,i,n)$	$(A/F,i,n)$	$(A/P,i,n)$	$(P/A,i,n)$
1	1.370 0	0.729 9	1.000 0	1.000 0	1.370 0	0.729 9
2	1.876 9	0.532 8	2.370 0	0.421 9	0.791 9	1.262 7
3	2.571 4	0.388 9	4.246 9	0.235 5	0.605 5	1.651 6
4	3.522 8	0.283 9	6.818 3	0.146 7	0.516 7	1.935 5
5	4.826 2	0.207 2	10.341 0	0.096 7	0.466 7	2.142 7
6	6.611 9	0.151 2	15.167 2	0.065 9	0.435 9	2.293 9
7	9.058 2	0.110 4	21.779 0	0.045 9	0.415 9	2.404 3
8	12.409 8	0.080 6	30.837 3	0.032 4	0.402 4	2.484 9
9	17.001 4	0.058 8	43.247 1	0.023 1	0.393 1	2.543 7
10	23.291 9	0.042 9	60.248 5	0.016 6	0.386 6	2.586 7
11	31.910 0	0.031 3	83.540 4	0.012 0	0.382 0	2.618 0
12	43.716 6	0.022 9	115.450 4	0.008 7	0.378 7	2.640 9
13	59.891 8	0.016 7	159.167 0	0.006 3	0.376 3	2.657 6
14	82.051 8	0.012 2	219.058 8	0.004 6	0.374 6	2.669 8
15	112.410 9	0.008 9	301.110 6	0.003 3	0.373 3	2.678 7
16	154.003 0	0.006 5	413.521 5	0.002 4	0.372 4	2.685 2
17	210.984 1	0.004 7	567.524 5	0.001 8	0.371 8	2.689 9
18	289.048 2	0.003 5	778.508 5	0.001 3	0.371 3	2.693 4
19	395.996 0	0.002 5	1 067.556 7	0.000 9	0.370 9	2.695 9
20	542.514 5	0.001 8	1 463.552 7	0.000 7	0.370 7	2.697 7
21	743.244 9	0.001 3	2 006.067 2	0.000 5	0.370 5	2.699 1
22	1 018.245 4	0.001 0	2 749.312 0	0.000 4	0.370 4	2.700 0
23	1 394.996 3	0.000 7	3 767.557 5	0.000 3	0.370 3	2.700 8
24	1 911.144 9	0.000 5	5 162.553 7	0.000 2	0.370 2	2.701 3
25	2 618.268 5	0.000 4	7 073.698 6	0.000 1	0.370 1	2.701 7
26	3 587.027 8	0.000 3	9 691.967 1	0.000 1	0.370 1	2.701 9
27	4 914.228 1	0.000 2	13 278.994 9	0.000 1	0.370 1	2.702 2
28	6 732.492 5	0.000 1	18 193.223 1	0.000 1	0.370 1	2.702 3
29	9 223.514 8	0.000 1	24 925.715 6	0.000 0	0.370 0	2.702 4

（续　表）

年份	$(F/P,i,n)$	$(P/F,i,n)$	$(F/A,i,n)$	$(A/F,i,n)$	$(A/P,i,n)$	$(P/A,i,n)$
30	12 636.215 2	0.000 1	34 149.230 4	0.000 0	0.370 0	2.702 5
31	17 311.614 9	0.000 1	46 785.445 6	0.000 0	0.370 0	2.702 5
32	23 716.912 4	0.000 0	64 097.060 5	0.000 0	0.370 0	2.702 6
33	32 492.170 0	0.000 0	87 813.972 8	0.000 0	0.370 0	2.702 6
34	44 514.272 8	0.000 0	120 306.142 8	0.000 0	0.370 0	2.702 6
35	60 984.553 8	0.000 0	164 820.415 6	0.000 0	0.370 0	2.702 7
36	83 548.838 7	0.000 0	225 804.969 4	0.000 0	0.370 0	2.702 7
37	114 461.909 0	0.000 0	309 353.808 1	0.000 0	0.370 0	2.702 7
38	156 812.815 3	0.000 0	423 815.717 1	0.000 0	0.370 0	2.702 7
39	214 833.557 0	0.000 0	580 628.532 4	0.000 0	0.370 0	2.702 7
40	294 321.973 1	0.000 0	795 462.089 4	0.000 0	0.370 0	2.702 7
41	403 221.103 1	0.000 0	1 089 784.062 5	0.000 0	0.370 0	2.702 7
42	552 412.911 3	0.000 0	1 493 005.165 6	0.000 0	0.370 0	2.702 7
43	756 805.688 4	0.000 0	2 045 418.076 8	0.000 0	0.370 0	2.702 7
44	1 036 823.793 2	0.000 0	2 802 223.765 3	0.000 0	0.370 0	2.702 7
45	1 420 448.596 6	0.000 0	3 839 047.558 4	0.000 0	0.370 0	2.702 7
46	1 946 014.577 4	0.000 0	5 259 496.155 1	0.000 0	0.370 0	2.702 7
47	2 666 039.971 0	0.000 0	7 205 510.732 4	0.000 0	0.370 0	2.702 7
48	3 652 474.760 3	0.000 0	9 871 550.703 4	0.000 0	0.370 0	2.702 7
49	5 003 890.421 6	0.000 0	13 524 025.463 7	0.000 0	0.370 0	2.702 7
50	6 855 329.877 6	0.000 0	18 527 915.885 3	0.000 0	0.370 0	2.702 7

复利系数表
（i=38%）

年份	$(F/P,i,n)$	$(P/F,i,n)$	$(F/A,i,n)$	$(A/F,i,n)$	$(A/P,i,n)$	$(P/A,i,n)$
1	1.380 0	0.724 6	1.000 0	1.000 0	1.380 0	0.724 6
2	1.904 4	0.525 1	2.380 0	0.420 2	0.800 2	1.249 7
3	2.628 1	0.380 5	4.284 4	0.233 4	0.613 4	1.630 2
4	3.626 7	0.275 7	6.912 5	0.144 7	0.524 7	1.906 0
5	5.004 9	0.199 8	10.539 2	0.094 9	0.474 9	2.105 8
6	6.906 8	0.144 8	15.544 1	0.064 3	0.444 3	2.250 6
7	9.531 3	0.104 9	22.450 9	0.044 5	0.424 5	2.355 5
8	13.153 2	0.076 0	31.982 2	0.031 3	0.411 3	2.431 5
9	18.151 5	0.055 1	45.135 4	0.022 2	0.402 2	2.486 6
10	25.049 0	0.039 9	63.286 9	0.015 8	0.395 8	2.526 5
11	34.567 7	0.028 9	88.335 9	0.011 3	0.391 3	2.555 5
12	47.703 4	0.021 0	122.903 6	0.008 1	0.388 1	2.576 4
13	65.830 6	0.015 2	170.607 0	0.005 9	0.385 9	2.591 6
14	90.846 3	0.011 0	236.437 6	0.004 2	0.384 2	2.602 6
15	125.367 9	0.008 0	327.283 9	0.003 1	0.383 1	2.610 6
16	173.007 7	0.005 8	452.651 8	0.002 2	0.382 2	2.616 4
17	238.750 6	0.004 2	625.659 5	0.001 6	0.381 6	2.620 6
18	329.475 8	0.003 0	864.410 1	0.001 2	0.381 2	2.623 6
19	454.676 6	0.002 2	1 193.885 9	0.000 8	0.380 8	2.625 8
20	627.453 8	0.001 6	1 648.562 5	0.000 6	0.380 6	2.627 4
21	865.886 2	0.001 2	2 276.016 3	0.000 4	0.380 4	2.628 5
22	1 194.922 9	0.000 8	3 141.902 5	0.000 3	0.380 3	2.629 4
23	1 648.993 7	0.000 6	4 336.825 4	0.000 2	0.380 2	2.630 0
24	2 275.611 3	0.000 4	5 985.819 1	0.000 2	0.380 2	2.630 4
25	3 140.343 5	0.000 3	8 261.430 4	0.000 1	0.380 1	2.630 7
26	4 333.674 1	0.000 2	11 401.773 9	0.000 1	0.380 1	2.631 0
27	5 980.470 2	0.000 2	15 735.448 0	0.000 1	0.380 1	2.631 1
28	8 253.048 9	0.000 1	21 715.918 2	0.000 0	0.380 0	2.631 3
29	11 389.207 5	0.000 1	29 968.967 1	0.000 0	0.380 0	2.631 3

（续　表）

年份	$(F/P,i,n)$	$(P/F,i,n)$	$(F/A,i,n)$	$(A/F,i,n)$	$(A/P,i,n)$	$(P/A,i,n)$
30	15 717.106 4	0.000 1	41 358.174 6	0.000 0	0.380 0	2.631 4
31	21 689.606 8	0.000 0	57 075.281 0	0.000 0	0.380 0	2.631 5
32	29 931.657 3	0.000 0	78 764.887 8	0.000 0	0.380 0	2.631 5
33	41 305.687 1	0.000 0	108 696.545 1	0.000 0	0.380 0	2.631 5
34	57 001.848 3	0.000 0	150 002.232 2	0.000 0	0.380 0	2.631 5
35	78 662.550 6	0.000 0	207 004.080 5	0.000 0	0.380 0	2.631 5
36	108 554.319 8	0.000 0	285 666.631 1	0.000 0	0.380 0	2.631 6
37	149 804.961 3	0.000 0	394 220.950 9	0.000 0	0.380 0	2.631 6
38	206 730.846 6	0.000 0	544 025.912 2	0.000 0	0.380 0	2.631 6
39	285 288.568 4	0.000 0	750 756.758 9	0.000 0	0.380 0	2.631 6
40	393 698.224 4	0.000 0	1 036 045.327 2	0.000 0	0.380 0	2.631 6
41	543 303.549 6	0.000 0	1 429 743.551 6	0.000 0	0.380 0	2.631 6
42	749 758.898 5	0.000 0	1 973 047.101 2	0.000 0	0.380 0	2.631 6
43	1 034 667.279 9	0.000 0	2 722 805.999 6	0.000 0	0.380 0	2.631 6
44	1 427 840.846 2	0.000 0	3 757 473.279 5	0.000 0	0.380 0	2.631 6
45	1 970 420.367 8	0.000 0	5 185 314.125 7	0.000 0	0.380 0	2.631 6
46	2 719 180.107 5	0.000 0	7 155 734.493 5	0.000 0	0.380 0	2.631 6
47	3 752 468.548 4	0.000 0	9 874 914.601 0	0.000 0	0.380 0	2.631 6
48	5 178 406.596 8	0.000 0	13 627 383.149 4	0.000 0	0.380 0	2.631 6
49	7 146 201.103 6	0.000 0	18 805 789.746 2	0.000 0	0.380 0	2.631 6
50	9 861 757.522 9	0.000 0	25 951 990.849 8	0.000 0	0.380 0	2.631 6

复利系数表
（$i=39\%$）

年份	$(F/P,i,n)$	$(P/F,i,n)$	$(F/A,i,n)$	$(A/F,i,n)$	$(A/P,i,n)$	$(P/A,i,n)$
1	1.390 0	0.719 4	1.000 0	1.000 0	1.390 0	0.719 4
2	1.932 1	0.517 6	2.390 0	0.418 4	0.808 4	1.237 0
3	2.685 6	0.372 4	4.322 1	0.231 4	0.621 4	1.609 3
4	3.733 0	0.267 9	7.007 7	0.142 7	0.532 7	1.877 2
5	5.188 9	0.192 7	10.740 7	0.093 1	0.483 1	2.069 9
6	7.212 5	0.138 6	15.929 6	0.062 8	0.452 8	2.208 6
7	10.025 4	0.099 7	23.142 2	0.043 2	0.433 2	2.308 3
8	13.935 4	0.071 8	33.167 6	0.030 1	0.420 1	2.380 1
9	19.370 2	0.051 6	47.103 0	0.021 2	0.411 2	2.431 7
10	26.924 5	0.037 1	66.473 1	0.015 0	0.405 0	2.468 9
11	37.425 1	0.026 7	93.397 7	0.010 7	0.400 7	2.495 6
12	52.020 9	0.019 2	130.822 7	0.007 6	0.397 6	2.514 8
13	72.309 0	0.013 8	182.843 6	0.005 5	0.395 5	2.528 6
14	100.509 5	0.009 9	255.152 6	0.003 9	0.393 9	2.538 6
15	139.708 2	0.007 2	355.662 1	0.002 8	0.392 8	2.545 7
16	194.194 4	0.005 1	495.370 4	0.002 0	0.392 0	2.550 9
17	269.930 3	0.003 7	689.564 8	0.001 5	0.391 5	2.554 6
18	375.203 1	0.002 7	959.495 1	0.001 0	0.391 0	2.557 3
19	521.532 3	0.001 9	1 334.698 2	0.000 7	0.390 7	2.559 2
20	724.929 9	0.001 4	1 856.230 5	0.000 5	0.390 5	2.560 6
21	1 007.652 5	0.001 0	2 581.160 4	0.000 4	0.390 4	2.561 6
22	1 400.637 0	0.000 7	3 588.812 9	0.000 3	0.390 3	2.562 3
23	1 946.885 5	0.000 5	4 989.449 9	0.000 2	0.390 2	2.562 8
24	2 706.170 8	0.000 4	6 936.335 4	0.000 1	0.390 1	2.563 2
25	3 761.577 4	0.000 3	9 642.506 2	0.000 1	0.390 1	2.563 4
26	5 228.592 6	0.000 2	13 404.083 7	0.000 1	0.390 1	2.563 6
27	7 267.743 8	0.000 1	18 632.676 3	0.000 1	0.390 1	2.563 7
28	10 102.163 8	0.000 1	25 900.420 1	0.000 0	0.390 0	2.563 8
29	14 042.007 7	0.000 1	36 002.583 9	0.000 0	0.390 0	2.563 9

（续　表）

年份	$(F/P,i,n)$	$(P/F,i,n)$	$(F/A,i,n)$	$(A/F,i,n)$	$(A/P,i,n)$	$(P/A,i,n)$
30	19 518.390 7	0.000 1	50 044.591 6	0.000 0	0.390 0	2.564 0
31	27 130.563 1	0.000 0	69 562.982 3	0.000 0	0.390 0	2.564 0
32	37 711.482 7	0.000 0	96 693.545 4	0.000 0	0.390 0	2.564 0
33	52 418.961 0	0.000 0	134 405.028 2	0.000 0	0.390 0	2.564 1
34	72 862.355 8	0.000 0	186 823.989 1	0.000 0	0.390 0	2.564 1
35	101 278.674 5	0.000 0	259 686.344 9	0.000 0	0.390 0	2.564 1
36	140 777.357 6	0.000 0	360 965.019 4	0.000 0	0.390 0	2.564 1
37	195 680.527 0	0.000 0	501 742.377 0	0.000 0	0.390 0	2.564 1
38	271 995.932 6	0.000 0	697 422.904 1	0.000 0	0.390 0	2.564 1
39	378 074.346 3	0.000 0	969 418.836 6	0.000 0	0.390 0	2.564 1
40	525 523.341 3	0.000 0	1 347 493.182 9	0.000 0	0.390 0	2.564 1
41	730 477.444 5	0.000 0	1 873 016.524 3	0.000 0	0.390 0	2.564 1
42	1 015 363.647 8	0.000 0	2 603 493.968 7	0.000 0	0.390 0	2.564 1
43	1 411 355.470 4	0.000 0	3 618 857.616 5	0.000 0	0.390 0	2.564 1
44	1 961 784.103 9	0.000 0	5 030 213.087 0	0.000 0	0.390 0	2.564 1
45	2 726 879.904 4	0.000 0	6 991 997.190 9	0.000 0	0.390 0	2.564 1
46	3 790 363.067 2	0.000 0	9 718 877.095 3	0.000 0	0.390 0	2.564 1
47	5 268 604.663 4	0.000 0	13 509 240.162 5	0.000 0	0.390 0	2.564 1
48	7 323 360.482 1	0.000 0	18 777 844.825 9	0.000 0	0.390 0	2.564 1
49	10 179 471.070 1	0.000 0	26 101 205.308 0	0.000 0	0.390 0	2.564 1
50	14 149 464.787 5	0.000 0	36 280 676.378 1	0.000 0	0.390 0	2.564 1

复利系数表

（i=40%）

年份	$(F/P,i,n)$	$(P/F,i,n)$	$(F/A,i,n)$	$(A/F,i,n)$	$(A/P,i,n)$	$(P/A,i,n)$
1	1.400 0	0.714 3	1.000 0	1.000 0	1.400 0	0.714 3
2	1.960 0	0.510 2	2.400 0	0.416 7	0.816 7	1.224 5
3	2.744 0	0.364 4	4.360 0	0.229 4	0.629 4	1.588 9
4	3.841 6	0.260 3	7.104 0	0.140 8	0.540 8	1.849 2
5	5.378 2	0.185 9	10.945 6	0.091 4	0.491 4	2.035 2
6	7.529 5	0.132 8	16.323 8	0.061 3	0.461 3	2.168 0
7	10.541 4	0.094 9	23.853 4	0.041 9	0.441 9	2.262 8
8	14.757 9	0.067 8	34.394 7	0.029 1	0.429 1	2.330 6
9	20.661 0	0.048 4	49.152 6	0.020 3	0.420 3	2.379 0
10	28.925 5	0.034 6	69.813 7	0.014 3	0.414 3	2.413 6
11	40.495 7	0.024 7	98.739 1	0.010 1	0.410 1	2.438 3
12	56.693 9	0.017 6	139.234 8	0.007 2	0.407 2	2.455 9
13	79.371 5	0.012 6	195.928 7	0.005 1	0.405 1	2.468 5
14	111.120 1	0.009 0	275.300 2	0.003 6	0.403 6	2.477 5
15	155.568 1	0.006 4	386.420 2	0.002 6	0.402 6	2.483 9
16	217.795 3	0.004 6	541.988 3	0.001 8	0.401 8	2.488 5
17	304.913 5	0.003 3	759.783 7	0.001 3	0.401 3	2.491 8
18	426.878 9	0.002 3	1 064.697 1	0.000 9	0.400 9	2.494 1
19	597.630 4	0.001 7	1 491.576 0	0.000 7	0.400 7	2.495 8
20	836.682 6	0.001 2	2 089.206 4	0.000 5	0.400 5	2.497 0
21	1 171.355 6	0.000 9	2 925.888 9	0.000 3	0.400 3	2.497 9
22	1 639.897 8	0.000 6	4 097.244 5	0.000 2	0.400 2	2.498 5
23	2 295.856 9	0.000 4	5 737.142 3	0.000 2	0.400 2	2.498 9
24	3 214.199 7	0.000 3	8 032.999 3	0.000 1	0.400 1	2.499 2
25	4 499.879 6	0.000 2	11 247.199 0	0.000 1	0.400 1	2.499 4
26	6 299.831 4	0.000 2	15 747.078 5	0.000 1	0.400 1	2.499 6
27	8 819.764 0	0.000 1	22 046.909 9	0.000 0	0.400 0	2.499 7
28	12 347.669 6	0.000 1	30 866.673 9	0.000 0	0.400 0	2.499 8
29	17 286.737 4	0.000 1	43 214.343 5	0.000 0	0.400 0	2.499 9

（续 表）

年份	$(F/P,i,n)$	$(P/F,i,n)$	$(F/A,i,n)$	$(A/F,i,n)$	$(A/P,i,n)$	$(P/A,i,n)$
30	24 201.432 4	0.000 0	60 501.080 9	0.000 0	0.400 0	2.499 9
31	33 882.005 3	0.000 0	84 702.513 2	0.000 0	0.400 0	2.499 9
32	47 434.807 4	0.000 0	118 584.518 5	0.000 0	0.400 0	2.499 9
33	66 408.730 4	0.000 0	166 019.326 0	0.000 0	0.400 0	2.500 0
34	92 972.222 5	0.000 0	232 428.056 3	0.000 0	0.400 0	2.500 0
35	130 161.111 6	0.000 0	325 400.278 9	0.000 0	0.400 0	2.500 0
36	182 225.556 2	0.000 0	455 561.390 4	0.000 0	0.400 0	2.500 0
37	255 115.778 6	0.000 0	637 786.946 6	0.000 0	0.400 0	2.500 0
38	357 162.090 1	0.000 0	892 902.725 2	0.000 0	0.400 0	2.500 0
39	500 026.926 1	0.000 0	1 250 064.815 3	0.000 0	0.400 0	2.500 0
40	700 037.696 6	0.000 0	1 750 091.741 5	0.000 0	0.400 0	2.500 0
41	980 052.775 2	0.000 0	2 450 129.438 1	0.000 0	0.400 0	2.500 0
42	1 372 073.885 3	0.000 0	3 430 182.213 3	0.000 0	0.400 0	2.500 0
43	1 920 903.439 4	0.000 0	4 802 256.098 6	0.000 0	0.400 0	2.500 0
44	2 689 264.815 2	0.000 0	6 723 159.538 1	0.000 0	0.400 0	2.500 0
45	3 764 970.741 3	0.000 0	9 412 424.353 3	0.000 0	0.400 0	2.500 0
46	5 270 959.037 8	0.000 0	13 177 395.094 6	0.000 0	0.400 0	2.500 0
47	7 379 342.653 0	0.000 0	18 448 354.132 4	0.000 0	0.400 0	2.500 0
48	10 331 079.714 2	0.000 0	25 827 696.785 4	0.000 0	0.400 0	2.500 0
49	14 463 511.599 8	0.000 0	36 158 776.499 6	0.000 0	0.400 0	2.500 0
50	20 248 916.239 8	0.000 0	50 622 288.099 4	0.000 0	0.400 0	2.500 0

参考文献

[1] 吕萍,等.房地产开发与经营[M].北京:中国人民大学出版社,2002.
[2] 李先君,罗远洲.工程项目管理[M].武汉:武汉理工大学出版社,2009.
[3] 刘晓君.工程经济学[M].北京:中国建筑工业出版社,2008.
[4] 左建.工程项目管理[M].北京:中国建筑工业出版社,2014.
[5] 罗远洲.建筑工程经济学[M].北京:中国水利水电出版社,2003.
[6] 金光华.技术经济学[M].武汉:武汉工业大学出版社,1996.
[7] 王又庄.现代企业经济分析[M].上海:立信会计出版社,2000.
[8] 窦如令.建筑施工技术[M].南京:东南大学出版社,2017.
[9] 邵颖红,黄渝祥.工程经济学概论[M].北京:电子工业出版社,2003.
[10] 窦如令.工程项目管理[M].南京:东南大学出版社,2018.